きょうみを広げる・深める！

都道府県

4年

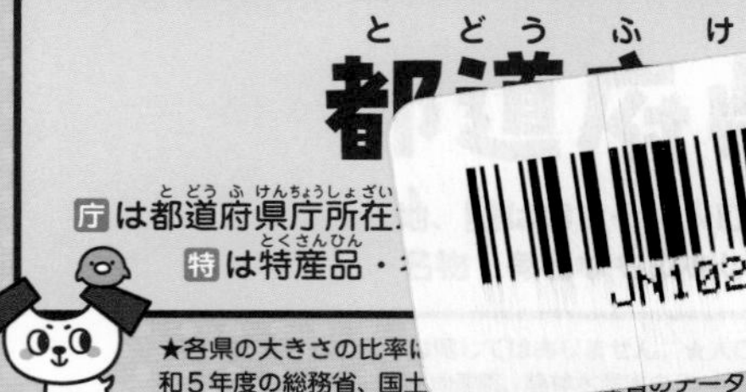

庁は都道府県庁所在地、…の面積、
特は特産品・名物…ています。

★各県の大きさの比率は…特産品は令和5年度の総務省、国土…のデータをもとにしています。

北海道

北海道地方

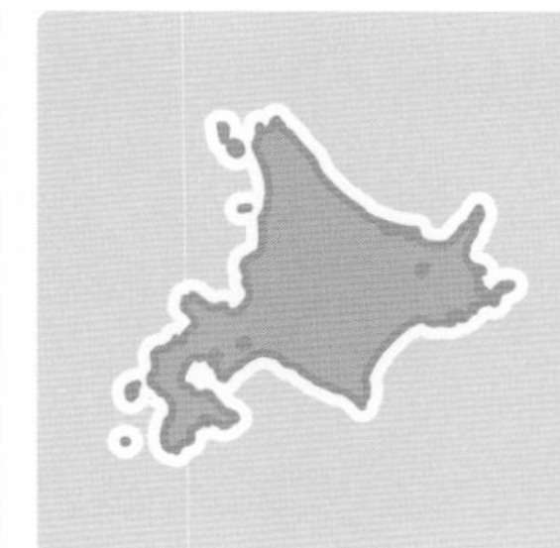

庁 札幌市
人 514万人
面 83,422km²
特 じゃがいも、生乳、ほたて貝、流氷、さっぽろ雪まつり

青森県

東北地方

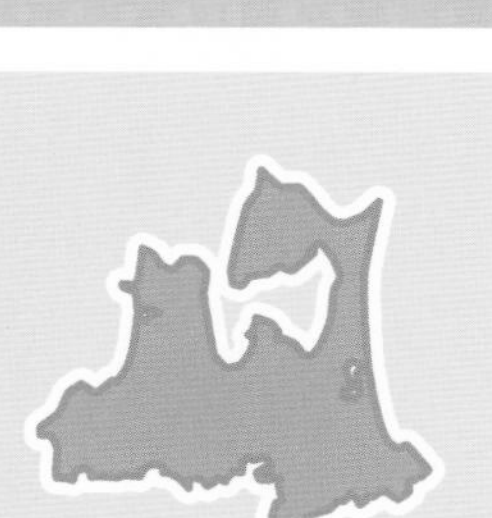

庁 青森市
人 123万人
面 9,645km²
特 りんご、にんにく、青森ねぶた祭、三内丸山遺跡

岩手県

東北地方

庁 盛岡市
人 119万人
面 15,275km²
特 わかめ、ホップ、木炭、りんどう、南部鉄器、わんこそば

宮城県

東北地方

庁 仙台市
人 226万人
面 7,282km²
特 大豆、銀ざけ、牛タン、ずんだもち、仙台七夕まつり

秋田県

東北地方

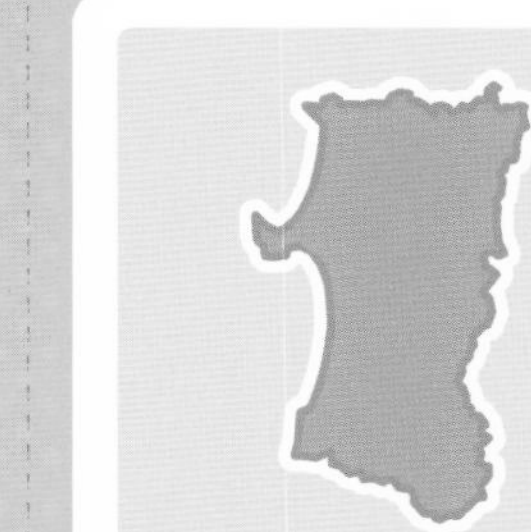

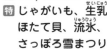

庁 秋田市
人 94万人
面 11,638km²
特 杉材、きりたんぽ、秋田竿燈まつり、なまはげ、秋田犬

山形県

東北地方

庁 山形市
人 104万人
面 9,323km²
特 さくらんぼ、西洋なし、米沢牛、天童将棋駒、山形花笠まつり

福島県

東北地方

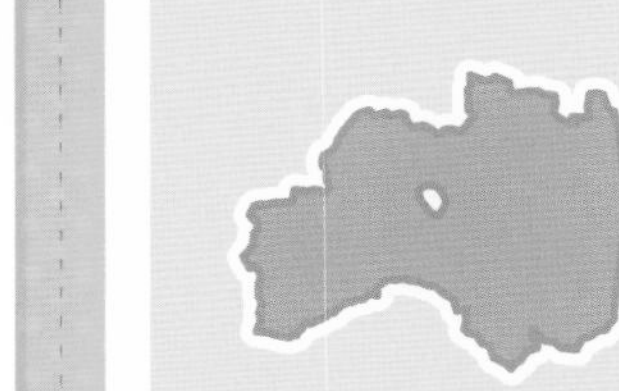

庁 福島市
人 182万人
面 13,784km²
特 もも、会津塗、わっぱめし、猪苗代湖

茨城県

関東地方

庁 水戸市
人 288万人
面 6,098km²
特 はくさい、れんこん、メロン、たまご、納豆、偕楽園

栃木県

関東地方

庁 宇都宮市
人 193万人
面 6,408km²
特 いちご、かんぴょう、生乳、益子焼、ぎょうざ

群馬県

関東地方

庁 前橋市
人 193万人
面 6,362km²
特 こんにゃくいも、キャベツ、まゆ、富岡製糸場

埼玉県

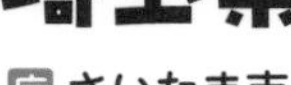

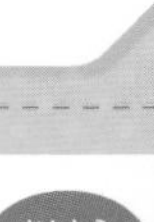

関東地方

庁 さいたま市
人 738万人
面 3,798km²
特 ねぎ、ほうれんそう、さといも、ひな人形、草加せんべい

千葉県
関東地方

庁 千葉市
人 631万人
面 5,157km²
特 かぶ、ねぎ、らっかせい、日本なし、東京ディズニーランド

東京都

関東地方

庁 東京
人 1384万人
面 2,200km²
特 くさや、村山大島つむぎ、江戸前ずし、国会議事堂

神奈川県
関東地方

庁 横浜市
人 921万人
面 2,416km²
特 まぐろ、パンジー、しゅうまい、箱根寄木細工

新潟県
中部地方

庁 新潟市
人 216万人
面 12,584km²
特 米、西洋なし、小千谷ちぢみ、佐渡金銀山

富山県
中部地方

庁 富山市
人 103万人
面 4,248km²
特 はとむぎ、チューリップ、しろえび、ほたるいか、五箇山の合掌造り集落

石川県
中部地方

庁 金沢市
人 112万人
面 4,186km²
特 金箔、輪島塗、加賀友禅、九谷焼、兼六園

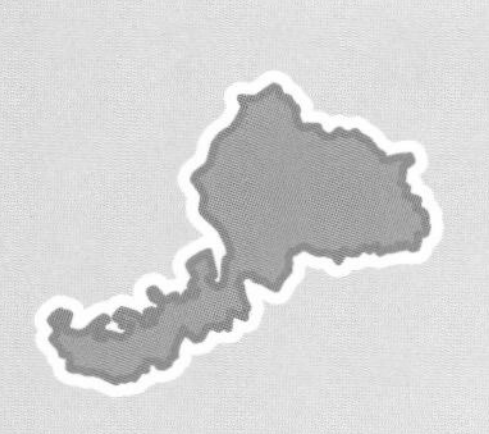

福井県
中部地方

庁 福井市
人 76万人
面 4,191km²
特 六条大麦、越前がに、めがねフレーム、きょうりゅう博物館

山梨県
中部地方

庁 甲府市
人 81万人
面 4,465km²
特 ぶどう、もも、ワイン、ほうとう、富士五湖

長野県
中部地方

庁 長野市
人 204万人
面 13,562km²
特 レタス、りんご、ぶどう、ぶなしめじ、信州そば

岐阜県
中部地方

庁 岐阜市
人 198万人
面 10,621km²
特 あゆ、美濃和紙、白川郷の合掌造り集落、下呂温泉

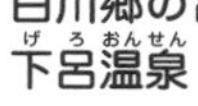

静岡県
中部地方

庁 静岡市
人 363万人
面 7,777km²
特 茶、温室メロン、かつお、まぐろ、さくらえび

愛知県
中部地方

庁 名古屋市
人 751万人
面 5,173km²
特 キャベツ、うなぎ、きく（切り花）、洋らん、名古屋城

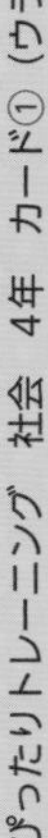

付録　取りはずしてお使いください。

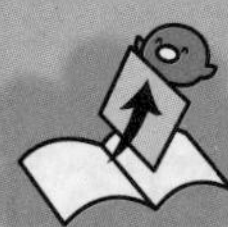

社会 白地図ドリル

4年

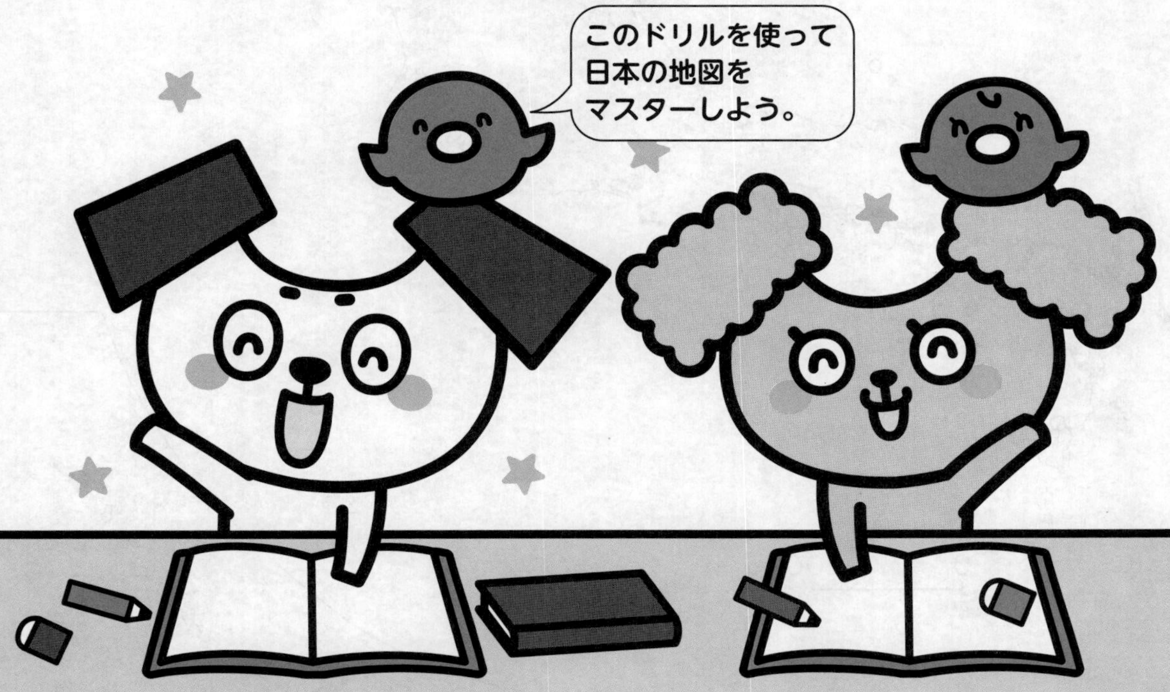
このドリルを使って
日本の地図を
マスターしよう。

年　　組

① 日本地図①

やってみよう！

- 自分が住んでいる場所はどこか書いてみましょう。
- これまでに行ったことがある場所を書いてみましょう。

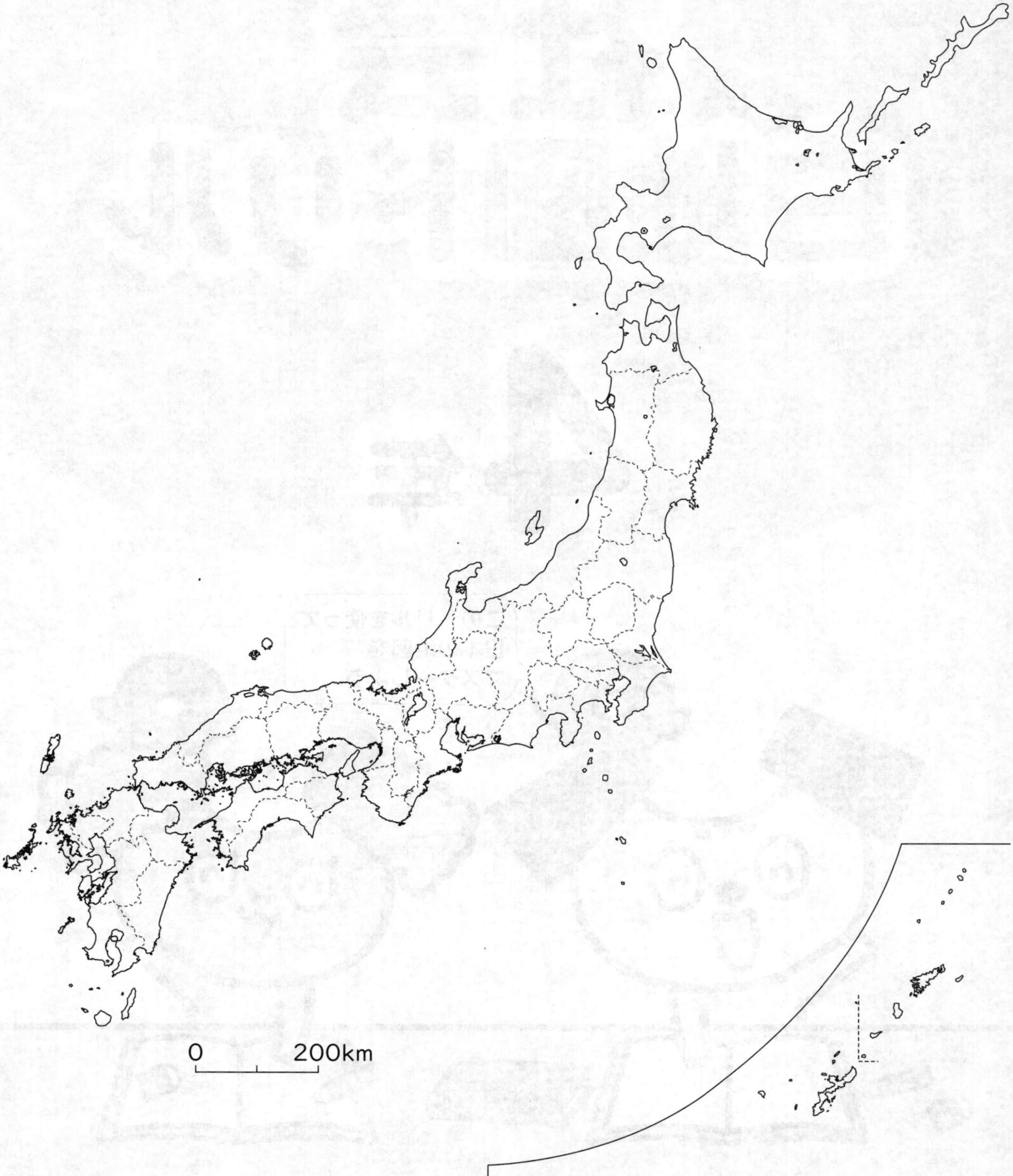

0　200km

② 日本地図②

やってみよう！

- 色分けのルールを決めて、地図に色をつけましょう。
- それぞれの都道府県の特産品（とくさんひん）や特ちょうを調べて書きこみましょう。

色分けのルール

「　　　　　　　　　　　　　　　　」

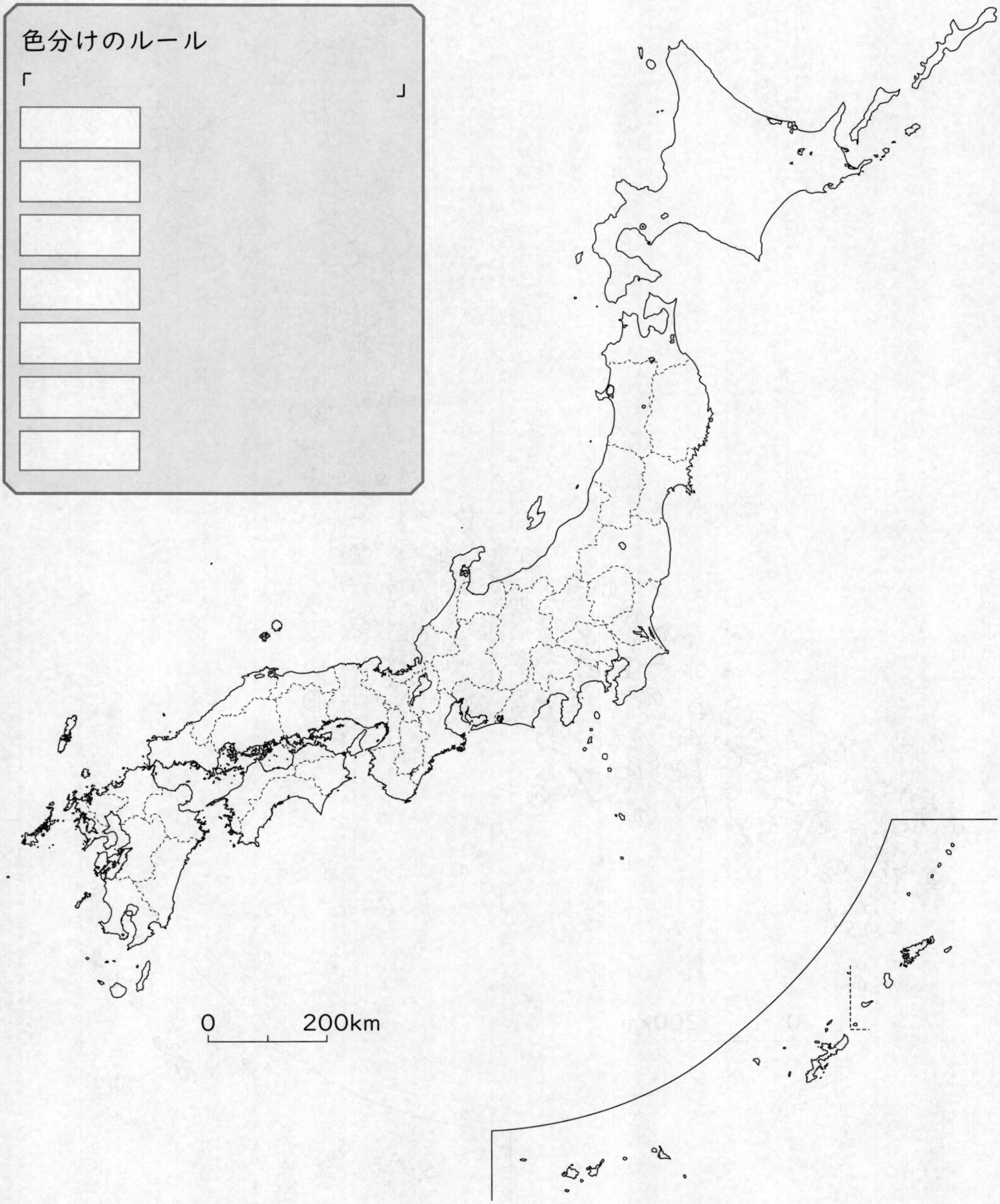

0　　200km

③ 47都道府県（とどうふけん）

やってみよう！

- 47ある都道府県の名前を表に書きましょう。
- それぞれの都道府県の場所をかくにんしましょう。

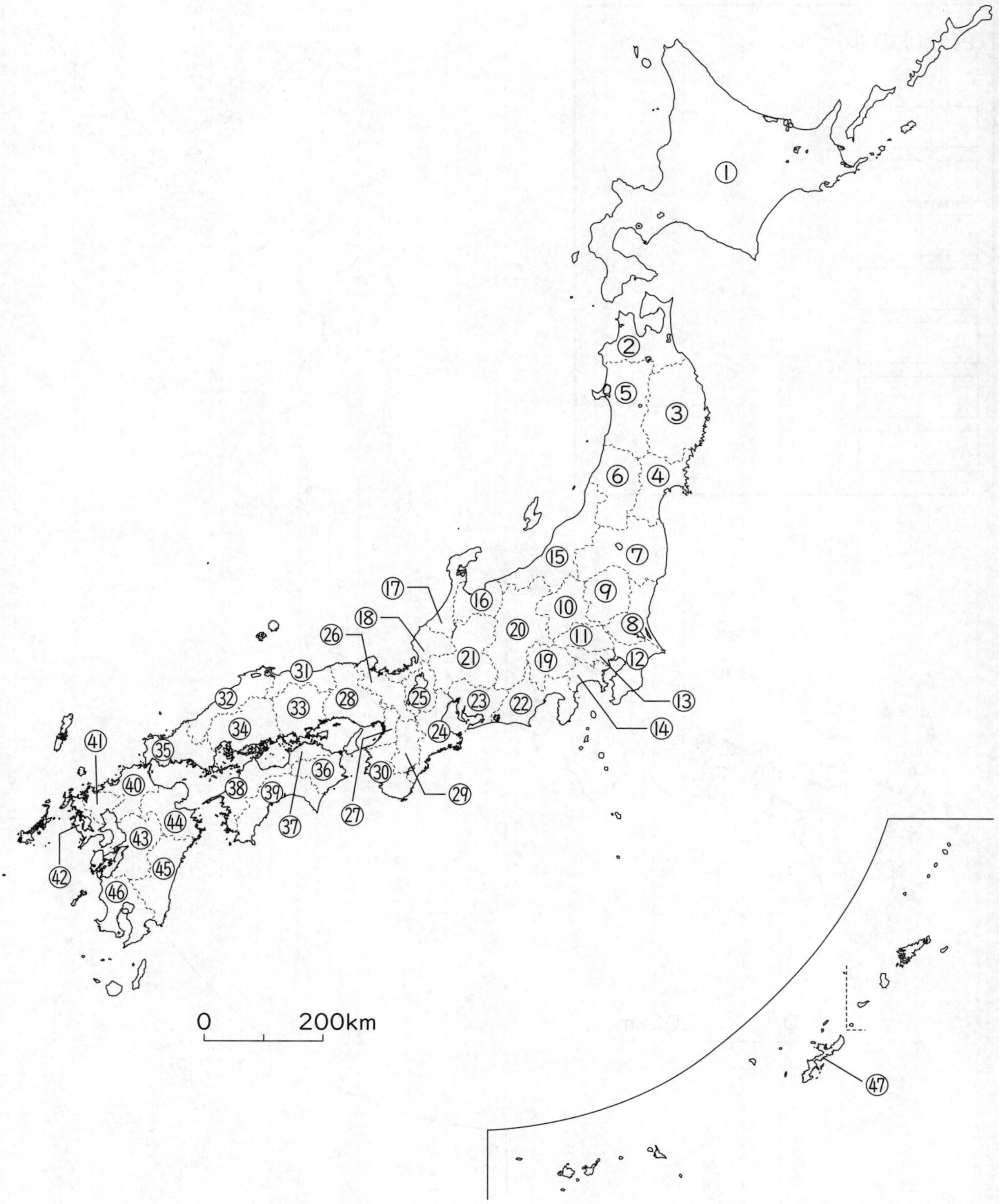

0　200km

番号	都道府県の名前
①	
②	
③	
④	
⑤	
⑥	
⑦	
⑧	
⑨	
⑩	
⑪	
⑫	
⑬	
⑭	
⑮	
⑯	
⑰	
⑱	
⑲	
⑳	
㉑	
㉒	
㉓	
㉔	

番号	都道府県の名前
㉕	
㉖	
㉗	
㉘	
㉙	
㉚	
㉛	
㉜	
㉝	
㉞	
㉟	
㊱	
㊲	
㊳	
㊴	
㊵	
㊶	
㊷	
㊸	
㊹	
㊺	
㊻	
㊼	

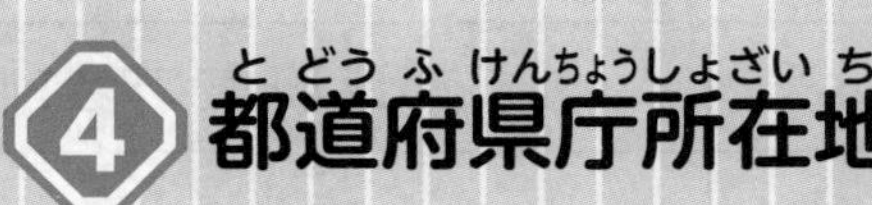

④ 都道府県庁所在地

やってみよう！

- それぞれの県庁所在地の名前を表に書きましょう。
- 都道府県名と県庁所在地名がちがう都道府県をかくにんしましょう。

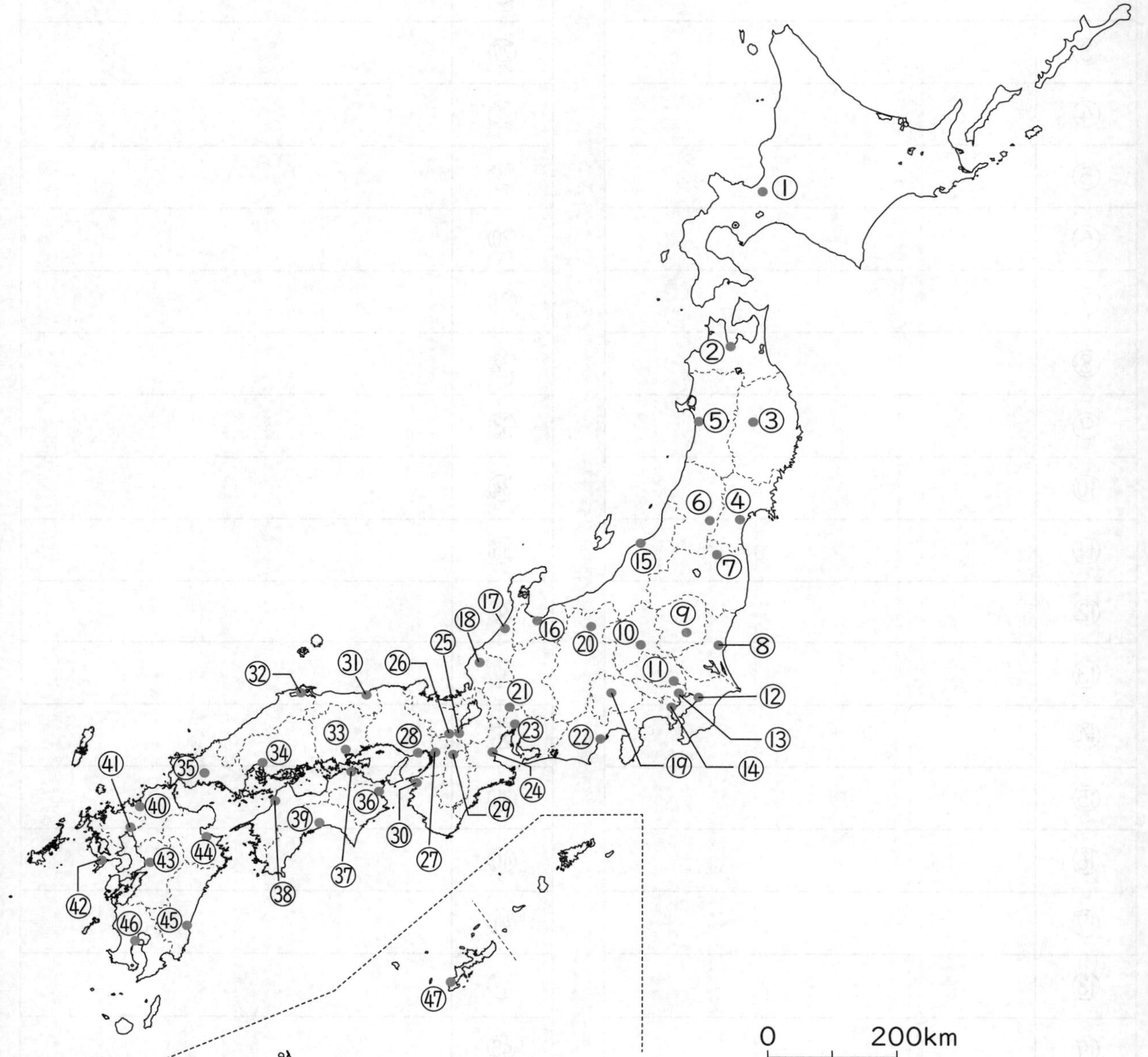

①②③④⑤⑥⑦⑧⑨⑩⑪⑫⑬⑭⑮⑯⑰⑱⑲⑳㉑㉒㉓㉔㉕㉖㉗㉘㉙㉚㉛㉜㉝㉞㉟㊱㊲㊳㊴㊵㊶㊷㊸㊹㊺㊻㊼

0　200km

都道府県名と県庁所在地名がちがう都道府県は、18つあるよ！
（東京都はのぞきます）

番号	都道府県庁所在地の名前
①	市
②	市
③	市
④	市
⑤	市
⑥	市
⑦	市
⑧	市
⑨	市
⑩	市
⑪	市
⑫	市
⑬	
⑭	市
⑮	市
⑯	市
⑰	市
⑱	市
⑲	市
⑳	市
㉑	市
㉒	市
㉓	市
㉔	市

番号	都道府県庁所在地の名前
㉕	市
㉖	市
㉗	市
㉘	市
㉙	市
㉚	市
㉛	市
㉜	市
㉝	市
㉞	市
㉟	市
㊱	市
㊲	市
㊳	市
㊴	市
㊵	市
㊶	市
㊷	市
㊸	市
㊹	市
㊺	市
㊻	市
㊼	市

⑤ 日本の地方区分

やってみよう！
- 7つの地方区分名を表に書きましょう。
- それぞれの地方の都道府県も調べて表に書きましょう。

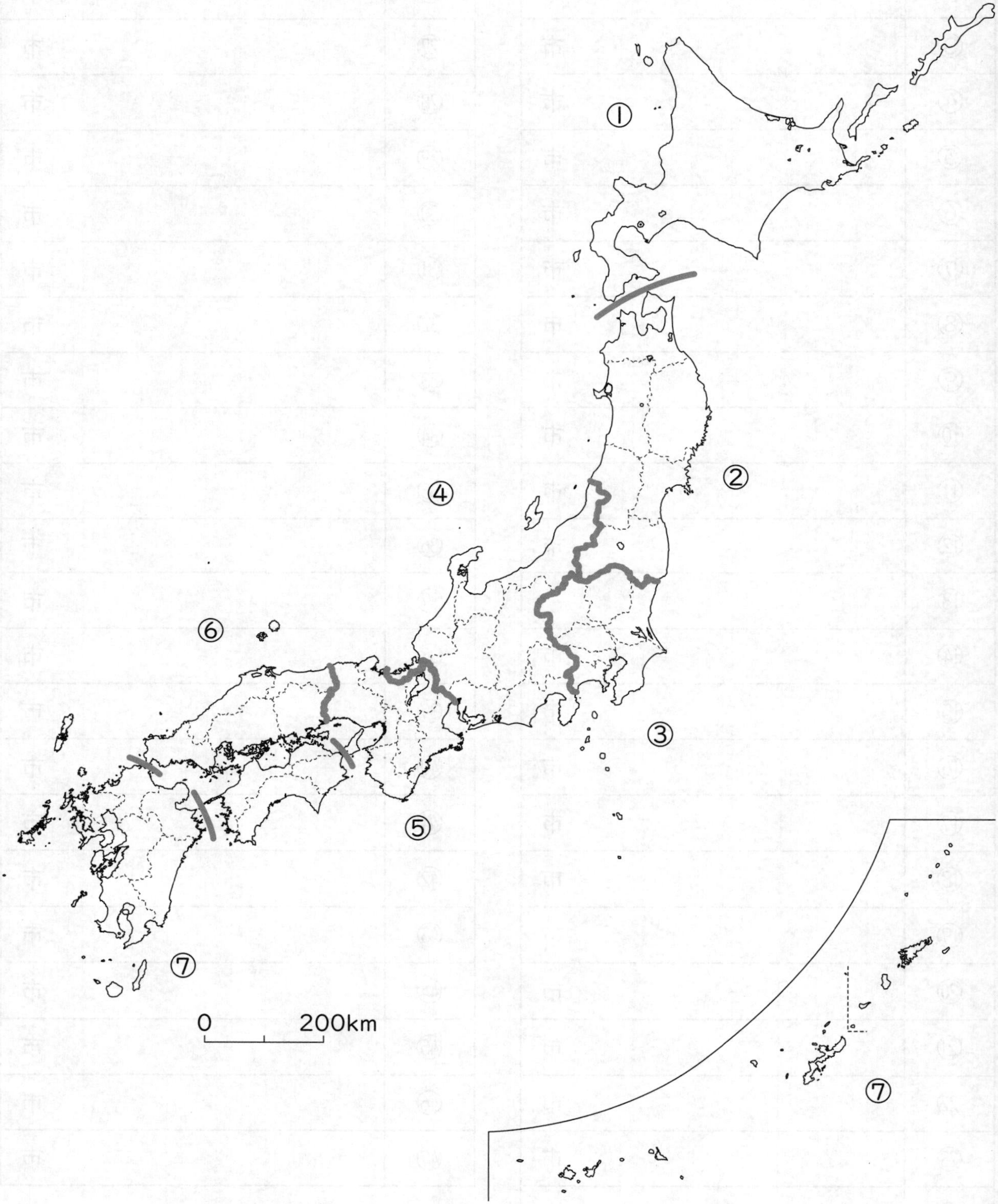

①

②

③

④

⑤

⑥

⑦

0　200km

⑦

番号	地方区分名	都道府県名
①	地方	
②	地方	
③	地方	
④	地方	
⑤	地方	
⑥	地方	
⑦	地方	

①は１道、②は６県、③は１都６県、
④は９県、⑤は２府５県、⑥は９県、
⑦は８県で成り立っているよ。

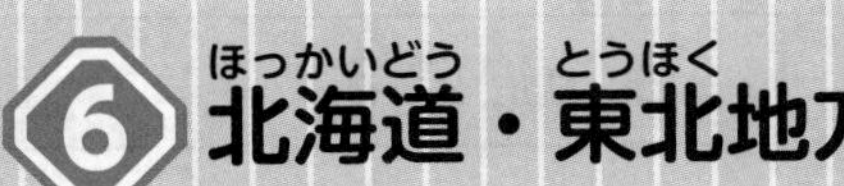

⑥ 北海道・東北地方

やってみよう！

- 地図にある道や県の名前を表に書きましょう。
- 色分けのルールを決めて、地図に色をつけましょう。

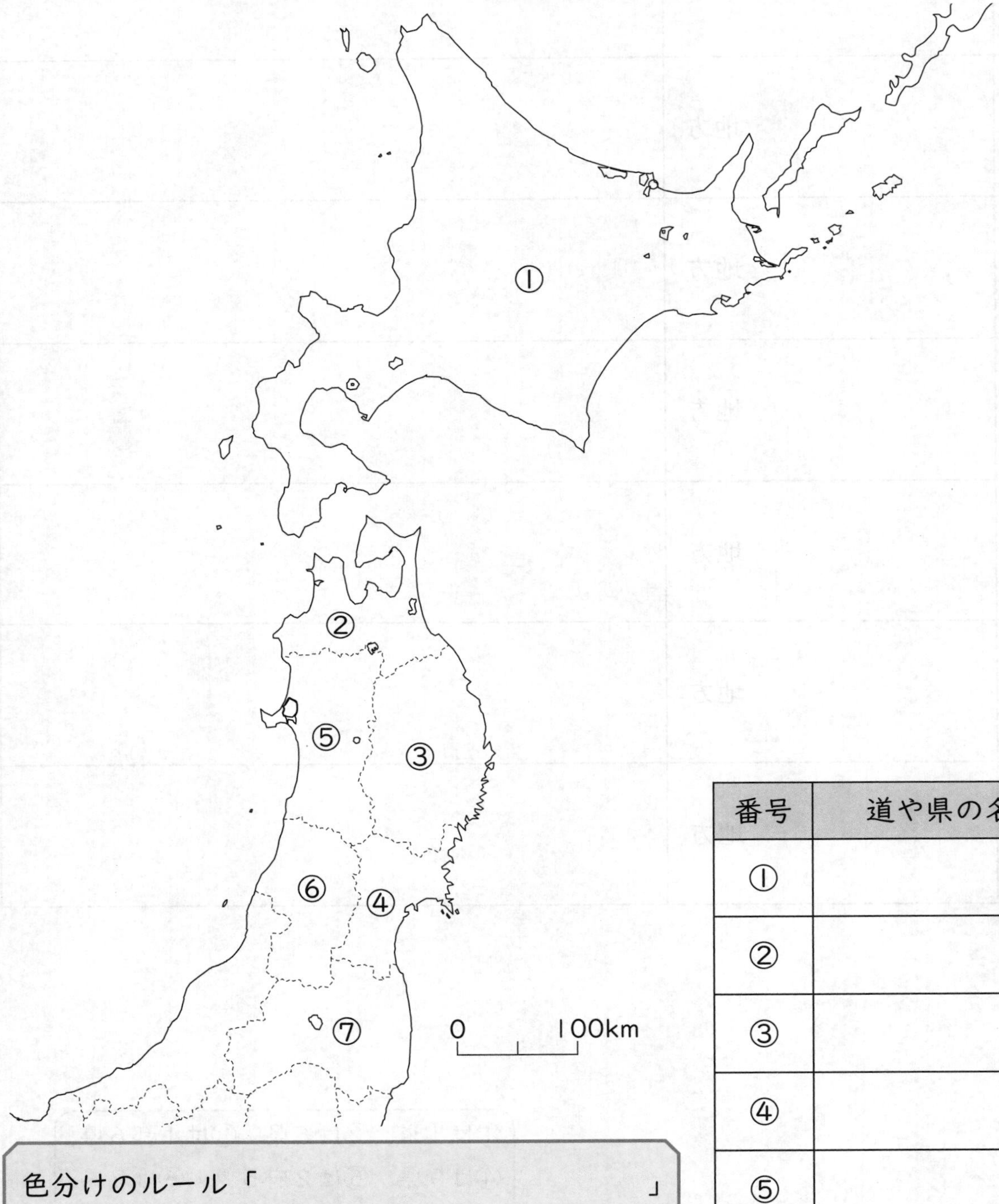

①
②
③
④
⑤
⑥
⑦

0　100km

番号	道や県の名前
①	
②	
③	
④	
⑤	
⑥	
⑦	

色分けのルール「　　　　　　　　　　　　　　」

⑦ 関東地方（かんとう）

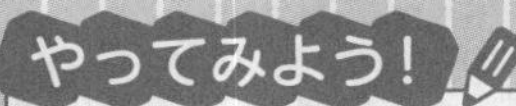

- 地図にある都や県の名前を表に書きましょう。
- 色分けのルールを決めて、地図に色をつけましょう。

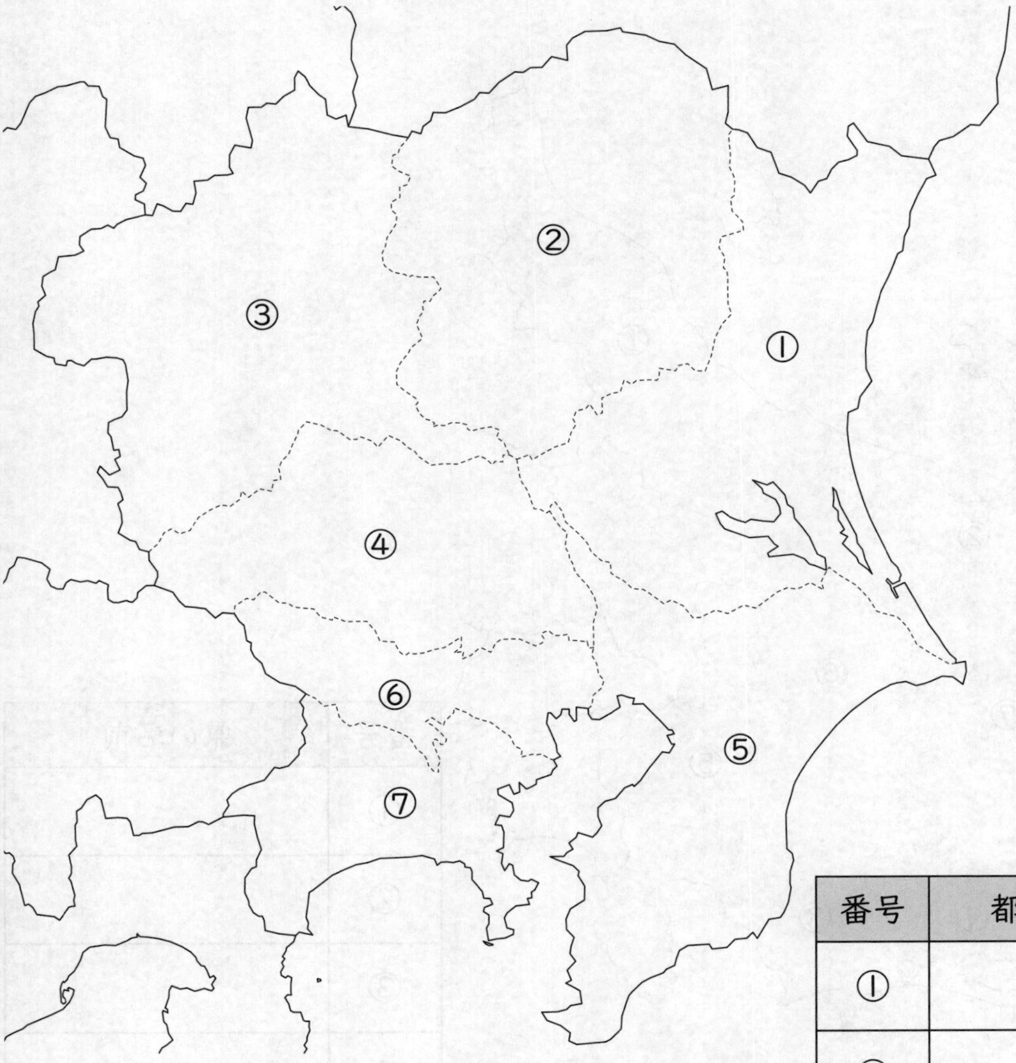

①
②
③
④
⑤
⑥
⑦

0　35km

番号	都や県の名前
①	
②	
③	
④	
⑤	
⑥	
⑦	

色分けのルール「　　　　　　　　　　　　」

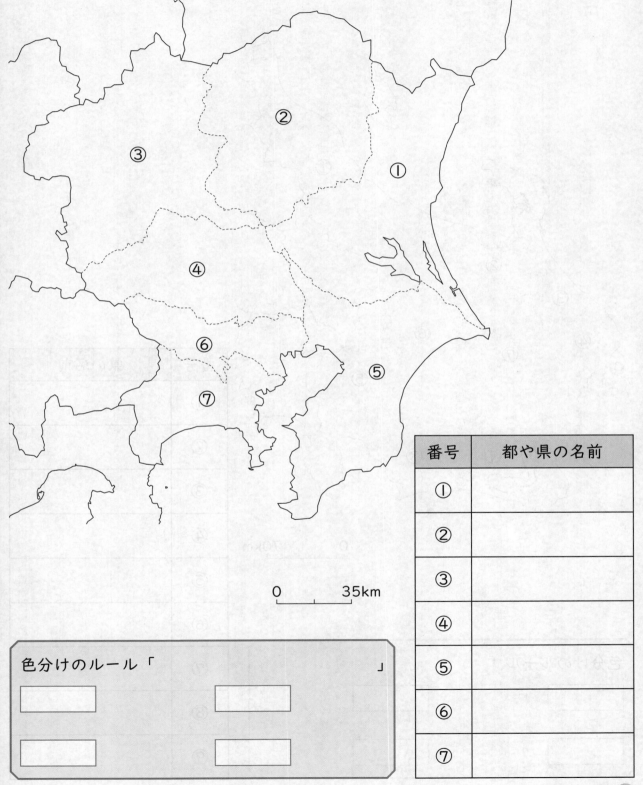

8 中部(ちゅうぶ)地方

やってみよう！

- 地図にある県の名前を表に書きましょう。
- 色分けのルールを決めて、地図に色をつけましょう。

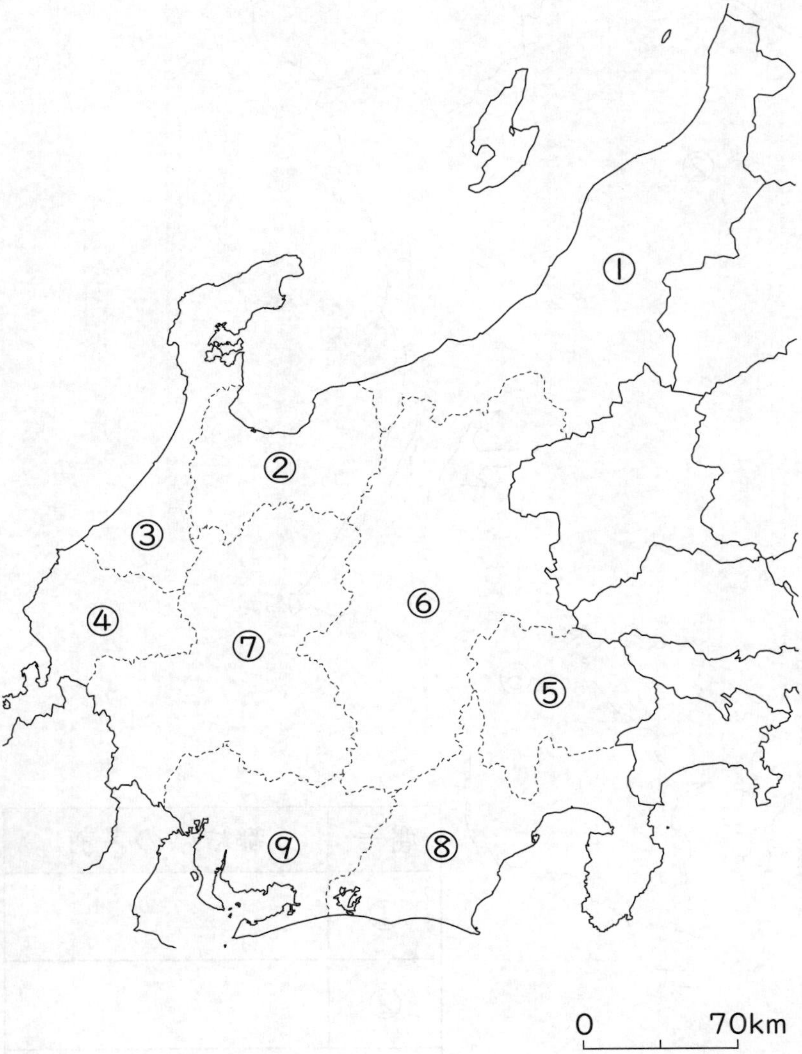

番号	県の名前
①	
②	
③	
④	
⑤	
⑥	
⑦	
⑧	
⑨	

色分けのルール「　　　　　　　　　　　　　　」

⑨ 近畿地方

やってみよう！

- 地図にある府や県の名前を表に書きましょう。
- 色分けのルールを決めて、地図に色をつけましょう。

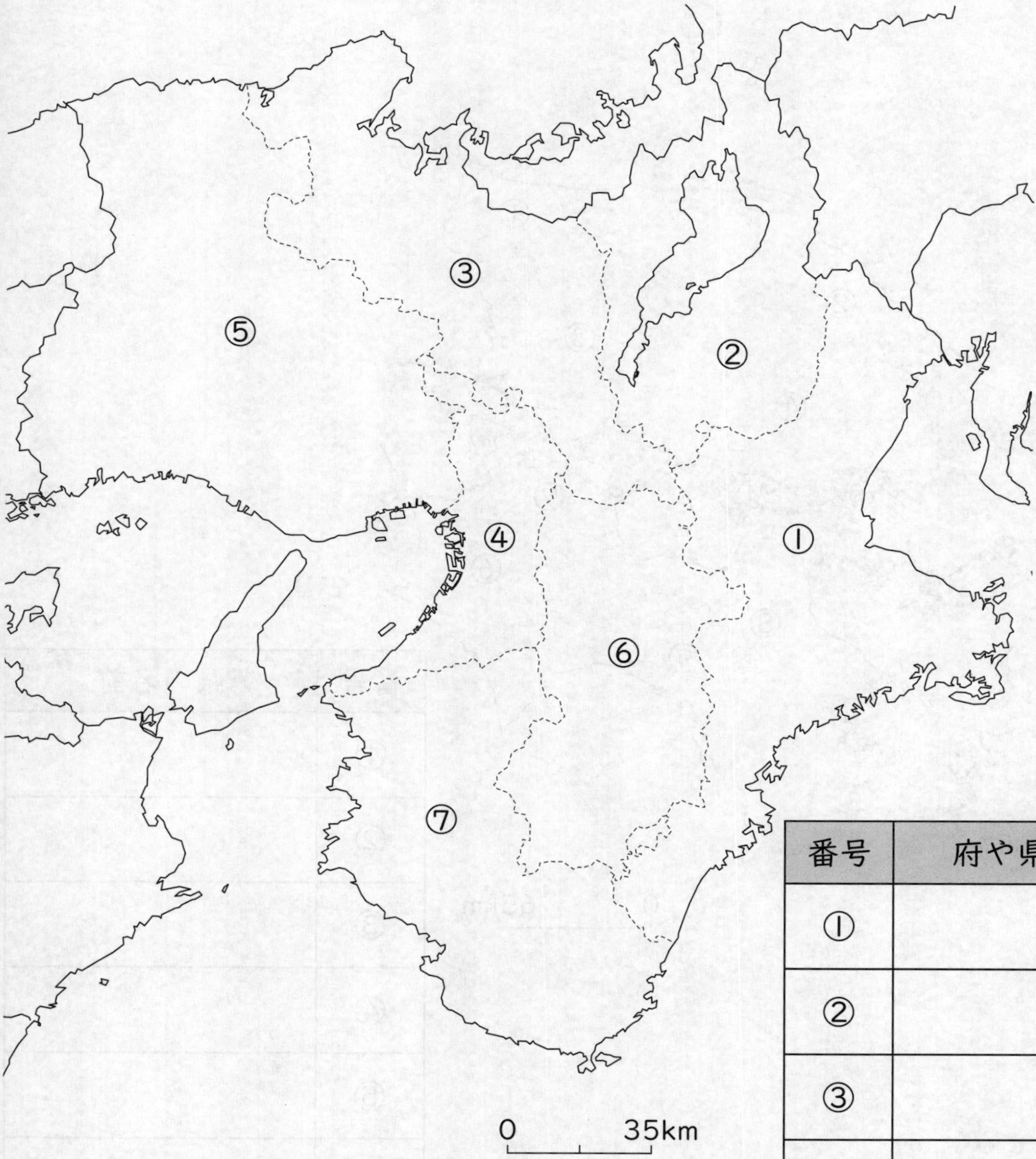

③
⑤
②
④
①
⑥
⑦

0　35km

番号	府や県の名前
①	
②	
③	
④	
⑤	
⑥	
⑦	

色分けのルール「　　　　　　　　　　　　　」

⑩ 中国・四国地方

やってみよう！

- 地図にある県の名前を表に書きましょう。
- 色分けのルールを決めて、地図に色をつけましょう。

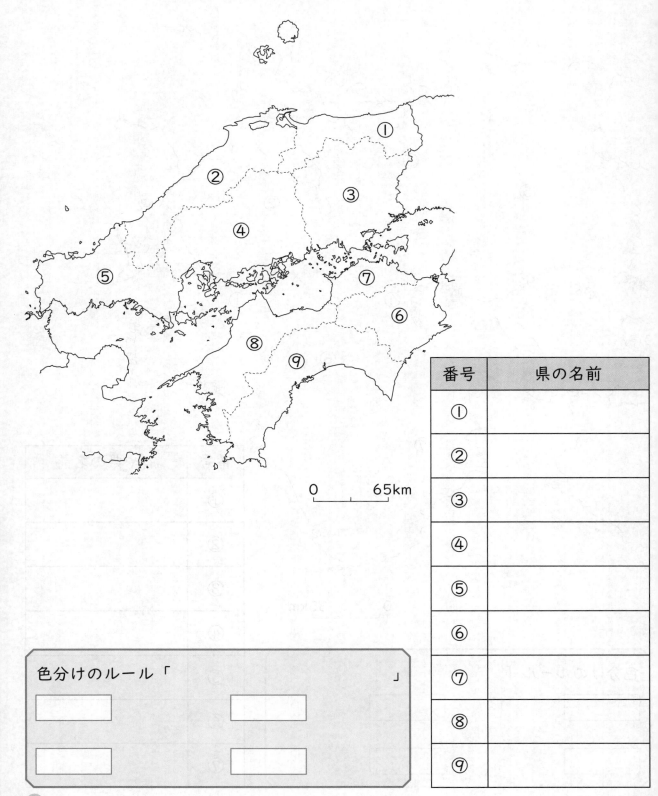

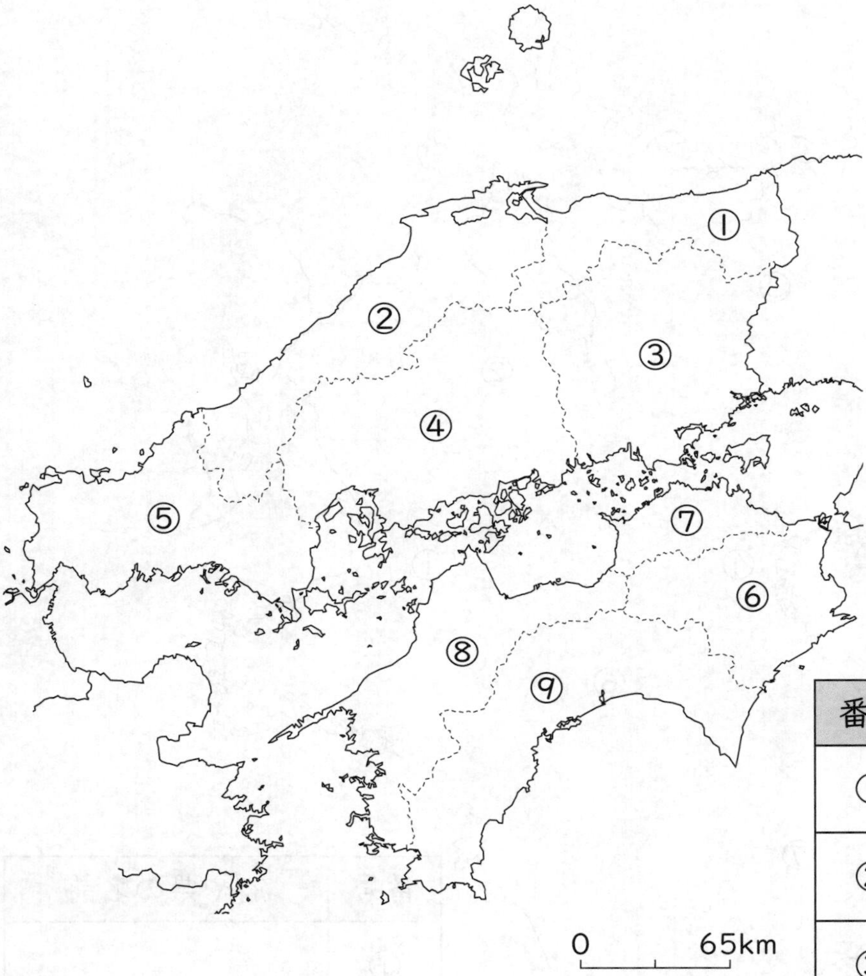

①
②
③
④
⑤
⑥
⑦
⑧
⑨
0 65km

番号	県の名前
①	
②	
③	
④	
⑤	
⑥	
⑦	
⑧	
⑨	

色分けのルール「　　　　　　　　　　　　　　　」

11 九州地方

- 地図にある県の名前を表に書きましょう。
- 色分けのルールを決めて、地図に色をつけましょう。

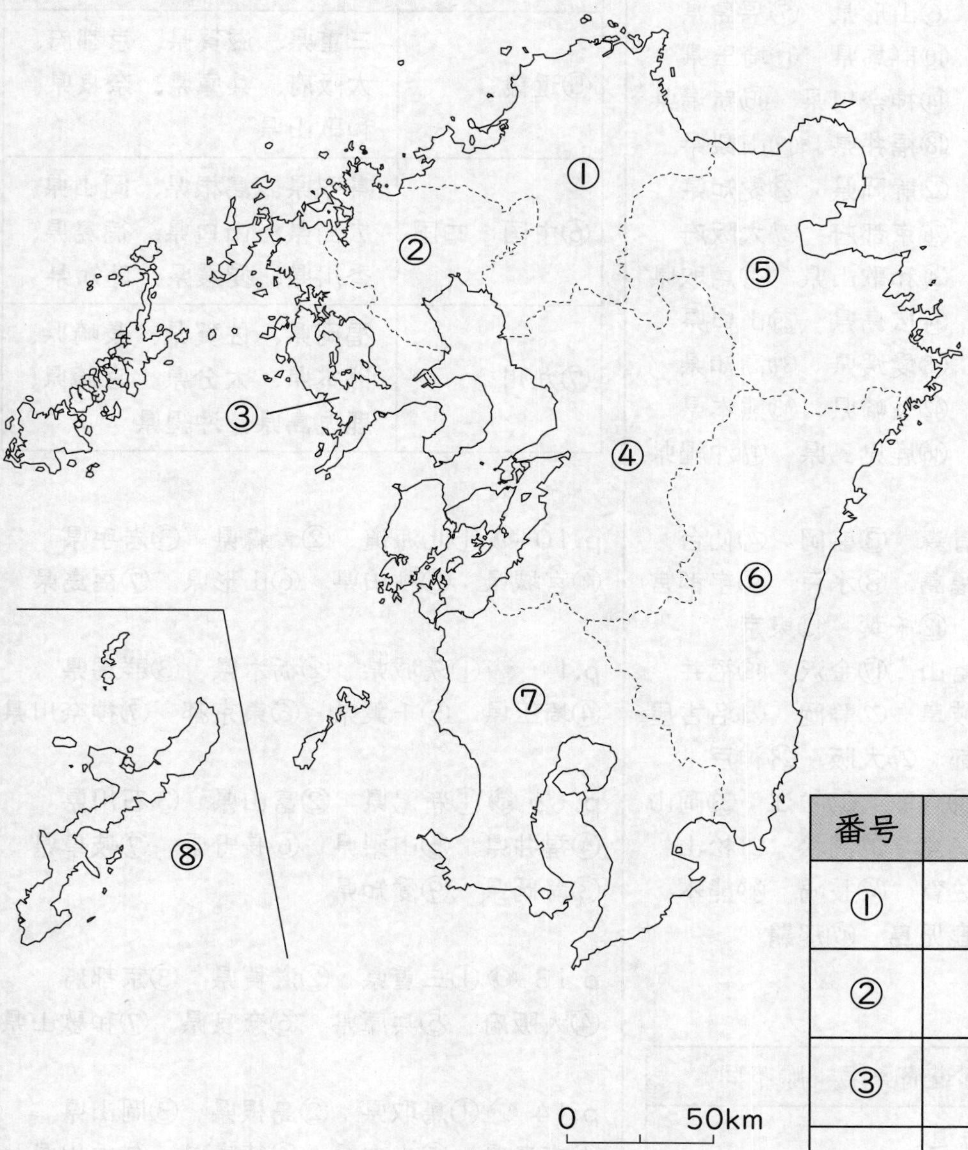

①
②
③
④
⑤
⑥
⑦
⑧

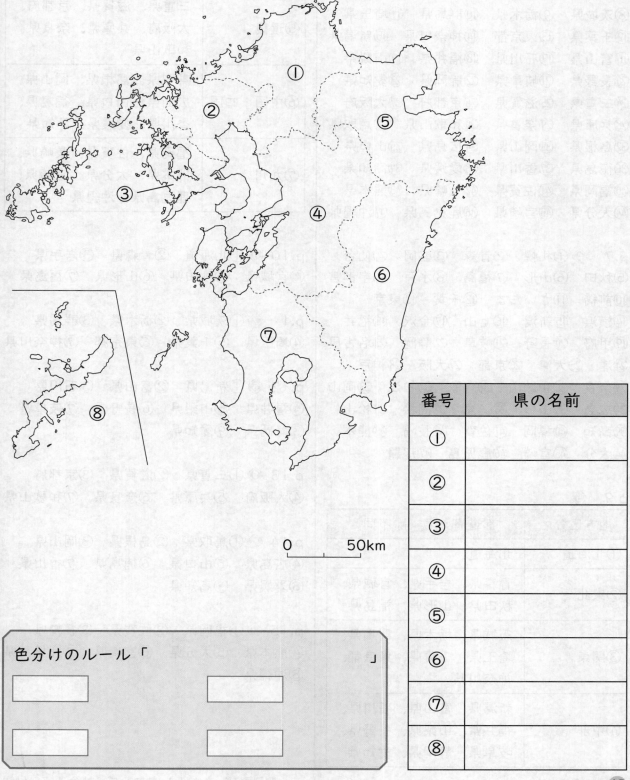

0 50km

番号	県の名前
①	
②	
③	
④	
⑤	
⑥	
⑦	
⑧	

色分けのルール「　　　　　　　　　　」

答　え

p.5　③ ①北海道　②青森県　③岩手県
④宮城県　⑤秋田県　⑥山形県　⑦福島県
⑧茨城県　⑨栃木県　⑩群馬県　⑪埼玉県
⑫千葉県　⑬東京都　⑭神奈川県　⑮新潟県
⑯富山県　⑰石川県　⑱福井県　⑲山梨県
⑳長野県　㉑岐阜県　㉒静岡県　㉓愛知県
㉔三重県　㉕滋賀県　㉖京都府　㉗大阪府
㉘兵庫県　㉙奈良県　㉚和歌山県　㉛鳥取県
㉜島根県　㉝岡山県　㉞広島県　㉟山口県
㊱徳島県　㊲香川県　㊳愛媛県　㊴高知県
㊵福岡県　㊶佐賀県　㊷長崎県　㊸熊本県
㊹大分県　㊺宮崎県　㊻鹿児島県　㊼沖縄県

p.7　④ ①札幌　②青森　③盛岡　④仙台
⑤秋田　⑥山形　⑦福島　⑧水戸　⑨宇都宮
⑩前橋　⑪さいたま　⑫千葉　⑬東京
⑭横浜　⑮新潟　⑯富山　⑰金沢　⑱福井
⑲甲府　⑳長野　㉑岐阜　㉒静岡　㉓名古屋
㉔津　㉕大津　㉖京都　㉗大阪　㉘神戸
㉙奈良　㉚和歌山　㉛鳥取　㉜松江　㉝岡山
㉞広島　㉟山口　㊱徳島　㊲高松　㊳松山
㊴高知　㊵福岡　㊶佐賀　㊷長崎　㊸熊本
㊹大分　㊺宮崎　㊻鹿児島　㊼那覇

p.9　⑤

地方区分名	都道府県名（順不同）
①北海道	北海道
②東北	青森県、岩手県、宮城県、秋田県、山形県、福島県
③関東	茨城県、栃木県、群馬県、埼玉県、千葉県、東京都、神奈川県
④中部	新潟県、富山県、石川県、福井県、山梨県、長野県、岐阜県、静岡県、愛知県
⑤近畿	三重県、滋賀県、京都府、大阪府、兵庫県、奈良県、和歌山県
⑥中国・四国	鳥取県、島根県、岡山県、広島県、山口県、徳島県、香川県、愛媛県、高知県
⑦九州	福岡県、佐賀県、長崎県、熊本県、大分県、宮崎県、鹿児島県、沖縄県

p.10　⑥ ①北海道　②青森県　③岩手県
④宮城県　⑤秋田県　⑥山形県　⑦福島県

p.11　⑦ ①茨城県　②栃木県　③群馬県
④埼玉県　⑤千葉県　⑥東京都　⑦神奈川県

p.12　⑧ ①新潟県　②富山県　③石川県
④福井県　⑤山梨県　⑥長野県　⑦岐阜県
⑧静岡県　⑨愛知県

p.13　⑨ ①三重県　②滋賀県　③京都府
④大阪府　⑤兵庫県　⑥奈良県　⑦和歌山県

p.14　⑩ ①鳥取県　②島根県　③岡山県
④広島県　⑤山口県　⑥徳島県　⑦香川県
⑧愛媛県　⑨高知県

p.15　⑪ ①福岡県　②佐賀県　③長崎県
④熊本県　⑤大分県　⑥宮崎県　⑦鹿児島県
⑧沖縄県

(切り取り線)

4年 社会のまとめ 学力しんだんテスト

月　日

名前

時間 40分

ごうかく70点　／100

答え51ページ

1については、学習の状況に応じてA・Bどちらかを、**2**についてはA～Cから選んでやりましょう。

1 のA　ごみのしょりについて、(　)にあう言葉を書きましょう。③はカタカナで書きましょう。

1つ5点(15点)

・もえるごみは、(①)に運ばれてしょりされ、はいになる。はいは(②)にうめられたり、アスファルトの材料などに再利用される。使わなくなったものを原料にもどして、ふたたび使えるようにすることを(③)という。

①(　　　)　②(　　　)

③(　　　)

1 のB　下水しょりについて、次の文にあう言葉を

2 のB　次の文にあう発電方法を、㋐～㋔から選びましょう。

1つ5点(15点)

① 水不足のとき、必要なだけの発電ができない心配がある。 □

② 広い土地や家の屋根などに、パネルを置いて発電する。 □

③ ウランを燃料とした発電で、はいき物の取りあつかいがむずかしい。 □

㋐ 火力発電　㋑ 水力発電　㋒ 太陽光発電

㋓ 原子力発電　㋔ 風力発電

2 のC　ガスについて、(　)にあう言葉を㋐～㋔からそれぞれ選びましょう。

1つ5点(15点)

・家で使われるガスには、(①)からつくられる都市ガスと、プロパンガスなどからつくられる(②)がある。

・どちらも(③)とよばれるしげんで、かぎりがある。

㋐ 天然ガス　㋑ 化石燃料　㋒ LPガス

㋐・㋑からそれぞれ選びましょう。 1つ5点(15点)

・下水は、①{ ㋐川 ・ ㋑下水道管 }を通って水再生センターに運ばれ、しょりされる。しょりされた水は②{ ㋐川や海に放流 ・ ㋑飲み水に }している。また、③{ ㋐トイレ ・ ㋑プール }の水などにも利用している。

① □ ② □ ③ □

2 のA 水について、正しいものには○を、まちがっているものには×をつけましょう。 1つ5点(15点)

① じょう水場は川から水を取り入れて、安全できれいな水をつくっている。 □

② 雨水をたくわえることから、湖は「緑のダム」とよばれる。 □

③ 安全な水をたくわえておくため、ダムでは毎日、水質けんさをしている。 □

㋓ 二酸化炭素 ㋔ 石油

① □ ② □ ③ □

3 伝統的な産業について、正しいものには○を、まちがっているものには×をつけましょう。

1つ2点(6点)

① 工場で機械を使って、大量に生産されている。 □

② 原料の多くは、地いきで手に入れやすいものを使っている。 □

③ 一人前の職人(ぎじゅつ者)を育てるのに、長い年月がかかる。 □

4 次の写真のように、市民と外国人住民が共に防災活動について学ぶ理由を、かん単に書きましょう。 1つ10点(10点)

(　　　　)

うらにも問題があります。

教科書ぴったりトレーニング

丸つけラクラクかいとう

東京書籍版
社会4年

この「丸つけラクラクかいとう」はとりはずしてお使いください。

「丸つけラクラクかいとう」では問題と同じ紙面に、赤字で答えを書いています。

①問題がとけたら、まずは答え合わせをしましょう。

②まちがえた問題やわからなかった問題は、てびきを読んだり、教科書を読み返したりしてもう一度見直しましょう。

おうちのかたへ では、次のようなものを示しています。

- 学習のねらいやポイント
- 他の学年や他の単元の学習内容とのつながり
- まちがいやすいことやつまずきやすいところ

お子様への説明や、学習内容の把握などにご活用ください。

見やすい答え

おうちのかたへ

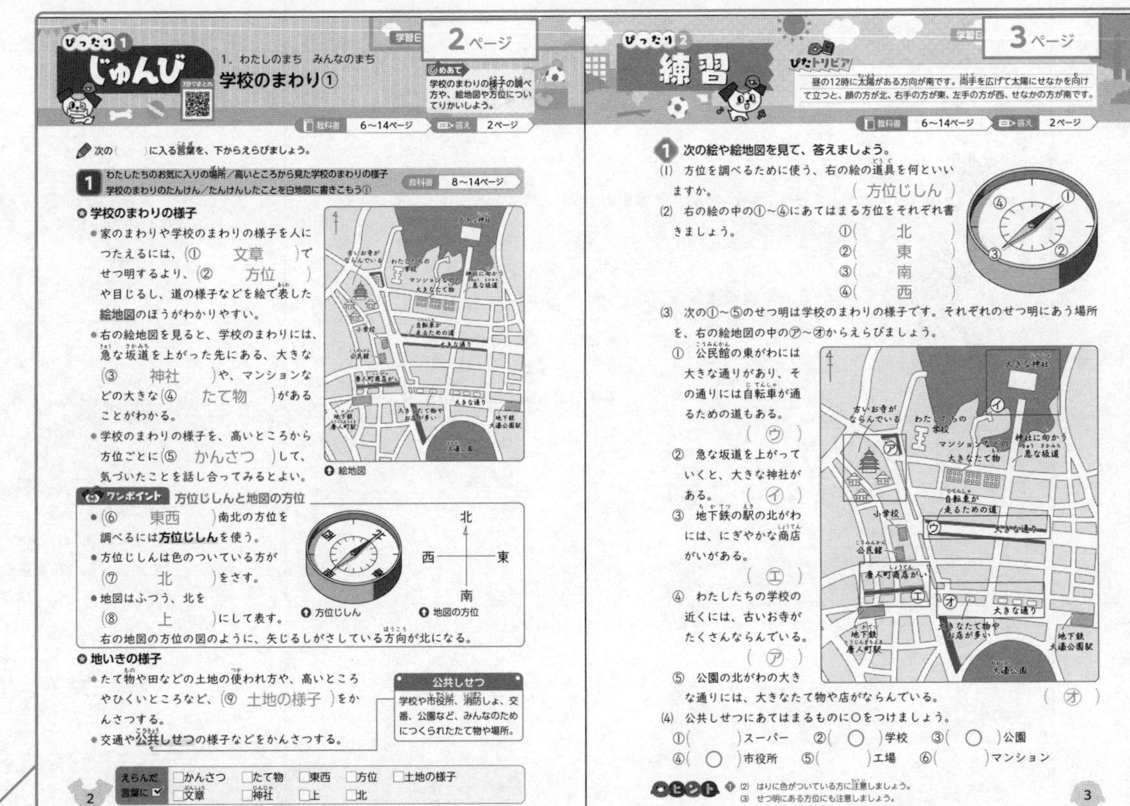

ぴったり1 じゅんび　1. わたしのまち　みんなのまち　学校のまわり①　2ページ

めあて　学校のまわりの様子の調べ方や、絵地図や方位について理解しよう。

教科書 6～14ページ　答え 2ページ

次の（　）に入る言葉を、下からえらびましょう。

1 わたしたちのお気に入りの場所／高いところから見た学校のまわりの様子　学校のまわりのたんけん／たんけんしたことを白地図に書きこもう①　教科書 8～14ページ

学校のまわりの様子

- 家のまわりや学校のまわりの様子を人につたえるには、（① 文章 ）でせつ明するより、（② 方位 ）や目じるし、道の様子などを絵で表した絵地図のほうがわかりやすい。
- 右の絵地図を見ると、学校のまわりには、急な坂道を上がった先にある、大きな（③ 神社 ）や、マンションなどの大きな（④ たて物 ）があることがわかる。
- 学校のまわりの様子を、高いところから方位ごとに（⑤ かんさつ ）して、気づいたことを話し合ってみるとよい。

ワンポイント　方位じしんと地図の方位

- （⑥ 東西 ）南北の方位を調べるには方位じしんを使う。
- 方位じしんは色のついている方が（⑦ 北 ）をさす。
- 地図はふつう、北を（⑧ 上 ）にして表す。

右の地図の方位の図のように、矢じるしがさしている方向が北になる。

地いきの様子

- たて物や田などの土地の使われ方や、高いところやひくいところなど、（⑨ 土地の様子 ）をかんさつする。
- 交通や公共しせつの様子などをかんさつする。

公共しせつ　学校や市役所、消防しょ、交番、公園など、みんなのためにつくられたたて物や場所。

えらんだ言葉に☑　□かんさつ　□たて物　□東西　□方位　□土地の様子　□文章　□神社　□上　□北

2

ぴったり2 練習　3ページ

ぴたトリビア　昼の12時に太陽がある方向が南です。両手を広げて太陽にせなかを向けて立つと、顔の方が北、右手の方が東、左手の方が西、せなかの方が南です。

教科書 6～14ページ　答え 2ページ

1 次の絵や絵地図を見て、答えましょう。

(1) 方位を調べるために使う、右の絵の道具を何といいますか。（ 方位じしん ）

(2) 右の絵の中の①～④にあてはまる方位をそれぞれ書きましょう。①（ 北 ）②（ 東 ）③（ 南 ）④（ 西 ）

(3) 次の①～⑤のせつ明は学校のまわりの様子です。それぞれのせつ明にあう場所を、右の絵地図の中の㋐～㋔からえらびましょう。

① 公民館の東がわには大きな通りがあり、その通りには自転車が通るための道もある。（ ㋒ ）

② 急な坂道を上がっていくと、大きな神社がある。（ ㋑ ）

③ 地下鉄の駅の北がわには、にぎやかな商店がいがある。（ ㋓ ）

④ わたしたちの学校の近くには、古いお寺がたくさんならんでいる。（ ㋐ ）

⑤ 公園の北がわの大きな通りには、大きなたて物や店がならんでいる。（ ㋔ ）

(4) 公共しせつにあてはまるものに○をつけましょう。

①（　）スーパー　②（ ○ ）学校　③（ ○ ）公園　④（ ○ ）市役所　⑤（　）工場　⑥（　）マンション

ヒント　1 (2) はりに色がついている方に注意しましょう。(3) せつ明にある方位にも注意しましょう。

3

できたかな？

□方位じしんで、色のついている方の方位を言ってみよう。

□公共しせつはどのような場所か、せつ明してみよう。

おうちのかたへ

東西南北の方位については、東と西がおぼえにくいので注意してください。また、地図を見る際、「学校は駅の上にあるね」など「上下左右」を使わず、「学校は駅の北にあるね」など「東西南北」を使うとよいでしょう。

2

練習　3ページ

1 (2)方位じしんは、色がついている方が北をさします。また、北、南、東、西の4つの方位を四方位といいます。

(3)①は公民館と自転車が通るための道、②は急な坂道と大きな神社、③は地下鉄の駅と商店がい、④はわたしたちの学校の近くの古いお寺、⑤は公園と大きなたて物や店をヒントにして、絵地図をよく見ましょう。

(4)公共しせつは、国や都道府県、市区町村がみんなのためにつくったしせつのことです。みんなから集めたお金でつくられているという特ちょうがあります。公共しせつのれいとして、学校、市役所、けいさつしょ、消防しょ、公民館、じどう館、公園などがあります。スーパーや工場、マンションは、国や都道府県、市区町村がつくるものではなく会社がつくるものなので、公共しせつにはあてはまりません。

くわしいてびき

※紙面はイメージです。

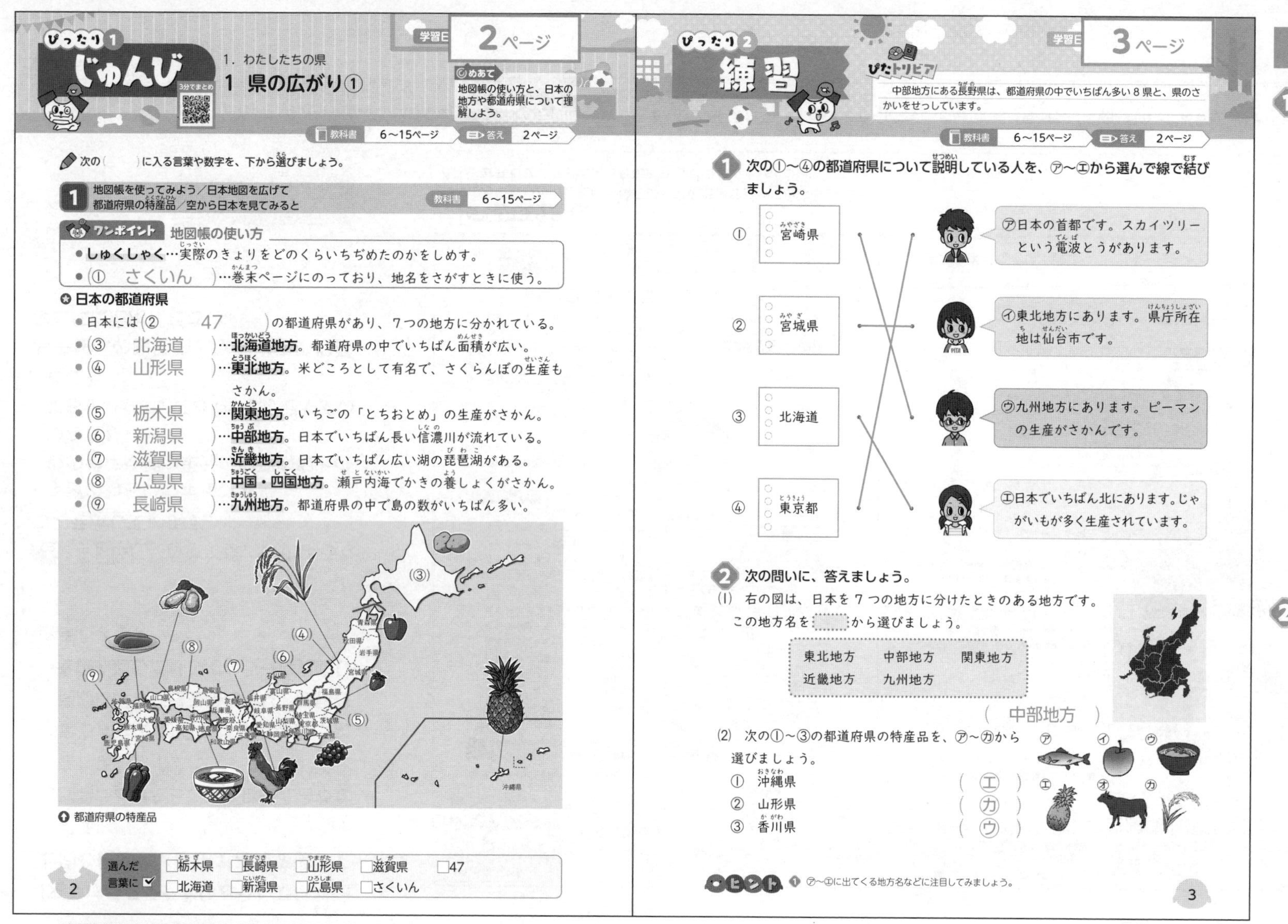

ぴったり1 じゅんび

1. わたしたちの県

1 県の広がり①

学習日　2ページ

めあて　地図帳の使い方と、日本の地方や都道府県について理解しよう。

教科書 6~15ページ　答え 2ページ

次の（　）に入る言葉や数字を、下から選びましょう。

1 地図帳を使ってみよう／日本地図を広げて　都道府県の特産品／空から日本を見てみると　教科書 6~15ページ

ワンポイント　地図帳の使い方

- **しゅくしゃく**…実際のきょりをどのくらいちぢめたのかをしめす。
- （① さくいん　）…巻末ページにのっており、地名をさがすときに使う。

日本の都道府県

- 日本には（② 47　）の都道府県があり、7つの地方に分かれている。
- （③ 北海道　）…**北海道地方**。都道府県の中でいちばん面積が広い。
- （④ 山形県　）…**東北地方**。米どころとして有名で、さくらんぼの生産もさかん。
- （⑤ 栃木県　）…**関東地方**。いちごの「とちおとめ」の生産がさかん。
- （⑥ 新潟県　）…**中部地方**。日本でいちばん長い信濃川が流れている。
- （⑦ 滋賀県　）…**近畿地方**。日本でいちばん広い湖の琵琶湖がある。
- （⑧ 広島県　）…**中国・四国地方**。瀬戸内海でかきの養しょくがさかん。
- （⑨ 長崎県　）…**九州地方**。都道府県の中で島の数がいちばん多い。

都道府県の特産品

選んだ言葉に✓　□栃木県　□長崎県　□山形県　□滋賀県　□47　□北海道　□新潟県　□広島県　□さくいん

2

ぴったり2 練習

学習日　3ページ

ぴたトリビア　中部地方にある長野県は、都道府県の中でいちばん多い8県と、県のさかいをせっしています。

教科書 6~15ページ　答え 2ページ

1 次の①~④の都道府県について説明している人を、㋐~㋓から選んで線で結びましょう。

① 宮崎県
② 宮城県
③ 北海道
④ 東京都

㋐日本の首都です。スカイツリーという電波とうがあります。
㋑東北地方にあります。県庁所在地は仙台市です。
㋒九州地方にあります。ピーマンの生産がさかんです。
㋓日本でいちばん北にあります。じゃがいもが多く生産されています。

2 次の問いに、答えましょう。

(1) 右の図は、日本を7つの地方に分けたときのある地方です。この地方名を［　］から選びましょう。

東北地方　中部地方　関東地方　近畿地方　九州地方

（ 中部地方 ）

(2) 次の①~③の都道府県の特産品を、㋐~㋕から選びましょう。

① 沖縄県　（ ㋓ ）
② 山形県　（ ㋕ ）
③ 香川県　（ ㋒ ）

ヒント　1 ㋐~㋓に出てくる地方名などに注目してみましょう。

3

できたかな？

□日本の7つの地方を言ってみよう。
□都道府県の特産品にはどのようなものがあるか、例をあげてみよう。

おうちのかたへ

4年生になって初めて学ぶ内容です。日本にはどのような都道府県があるのか、各地の特産品は何かなどを見ていきます。

練習　3ページ

1 ①宮崎県は、九州地方の東側に位置しています。ピーマンやきゅうりなどの野菜のほか、ぶた肉やとり肉などの生産もさかんです。②宮城県は太平洋に面した東北地方の県で、ささかまぼこが特産品です。③北海道は都道府県の中でいちばん面積が広く、じゃがいものほかにもチーズや牛にゅうの生産もさかんです。④東京都は日本の首都で、関東地方にあります。スカイツリーは、東京タワーに代わる新しい電波とうとして、2012年に開業しました。

2 (1)中部地方は日本のほぼ真ん中に位置している地方で、愛知県、岐阜県、静岡県、山梨県、長野県、福井県、石川県、富山県、新潟県があります。

(2)①沖縄県はパイナップルの生産量が日本一です。②山形県は米どころとして有名です。③香川県は讃岐うどんが特産品です。㋐のさけは北海道、㋑のりんごは青森県、㋔の牛は滋賀県などの特産品です。

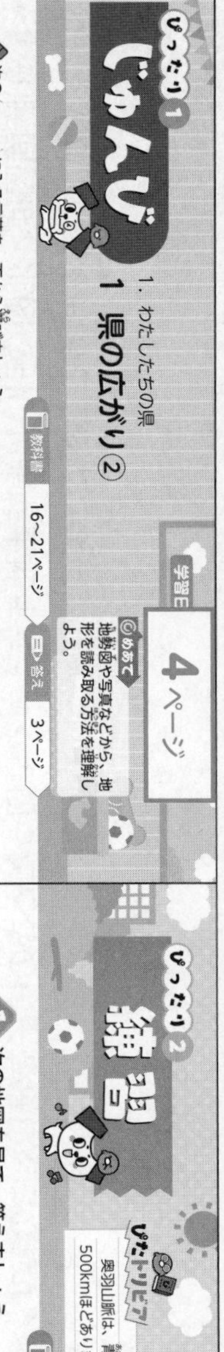

じゅんび 1

1. わたしたちの県
1 県の広がり②

教科書 16～21ページ　答え 3ページ　学習日

4ページ

めあて 地勢図や写真などから、地形を読み取る方法を理解しよう。

次の（　）に入る言葉を、下から選びましょう。

1 日本の中の宮城県/社会科の学習の進め方　教科書 16～19ページ

宮城県の位置

・宮城県は（①東北）地方にあり、県の東側は（②太平洋）に面している。

・宮城県のまわりには、（③岩手県）、秋田県、山形県、福島県がある。

宮城県は、4つの県とせっしているんだね。

宮城県とそのまわりの県

2 空から宮城県をながめたら/宮城県の地形　教科書 20～21ページ

ワンポイント 地形

・地形には、（④山地）・平地・海岸などがある。

・（⑤断面図）を見ると、**土地の高さやかたむき**がわかる。

・地図や（⑥衛星写真）で、どこにどのような地形が見られるかを調べると、県の特色が見えてくる。

宮城県の地形の様子

・宮城県は西側の土地が高く、中央は平らで東側には海がある。

・県の中央部には（⑦仙台平野）が広がっている。

・県の西の方には（⑧奥羽山脈）が見られる。

・県の東の方には、海岸線がふくざつに入り組んだ（⑨三陸海岸）が見られる。

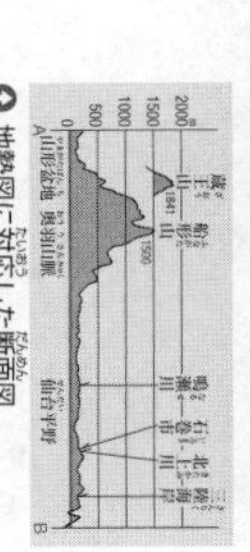

選んだ言葉に✓
□三陸海岸　□奥羽山脈　□断面図　□山地　□岩手県
□衛星写真　□仙台平野　□太平洋　□東北

宮城県の地勢図

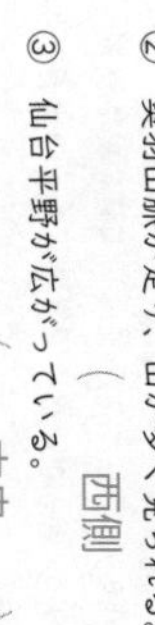

地勢図に対応した断面図

4

できたかな？
□地形にはどのようなものがあるか、例をあげてみよう。

おうちのかたへ
この単元では、地勢図の読み取りを学習します。色の違いによって土地の高さが表されていることに注目し、県内のどこにどのような地形が見られるかを読み取ります。

ぴったり2 練習

教科書 16～21ページ　答え 3ページ　学習日

5ページ

ぴたトリビア 奥羽山脈は、青森県から栃木県までのびる日本最長の山脈で、長さは約500kmほどあります。

1 次の地図を見て、答えましょう。

(1) 地図中の①の海洋名を答えましょう。（太平洋）

(2) 地図中の②～④の県名をそれぞれ答えましょう。②（岩手県）③（秋田県）④（山形県）

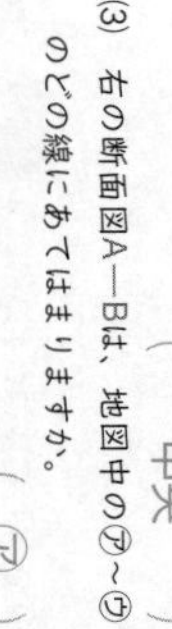

2 次の地図と図を見て、答えましょう。

(1) 山地や平地、海岸などの土地の形のことを何といいますか。（地形）

(2) 次の①～③の様子は、宮城県のどの位置で見られますか。□から選びましょう。

西側　中央　東側

① 仙台湾が広がっている。（東側）

② 奥羽山脈が走り、山が多く見られる。（西側）

③ 仙台平野が広がっている。（中央）

(3) 右の断面図A―Bは、地図中のア～ウのどの線にあてはまりますか。（ア）

(4) 宮城県では、どのくらいの高さの土地がいちばん広い範囲に見られますか。ア～オから選びましょう。（ア）

ア 0～100mのところ　イ 100～200mのところ
ウ 200～500mのところ　エ 500～1000mのところ
オ 1000mよりも高いところ

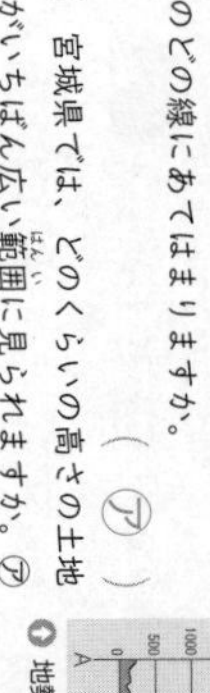

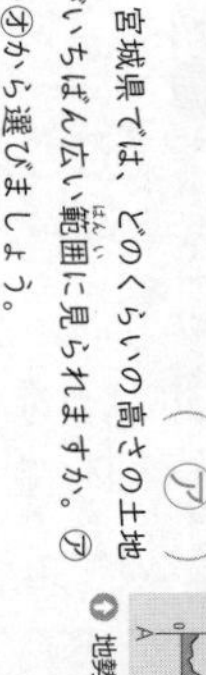

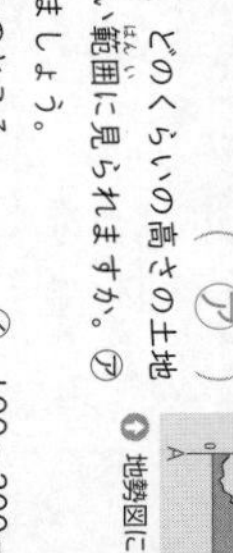

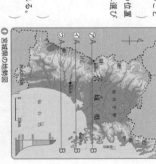

宮城県の地勢図

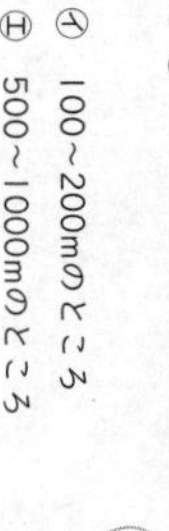

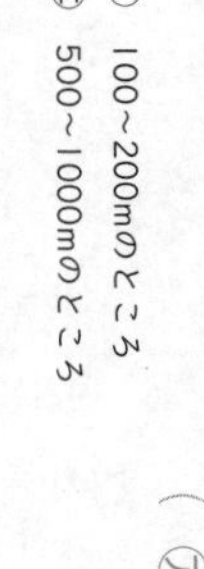

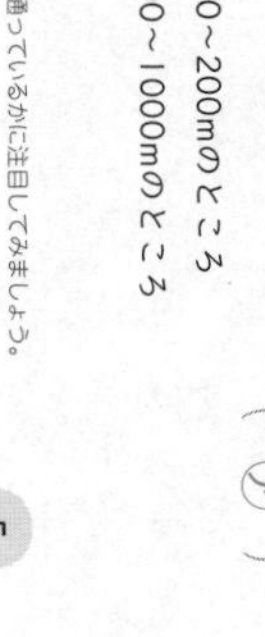

地勢図に対応した断面図

ヒント 2 (3) 山や平野、海など、A―Bの線がどこを通っているかに注目してみましょう。

5

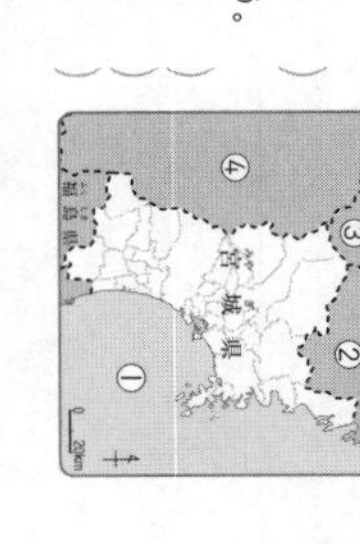

練習　5ページ

1 (1)宮城県は、県の東側が太平洋に面しています。
(2)宮城県のまわりには、岩手県、秋田県、山形県、福島県があり、4つの県とせっしています。

2 (1)どこにどのような地形が見られるのか、地図や衛星写真などで調べると、地いきの特色が見えてきます。
(2)①地図を見ると、仙台湾は宮城県の東側に広がっていることがわかります。②奥羽山脈は宮城県の西側にあり、1000m以上の山も見られます。③仙台平野は宮城県の中央に広がっています。
(3)Aは1000m以上の高い山地を通った後、土地の低い平野を通ります。海をほとんど通っていないことにも注目しましょう。
(4)地勢図の右下を見ると、どの高さの土地が何色でぬられているかがわかります。地勢図でいちばん広くぬられている色は、0～100mの色です。

ぴったり3 たしかめのテスト

1. わたしたちの県
1 県の広がり

6ページ

/100 ごうかく80点

教科書 6〜21ページ　答え 4ページ

1 次の問いに、答えましょう。　1つ5点（55点）

(1) よく出る 次の①〜③の文にあてはまる都道府県名を答えましょう。

① 県の真ん中にある甲府盆地で、ぶどうの生産がさかんである。（ 山梨県 ）

② 日本でいちばん長い信濃川が日本海に注いでいる。（ 新潟県 ）

③ 四国地方でいちばん面積が広く、南側は太平洋に面している。（ 高知県 ）

(2) 宮崎県があるのは何地方ですか。地方の名前を書き、その地方にあてはまるものを右の地図中の㋐〜㋖から選びましょう。

地方名（ 九州 ）地方

記号（ ㋖ ）

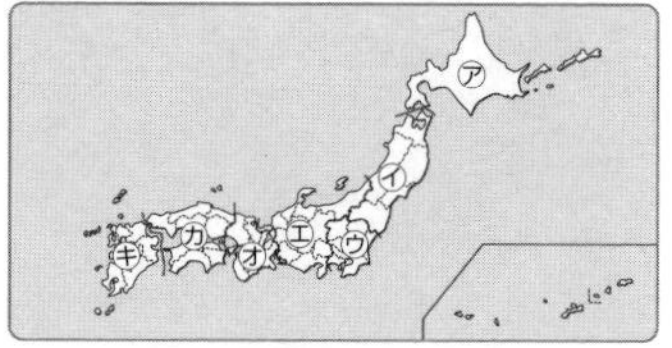

(3) 日本の都道府県や地方について説明した次の文のうち、正しいものには○を、まちがっているものには×をつけましょう。

①（ ○ ）47都道府県の中で、いちばん面積が広いのは北海道である。

②（ × ）日本を7つの地方に分けたとき、中部地方と中国・四国地方の間にある地方の名前は関西地方である。

③（ × ）中国・四国地方のいちばん西にあるのは広島県である。

④（ ○ ）中部地方は、太平洋と日本海の両方に面している。

(4) 東京都に住む2人が、自分の出身地について話をしています。それぞれの出身地の都道府県はどこか、答えましょう。

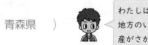

①（ 青森県 ）

わたしは寒い地いきから来ました。東北地方のいちばん北にあって、りんごの生産がさかんです。

②（ 福岡県 ）

わたしの出身地は熊本県と同じ地方にあります。明太子が有名です。

7ページ

2 次の問いに、答えましょう。　1つ5点（20点）

(1) よく出る 宮城県がある地方名を答えましょう。（ 東北 ）地方

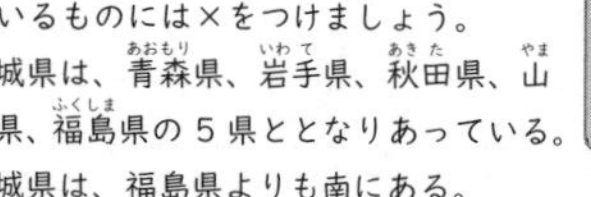

(2) 宮城県のまわりの様子について、正しいものには○を、まちがっているものには×をつけましょう。

①（ × ）宮城県は、青森県、岩手県、秋田県、山形県、福島県の5県ととなりあっている。

②（ × ）宮城県は、福島県よりも南にある。

③（ ○ ）宮城県の東には太平洋が広がっている。

3 次の問いに、答えましょう。　1つ5点（25点）

記述 (1) 断面図を見ると、どのようなことがわかりますか。かん単に書きましょう。　思考・判断・表現

（(例)土地の高さやかたむきがわかる。）

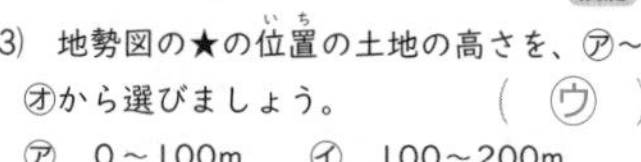

(2) できたらスゴイ！ 作図 右下の断面図は、地勢図のどこを切り取ったものですか。地勢図の㋐〜㋒のうち、正しい線をなぞりましょう。　技能

宮城県の地勢図

(3) 地勢図の★の位置の土地の高さを、㋐〜㋔から選びましょう。（ ㋒ ）

㋐ 0〜100m　㋑ 100〜200m

㋒ 200〜500m　㋓ 500〜1000m

㋔ 1000m以上

(4) 地勢図の北上川は、右の断面図ではどの位置にあたりますか。㋐〜㋓から選びましょう。（ ㋒ ）

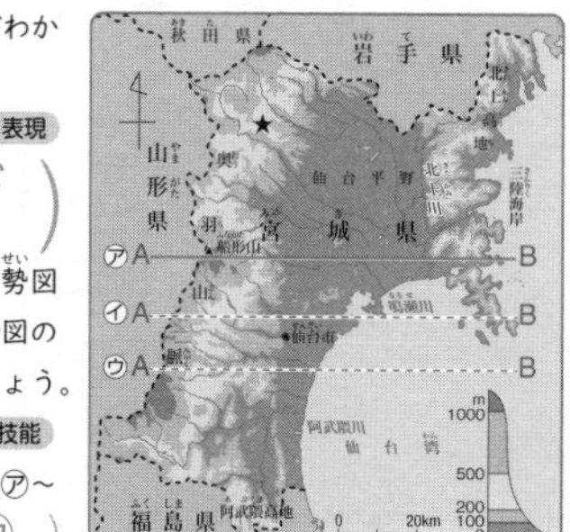

地勢図に対応した断面図

(5) 宮城県の地形の様子について説明した次の㋐〜㋓から、正しいものを選びましょう。（ ㋑ ）

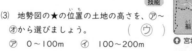

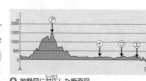

㋐ 宮城県の東には奥羽山脈、西には北上高地が広がっている。

㋑ 奥羽山脈で最も高いところは、1000m以上ある。

㋒ 仙台平野は、山形県まで広がっている。

㋓ 仙台市は、およそ300mの高さのところにある。

ふりかえり **2**(1)がわからないときは、4ページの**1**にもどってかくにんしてみよう。

記述問題のプラスワン

3 (1)断面図は、地図に引いた線で土地をまっすぐに切ったときの様子を表したものです。地図上ではわかりにくい土地の高さやかたむきを知ることができます。

たしかめのテスト　6〜7ページ

1 (1)①盆地の名前にもある甲府は、山梨県の県庁所在地の名前です。③高知県は四国地方の南側に位置しています。

(2)九州地方は、日本の中でいちばん西にあります。

(3)②正しくは近畿地方です。③中国・四国地方のいちばん西にあるのは山口県で、広島県はそのとなりです。

(4)①東北地方のいちばん北は青森県です。②九州地方で、明太子が有名な県は福岡県です。

2 (2)①宮城県には、青森県以外の4県がせっしています。②宮城県は福島県の北にあります。

3 (3)地図の右下にある土地の高さごとの色分けを見て、★のまわりの色がどこにあてはまるかをかくにんします。

(4)㋐は船形山、㋑は鳴瀬川、㋓は三陸海岸です。

(5)㋐奥羽山脈は宮城県の西、北上高地は東です。㋒山形県とのさかいには奥羽山脈があるため、山形県には広がっていません。㋓地勢図の色分けを見ると、仙台市は0〜100mのところにあります。

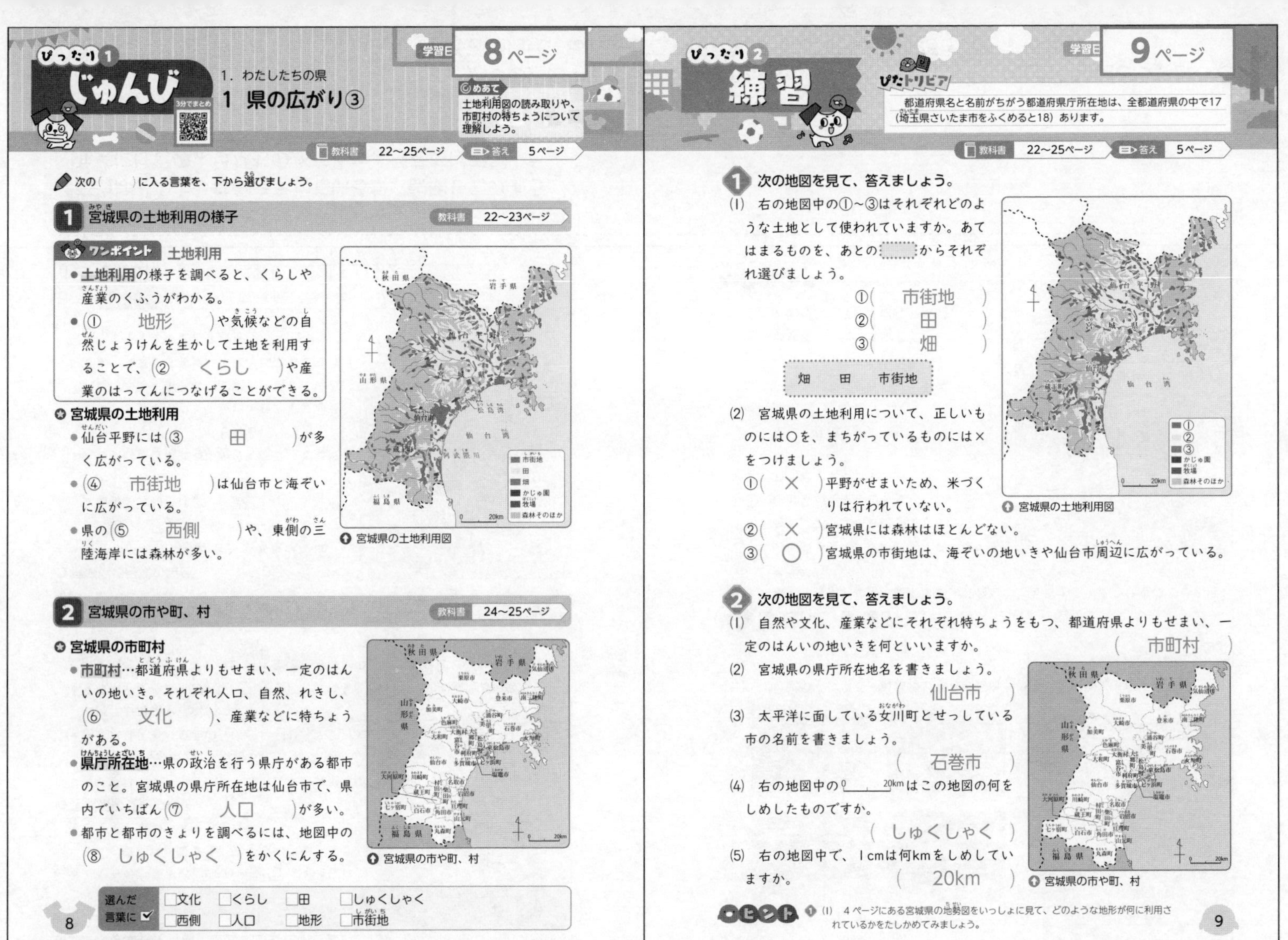

ぴったり1 じゅんび 3分でまとめ

1. わたしたちの県

1 県の広がり③

学習日 8ページ

めあて 土地利用図の読み取りや、市町村の特ちょうについて理解しよう。

教科書 22〜25ページ　答え 5ページ

次の（　）に入る言葉を、下から選びましょう。

1 宮城県の土地利用の様子　教科書 22〜23ページ

ワンポイント 土地利用

- 土地利用の様子を調べると、くらしや産業のくふうがわかる。
- （①　地形　）や気候などの自然じょうけんを生かして土地を利用することで、（②　くらし　）や産業のはってんにつなげることができる。

宮城県の土地利用

- 仙台平野には（③　田　）が多く広がっている。
- （④　市街地　）は仙台市と海ぞいに広がっている。
- 県の（⑤　西側　）や、東側の三陸海岸には森林が多い。

宮城県の土地利用図

2 宮城県の市や町、村　教科書 24〜25ページ

宮城県の市町村

- 市町村…都道府県よりもせまい、一定のはんいの地いき。それぞれ人口、自然、れきし、（⑥　文化　）、産業などに特ちょうがある。
- 県庁所在地…県の政治を行う県庁がある都市のこと。宮城県の県庁所在地は仙台市で、県内でいちばん（⑦　人口　）が多い。
- 都市と都市のきょりを調べるには、地図中の（⑧　しゅくしゃく　）をかくにんする。

宮城県の市や町、村

選んだ言葉に✓　□文化　□くらし　□田　□しゅくしゃく　□西側　□人口　□地形　□市街地

8

ぴったり2 練習

学習日 9ページ

ぴたトリビア 都道府県名と名前がちがう都道府県庁所在地は、全都道府県の中で17（埼玉県さいたま市をふくめると18）あります。

教科書 22〜25ページ　答え 5ページ

1 次の地図を見て、答えましょう。

(1) 右の地図中の①〜③はそれぞれどのような土地として使われていますか。あてはまるものを、あとの□からそれぞれ選びましょう。

①（　市街地　）
②（　田　）
③（　畑　）

畑　田　市街地

(2) 宮城県の土地利用について、正しいものには○を、まちがっているものには×をつけましょう。

①（　×　）平野がせまいため、米づくりは行われていない。
②（　×　）宮城県には森林はほとんどない。
③（　○　）宮城県の市街地は、海ぞいの地いきや仙台市周辺に広がっている。

宮城県の土地利用図

2 次の地図を見て、答えましょう。

(1) 自然や文化、産業などにそれぞれ特ちょうをもつ、都道府県よりもせまい、一定のはんいの地いきを何といいますか。（　市町村　）

(2) 宮城県の県庁所在地名を書きましょう。（　仙台市　）

(3) 太平洋に面している女川町とせっしている市の名前を書きましょう。（　石巻市　）

(4) 右の地図中の0＿20kmはこの地図の何をしめしたものですか。（　しゅくしゃく　）

(5) 右の地図中で、1cmは何kmをしめしていますか。（　20km　）

宮城県の市や町、村

ヒント 1 (1) 4ページにある宮城県の地勢図をいっしょに見て、どのような地形が何に利用されているかをたしかめてみましょう。

9

できたかな？

□県庁所在地とはどのような都市か、説明してみよう。

□しゅくしゃくを使って、自分が住むまちから、県庁所在地までのきょりをはかってみよう。

おうちのかたへ

この単元では、土地利用図の読み取りと、縮尺を使った距離の測り方を学びます。お住まいの市区町村の地図などを使って、距離を測る練習をしてみてください。

練習　9ページ

1 (1)②③仙台平野には、田や畑が広がっています。

(2)①土地利用図を見ると、仙台平野には田が広がっており、米づくりが行われていることがわかります。②土地利用図の主に東側と西側に「森林そのほか」が広がっているため、多くの森林があることがわかります。

2 (1)市町村は、人口やそれぞれの自然、れきし、文化、産業などによって特ちょうがちがいます。

(2)県庁所在地は、県の政治を行う県庁がある都市のことです。

(3)地図をよく見て答えましょう。石巻市は、女川町を囲むような場所に位置しています。

(4)しゅくしゃくは、実際のきょりをどれだけちぢめたのかを表したものです。

(5)地図の右下にあるしゅくしゃくの長さをじょうぎではかると1cmなので、20kmをしめしていることがわかります。

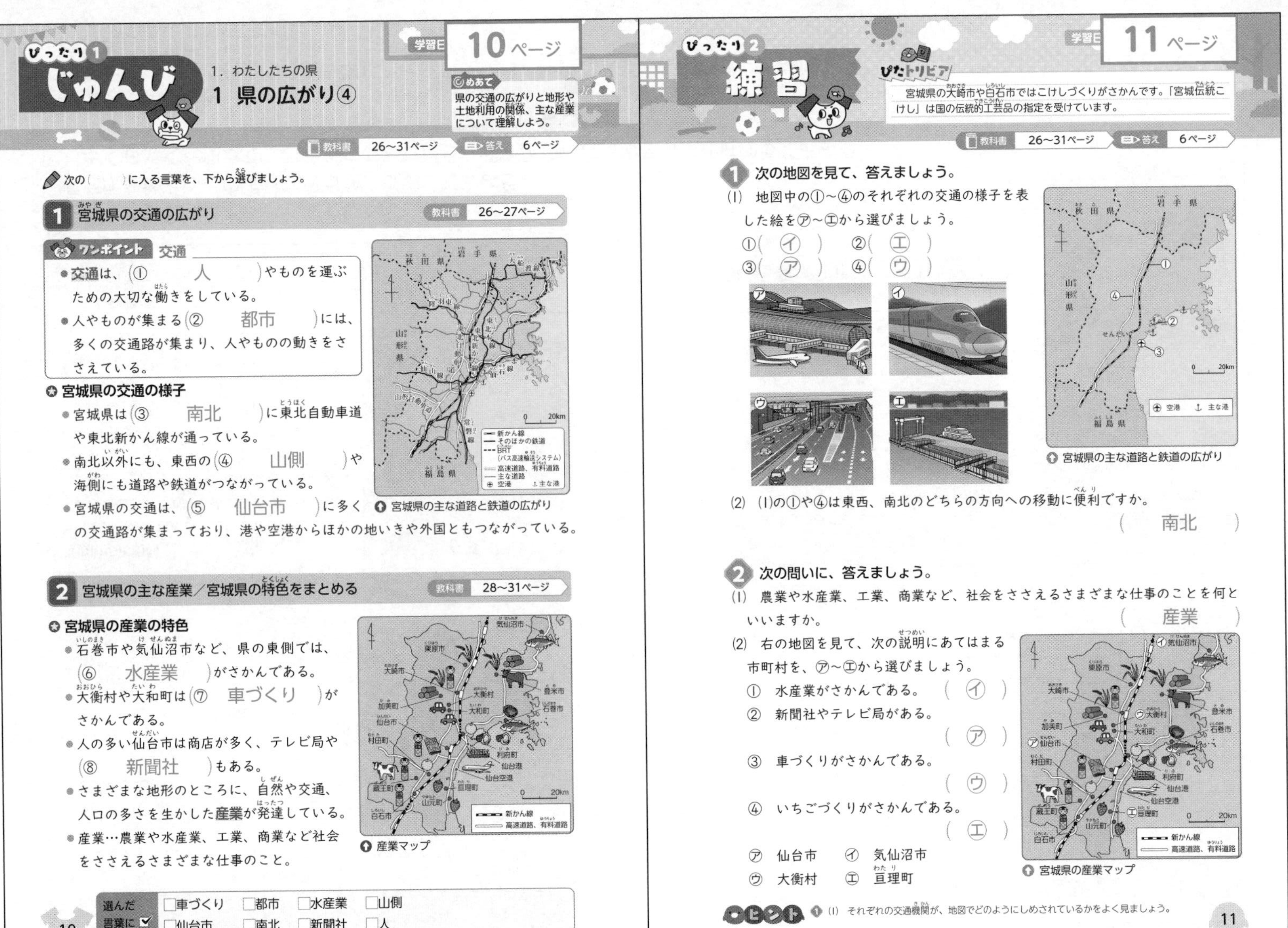

10ページ

ぴったり1 じゅんび

1. わたしたちの県
1 県の広がり④

めあて 県の交通の広がりと地形や土地利用の関係、主な産業について理解しよう。

教科書 26～31ページ　答え 6ページ

次の（　）に入る言葉を、下から選びましょう。

1 宮城県の交通の広がり　教科書 26～27ページ

ワンポイント 交通
- 交通は、（① 人 ）やものを運ぶための大切な働きをしている。
- 人やものが集まる（② 都市 ）には、多くの交通路が集まり、人やものの動きをささえている。

宮城県の交通の様子
- 宮城県は（③ 南北 ）に東北自動車道や東北新かん線が通っている。
- 南北以外にも、東西の（④ 山側 ）や海側にも道路や鉄道がつながっている。
- 宮城県の交通は、（⑤ 仙台市 ）に多くの交通路が集まっており、港や空港からほかの地いきや外国ともつながっている。

宮城県の主な道路と鉄道の広がり

2 宮城県の主な産業／宮城県の特色をまとめる　教科書 28～31ページ

宮城県の産業の特色
- 石巻市や気仙沼市など、県の東側では、（⑥ 水産業 ）がさかんである。
- 大衡村や大和町は（⑦ 車づくり ）がさかんである。
- 人の多い仙台市は商店が多く、テレビ局や（⑧ 新聞社 ）もある。
- さまざまな地形のところに、自然や交通、人口の多さを生かした産業が発達している。
- 産業…農業や水産業、工業、商業など社会をささえるさまざまな仕事のこと。

産業マップ

選んだ言葉に✓　□車づくり　□都市　□水産業　□山側　□仙台市　□南北　□新聞社　□人

10

11ページ

ぴったり2 練習

ぴたトリビア 宮城県の大崎市や白石市ではこけしづくりがさかんです。「宮城伝統こけし」は国の伝統的工芸品の指定を受けています。

教科書 26～31ページ　答え 6ページ

1 次の地図を見て、答えましょう。

(1) 地図中の①～④のそれぞれの交通の様子を表した絵を㋐～㋓から選びましょう。
①（ ㋑ ）　②（ ㋓ ）
③（ ㋐ ）　④（ ㋒ ）

宮城県の主な道路と鉄道の広がり

(2) (1)の①や④は東西、南北のどちらの方向への移動に便利ですか。（ 南北 ）

2 次の問いに、答えましょう。

(1) 農業や水産業、工業、商業など、社会をささえるさまざまな仕事のことを何といいますか。（ 産業 ）

(2) 右の地図を見て、次の説明にあてはまる市町村を、㋐～㋓から選びましょう。
① 水産業がさかんである。（ ㋑ ）
② 新聞社やテレビ局がある。（ ㋐ ）
③ 車づくりがさかんである。（ ㋒ ）
④ いちごづくりがさかんである。（ ㋓ ）

㋐ 仙台市　㋑ 気仙沼市
㋒ 大衡村　㋓ 亘理町

宮城県の産業マップ

ヒント 1 (1) それぞれの交通機関が、地図でどのようにしめされているかをよく見ましょう。

11

練習　11ページ

1 (1)①は新かん線を表しているので、㋑になります。②は凡例から主な港を表していることがわかるので、船がえがかれた㋓になります。③は空港を表しているので、飛行機がえがかれた㋐になります。④は高速道路なので、自動車がえがかれた㋒になります。

(2)地図を見ると、①と④がどちらもならぶように南北にのびていることがわかります。

2 (1)産業は、それぞれの地いきの自然や文化、伝統などの特色と深いつながりがあります。

(2)①魚のイラストがあることから、㋑の気仙沼市です。海ぞいにあり、多くの魚が水あげされます。②新聞のイラストがある㋐の仙台市です。仙台市は宮城県の県庁所在地で、じょうほうや人が集まります。③車のイラストがある㋒の大衡村です。大和町でも車づくりがさかんです。④いちごのイラストがある㋓の亘理町です。山元町でもいちごづくりがさかんです。

できたかな？
□交通はどのような働きをしているか、説明してみよう。
□産業にはどのようなものがあるか、例をあげてみよう。

おうちのかたへ
この単元では、産業や交通について学びます。一つの県の中でも、様々なものがつくられており、それがその土地の特色とつながっています。実際の学習では、皆さんが住んでいる都道府県にあてはめて、お子さんと学習を深めてください。

1. わたしたちの県

1 県の広がり

12ページ

／100 ごうかく80点

教科書 22〜31ページ　答え 7ページ

1 次の地図を見て、答えましょう。 1つ5点（25点）

(1) 右の地図は、何とよばれる地図ですか。
（ 土地利用図 ）

(2) よく出る 右の地図から読み取れるものには○を、読み取れないものには×をつけましょう。

①（ ○ ）いちばん大きい市街地は、仙台市付近にある。

②（ ○ ）牧場よりも田の面積の方が広い。

③（ × ）かじゅ園は、県の南側に集中している。

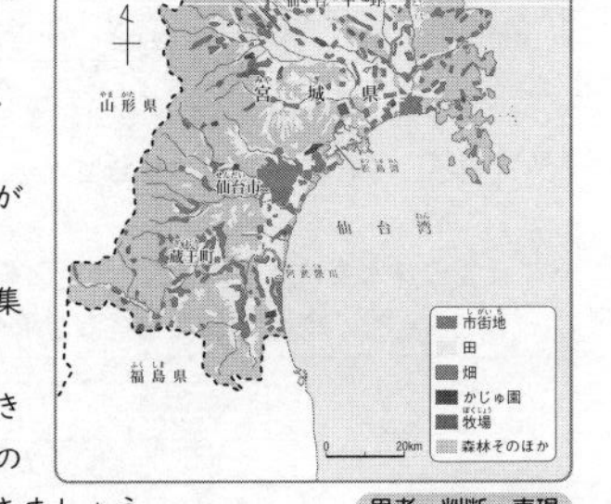

記述 (3) 県の西側は山地で、土地の高い地いきが広がっています。この土地は主にどのように使われていますか。かん単に書きましょう。 思考・判断・表現

（(例) 森林として使われている。）

2 次の問いに、答えましょう。 1つ5点（20点）

(1) 県の政治を行う県庁がある都市のことを何といいますか。
（ 県庁所在地 ）

(2) 県の中央にあり、県内でいちばん人口が多い都市を、地図中の㋐〜㋓から選びましょう。
（ ㋒ ）

(3) 地図中の★からいちばん遠いのはどこですか。地図中のあ〜えから選びましょう。
（ い ）

(4) 地図中の★とあはどのくらいはなれていますか。実際のきょりを書きましょう。 技能
およそ（ 40 ）km

宮城県の市や町、村

学習日

13ページ

3 次の地図を見て、答えましょう。 1つ5点（25点）

(1) 宮城県の交通の広がりの中心となっている都市はどこですか。
（ 仙台市 ）

(2) よく出る 右の地図から読み取れるものには○を、読み取れないものには×をつけましょう。

①（ ○ ）新かん線や高速道路があり、交通が発達している。

②（ × ）宮城県から外国の都市に行くことはできない。

③（ × ）宮城県の東側と西側を結ぶ鉄道はあるが、高速道路はない。

④（ ○ ）東北自動車道は、宮城県を南北に走っている。

宮城県の主な道路と鉄道の広がり

4 次の地図を見て、答えましょう。 1つ5点（30点）

(1) 右の地図を見て、次の文中の①〜⑤にあてはまる言葉を、あとの［　］からそれぞれ選びましょう。

（① 平地 ）の仙台平野では（② 米づくり ）がさかんです。
県の（③ 東側 ）にある（④ 石巻市 ）や気仙沼市では水産業がさかんで、三陸海岸は観光にも生かされています。
（⑤ 高速道路 ）の近くにある大衡村や大和町は、車づくりがさかんです。

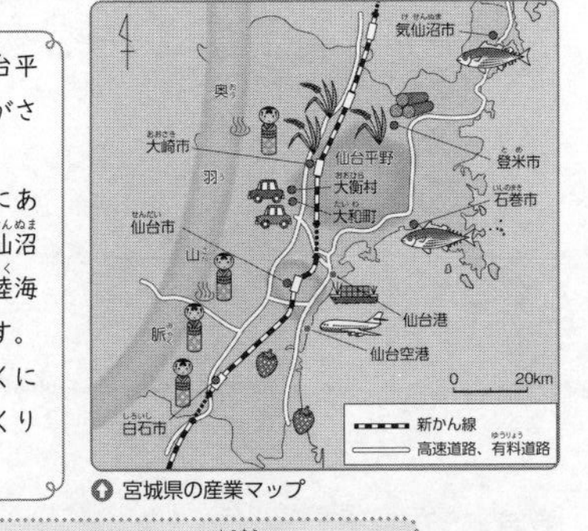

宮城県の産業マップ

東側	米づくり	高速道路	石巻市	山地
西側	いちごづくり	仙台空港	大崎市	平地

記述 (2) てきたらスゴイ！ こけしづくりがさかんなところには、どのような特ちょうがありますか。地図を見て、かん単に書きましょう。 思考・判断・表現

（(例) 県の西側にある奥羽山脈の近くで、温泉がある場所に近いという特ちょうがある。）

ふりかえり 2(3)(4)がわからないときは、8ページの2にもどってかくにんしてみよう。

記述問題のプラスワン

4 (2)こけしのイラストがどのような場所にあるかに注目します。産業マップを見ると、こけしのイラストは奥羽山脈にそった場所にあり、近くに温泉の記号があることがわかります。「奥羽山脈の近く」「温泉の近く」のどちらかが入っていればよいです。

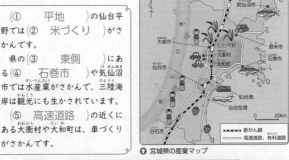

たしかめのテスト 12〜13ページ

1 (2)③かじゅ園は、宮城県の南側から北側までの各地にあります。
(3)地図で県の西側を見ると、主に「森林そのほか」の色になっていることがわかります。

2 (1)(2)県庁所在地は県の中心的な市で、人や商店、じょうほうなどが集まります。また、地図から仙台市が県のほぼ中央に位置していることがわかります。
(3)地図上で、★とあ〜えまでの長さをはかってかくにんします。
(4)地図の右下にあるしゅくしゃくから、20kmが9mmで表されていることがわかります。★からあまでの長さが約18mmなので、20km×2＝40kmとなります。

3 (1)宮城県は仙台市を中心に交通が発達しており、多くの人やものが集まります。
(2)②空港や港を利用して、外国の都市に行くことができます。③山形自動車道が、宮城県の東側と西側を結んでいます。

4 (1)⑤地図を見ると、大衡村と大和町の東側に高速道路があることがわかります。

ぴったり1 じゅんび

2. 住みよいくらしをつくる
1 水はどこから①

◎めあて 1日に使う水の量や、水の通り道と、じょう水場のしくみについて理解しよう。

教科書 32〜39ページ　答え 8ページ

✎次の（　）に入る言葉を、下から選びましょう。

1 わたしたちが使う水の量／じゃ口の水が通る道　教科書 34〜37ページ

生活をささえる水

- 水はわたしたちの生活や（① 産業 ）をささえる大切なしげん。
- （② 立方メートル ）(m^3)…水の量などを表すときに使う単位。
- 学校の水はポンプ室から屋上のタンクへおし上げられ、（③ 水道管 ）を通ってじゃ口から出てくる。

2 きれいな水をつくる　教科書 38〜39ページ

ワンポイント　じょう水場のしくみ

- （④ ダム ）や川を通って集められた水を、じょう水場で安心して飲めるきれいな水にしている。（⑤ コンピューター ）を使って、毎日24時間体せいで水のじょうたいを管理している。

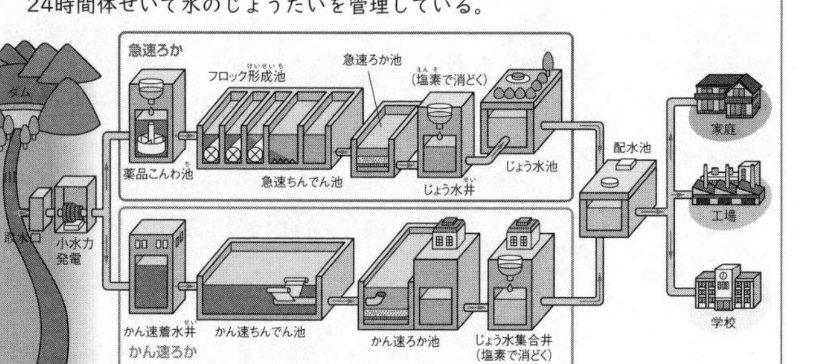

水をきれいにする方法1　急速ろか（飲み水になるまで約8時間）

- 薬品こんわ池で（⑥ ぎょうしゅうざい ）という薬品を入れ、フロック形成池でごみを（⑦ 固まり ）にする。

水をきれいにする方法2　かん速ろか（飲み水になるまで約1日半）

- かん速ろか池で細かい（⑧ すな ）に水を通し、よごれを取る。

選んだ言葉に✔　□ぎょうしゅうざい　□ダム　□水道管　□産業　□コンピューター　□すな　□固まり　□立方メートル

ぴったり2 練習

ぴたトリビア　たて、横、高さがそれぞれ1mのようきに入る量を1m^3（立方メートル）といいます。1m^3には、1Lの水が1000はい入ります。

教科書 32〜39ページ　答え 8ページ

1 次の表や図を見て、答えましょう。

(1) 右の表は、金沢市の人口と一人が使う水の量の変化を表しています。2020年の1日平均使用量は何Lですか。（ 316 ）L

年	1980年	2020年
人口	約42万人	約46万人
1日平均	430L	316L

［金沢市資料］

(2) 1980年にくらべて、2020年の金沢市の人口はふえていますか、へっていますか。（ ふえている ）

(3) 右の図は、学校の中の水の流れの様子です。図中の①と②をそれぞれ何といいますか。

① 水を屋上のタンクまでおし上げるためのしせつです。（ ポンプ室 ）

② ここを通ってじゃ口から水が出ます。（ 水道管 ）

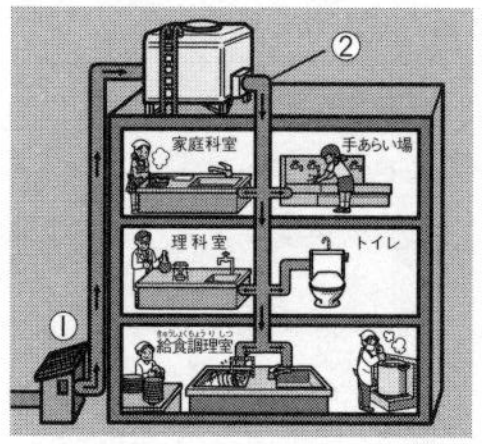

2 下の図を見て、答えましょう。

(1) 下の図は、安心して飲めるきれいな水をつくるためのしせつです。このしせつを何といいますか。（ じょう水場 ）

(2) 次の働きは、図中の㋐〜㋔のどこで行われていますか。記号で答えましょう。

①（ ㋐ ）ぎょうしゅうざいという薬品を入れて、水をかきまぜる。

②（ ㋓ ）水の中のすなやごみをしずめる。

③（ ㋒ ）塩素を入れて消どくする。

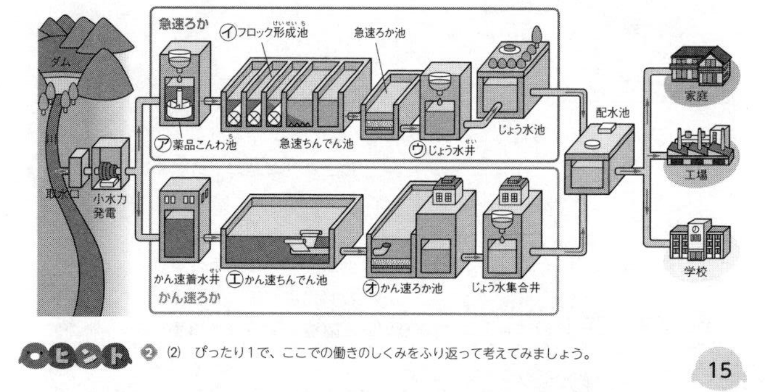

ヒント　2 (2) ぴったり1で、ここでの働きのしくみをふり返って考えてみましょう。

できたかな？
□安心して飲めるきれいな水をつくっているしせつを何というか言ってみよう。

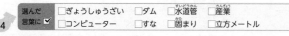

おうちのかたへ
毎日の生活や産業に欠かせない水は、どうやってつくられ、どのようにして家や工場へ送られるのでしょうか。この単元では、浄水場の見学などを交えながら、安心して飲める水をつくる浄水場の仕組みや、ダムや水源の森の働きについて学びます。

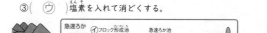

練習　15ページ

1 (1)表の2020年の1日平均のところを見ます。
(2)表を見ると、1980年の人口は約42万人、2020年は約46万人なので、ふえていることがわかります。
(3)①地下を通ってきた水は、学校の高いところに水を運ぶため、ポンプでおし上げられています。②屋上のタンクから水道管を通って、それぞれの部屋のじゃ口に水が送られます。

2 (1)じょう水場では、コンピューターで水のじょうたいを管理し、毎日24時間体せいできれいな水をつくっています。
(2)①㋐の薬品こんわ池でぎょうしゅうざいを入れてかきまぜ、㋑のフロック形成池でごみをしずみやすい固まりにします。②㋓のかん速ちんでん池ですなやごみをしずめたあと、㋔のかん速ろか池で細かいすなに水をゆっくり通し、目に見えないよごれを取りのぞきます。③急速ろかの場合は㋒のじょう水井で、かん速ろかの場合は、じょう水集合井で塩素消どくが行われています。

ぴったり1 じゅんび

2. 住みよいくらしをつくる

1 水はどこから②

16ページ

めあて：安全できれいな水をつくるためのくふうと、水道のれきしについて理解しよう。

教科書 40~43ページ　答え 9ページ

次の(　)に入る言葉を、下から選びましょう。

1 安全できれいな水をつくるために

教科書 40~41ページ

ワンポイント 水のけんさ

- (① 安全)できれいな水をつくるため、じょう水場では、水ににごりや(② ばいきん)がないかなど、毎日水質けんさをしている。
- 水道の水は、飲んでも体に害がないように(③ 水質)のきじゅんが法りつで決められている。
- 安全できれいな水道水は、ボトルにつめて飲料水として売られることもある。

水質けんさの様子

水が送られるしくみ

- じょう水場から送られた水は(④ 配水池)にためられ、そこから水道管を通って家庭や学校などに送られる。
- 水をむだにしないよう、水もれのけんさや、水道管の(⑤ 交かん)も計画的に行われている。

水もれのけんさ

2 金沢市の水道のうつり変わり

教科書 42~43ページ

水道のれきし

- 昔は、川や(⑥ 井戸)などからくんだ水を飲み水として使っていた。
- (⑦ 人口)がふえてきたため、水が足りなくなるおそれが出てきた。また、水質の問題から病気が起こることもあった。
- じょう水場など水道の(⑧ しせつ)が整びされるようになり、安全な水道水を使える人がふえていった。

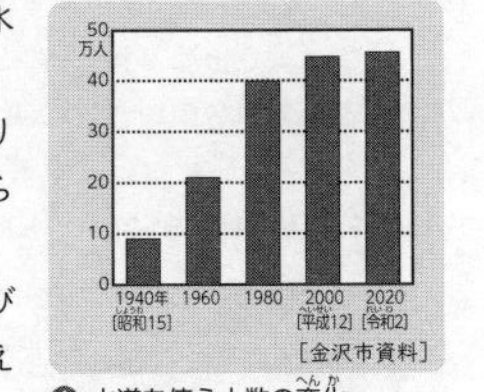

水道を使う人数の変化

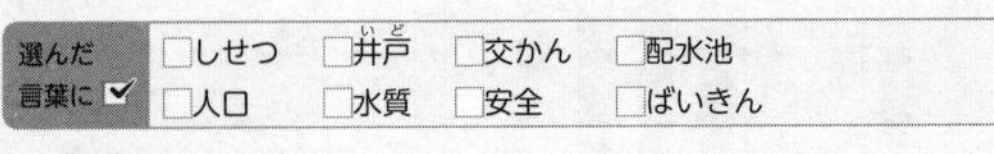

選んだ言葉に✓：□しせつ　□井戸　□交かん　□配水池　□人口　□水質　□安全　□ばいきん

ぴったり2 練習

17ページ

ぴたトリビア：日本は、水道水を飲むことができる数少ない国のうちの一つです。「水道法」により、安全できれいな水がつくられています。

教科書 40~43ページ　答え 9ページ

1 次の問いに、答えましょう。

(1) 水道の水に、にごりやばいきん、においなどがないかをかくにんするけんさを何といいますか。　(水質けんさ)

(2) (1)のけんさの説明として、正しいものには○を、まちがっているものには×をつけましょう。

①(○)けんさはじょう水場で行われている。
②(○)飲んでも体に害がないよう、法りつできじゅんが決められている。
③(×)けんさは一週間に一度行われる。
④(×)毎回、同じじゃ口から水をとってけんさをしている。

(3) 次の①~④を、水が送られる順にならべかえましょう。

① 配水池　② 水道管　③ 家庭や学校　④ じょう水場

(④ → ① → ② → ③)

2 次の地図を見て、答えましょう。

(1) 地図中のAとBが表しているものを、㋐~㋔からそれぞれ選びましょう。

A(㋐)　B(㋒)

㋐ 水道管　㋑ 井戸　㋒ じょう水場　㋓ 用水　㋔ 川

(2) 右の地図について説明した次の文の①~③にあてはまる言葉や数字を、あとの□□からそれぞれ選びましょう。

1952年の時点で水道が使えたのは(①)を中心とする地いきのみだったが、かくちょう工事により(②)年には金沢駅の北や西の地いきなどにも広がり、(③)年には日本海に面した地いきにも広がった。

①(金沢市役所)　②(1962)　③(1971)

1962　1971　2022　金沢市役所　北陸本線

金沢市の水道の広がり

ヒント ②(2) 地図の左上にある凡例を見て考えてみましょう。

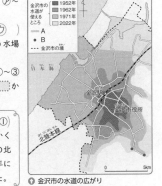

できたかな?

□水質けんさではどのようなけんさが行われているか、説明してみよう。

おうちのかたへ

この単元では、水質検査と水道の歴史について学びます。水道ができる前はどのように水を入手していたのか、また、現在の健康な生活との関わりにふれながら、いつでも安全できれいな水が飲めることの大切さについて話し合ってみてください。

練習　17ページ

1 (1)水質けんさでは、にごりやにおい、ばいきんのほかに、有害なかびやび生物がいないかをかくにんしたり、金魚を使って水質をかくにんしたりしています。

(2)③水質けんさは毎日行われています。④毎回さまざまなじゃ口から水をとってけんさしています。

(3)じょう水場できれいになった水は、配水池にためられ、水道管を通って家庭や学校に送られます。

2 (1)この地図から、水道のかくちょう工事によって、水道が使えるはんいが広がってきた様子がわかります。

(2)①地図の凡例の「金沢市の水道が使えるところ」の色分けを見て、1952年に水道が使えた地いきはどこかをかくにんします。②金沢駅の北や西の地いきの色分けを見ると、1962年には水道が使えるようになっていることがわかります。③日本海に面した地いきの色分けをかくにんします。

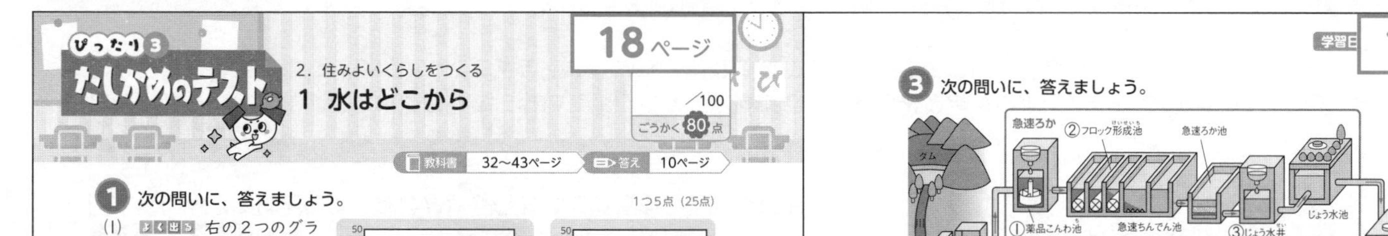

ぴったり3 たしかめのテスト

2. 住みよいくらしをつくる

1 水はどこから

/100 ごうかく80点

教科書 32〜43ページ　答え 10ページ

1 次の問いに、答えましょう。　1つ5点（25点）

(1) よく出る 右の2つのグラフから読み取れるものには○を、読み取れないものには×をつけましょう。　技能

①（ × ）1980年に水道を使用する人は40万人をこえていた。

❶ 金沢市の水道を使う人数の変化（［金沢市資料］）

❷ 金沢市の人口の変化（［金沢市資料］）

②（ ○ ）水道を使う人数が最もふえたのは、1960年から1980年にかけてである。

③（ × ）1960年に水道を使用していたのは、市の人口の半分ほどであった。

④（ ○ ）2000年以降は、市内のほぼすべての人が水道を使用している。

記述 (2) てきたらスゴイ！ 水道のしせつが整びされる前は、川や井戸、用水などから飲み水を入手していましたが、どのような問題がありましたか。かん単に書きましょう。　思考・判断・表現

（（例）水質に問題があり、病気が起こることがあった。人口がふえ、水が不足するおそれがあった。）

2 次の問いに、答えましょう。　1つ5点（25点）

(1) 水のように、わたしたちの生活や産業をささえる大切なもののことを何といいますか。（ しげん ）

(2) 学校に水が送られてくるまでの流れについて説明した次の文のうち、①〜④にあてはまる言葉を◯で囲みましょう。

わたしたちが使う水は、①｛（川）・ 海 ｝から取られ、きれいにするために②｛ ダム ・（じょう水場）｝へ送られる。ここできれいになった水は③｛（配水池）・ 受水そう ｝にためられ、水道管を通って家庭や学校、工場などに送られる。学校に送られた水は④｛（ポンプ室）・ 取水口 ｝から屋上のタンクへおし上げられ、水道管を通ってじゃ口へ送られていく。

3 次の問いに、答えましょう。　1つ5点（20点）

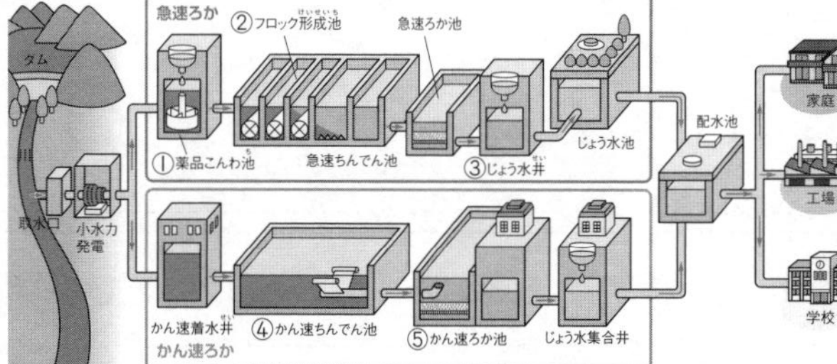

(1) よく出る 上の図中の①〜⑤の場所で行われることについて説明した㋐〜㋔から、正しいものを3つ選びましょう。(順不同)（ ㋑ ）（ ㋓ ）（ ㋔ ）

㋐ ①では、塩素を入れて消どくをしている。

㋑ ②では、ぎょうしゅうざいで固まりになったごみをしずめている。

㋒ ③では、ぎょうしゅうざいを入れて水をかきまぜている。

㋓ ④では、水の中のすなやごみをしずめている。

㋔ ⑤では、水を細かいすなに通し、目に見えないよごれを取りのぞいている。

記述 (2) じょう水場の中央管理室では、安全できれいな水をつくるために、どのようなことが行われていますか。かん単に書きましょう。　思考・判断・表現

（（例）コンピューターを使って、毎日24時間体せいで水のじょうたいを管理している。）

4 次の問いに、答えましょう。　1つ5点（30点）

(1) 次の文の①〜⑤にあてはまる言葉を、㋐〜㋗から選びましょう。

水道の水質は（① ㋑ ）という法りつをもとに、きじゅんが決められています。（② ㋐ ）では、このきじゅんをもとに毎日（③ ㋖ ）けんさを行い、にごりやさいきん、（④ ㋗ ）、有害物質などをけんさしています。問題が見つかったときは、（⑤ ㋔ ）機械を止めてけんさします。

㋐ じょう水場　㋑ 水道法　㋒ 後日　㋓ ダム　㋔ すぐに
㋕ 河川法　㋖ 水質　㋗ におい

(2) 右の絵が表している仕事を、㋐〜㋓から選びましょう。

㋐ 水もれのけんさ　㋑ じょう水場の管理
㋒ 水質けんさ　㋓ 水道管の交かん　（ ㋐ ）

ふりかえり ❶(2)がわからないときは、16ページの**2**にもどってかくにんしてみよう。

記述問題のプラスワン

1 (2)川や井戸、用水などからくんできた水には、ばいきんや有害な物質がふくまれていることがあるため、そのまま飲み水として使うと病気になることがありました。また、人口がふえたことで、水が足りなくなるおそれもありました。水道のしせつが整びされたことにより、じゃ口をひねるだけでいつでもきれいな水が使えるようになったのです。

たしかめのテスト　18〜19ページ

1 (1)①金沢市の水道を使う人数の変化のグラフを見ると、1980年の人数は40万人をこえていません。③金沢市の人口の変化のグラフから、1960年の人口は約30万人であることがわかります。また、水道を使う人数の変化のグラフを見ると、1960年に水道を使用していたのは約20万人なので、市の人口の約3分の2が水道を使用していたことになります。

2 (2)①②ダムで雨水をため、必要な分を計算して川からじょう水場へ水を流しています。

3 (1)㋐①ではぎょうしゅうざいを入れて水をかきまぜています。㋒③では塩素を入れて消どくをします。
(2)中央管理室では、安全できれいな水をつくるために、毎日24時間水のじょうたいを管理しています。「水のじょうたいを管理している」ことが書かれていればよいです。

4 (2)機械を使って音を聞き、水もれをけんさします。

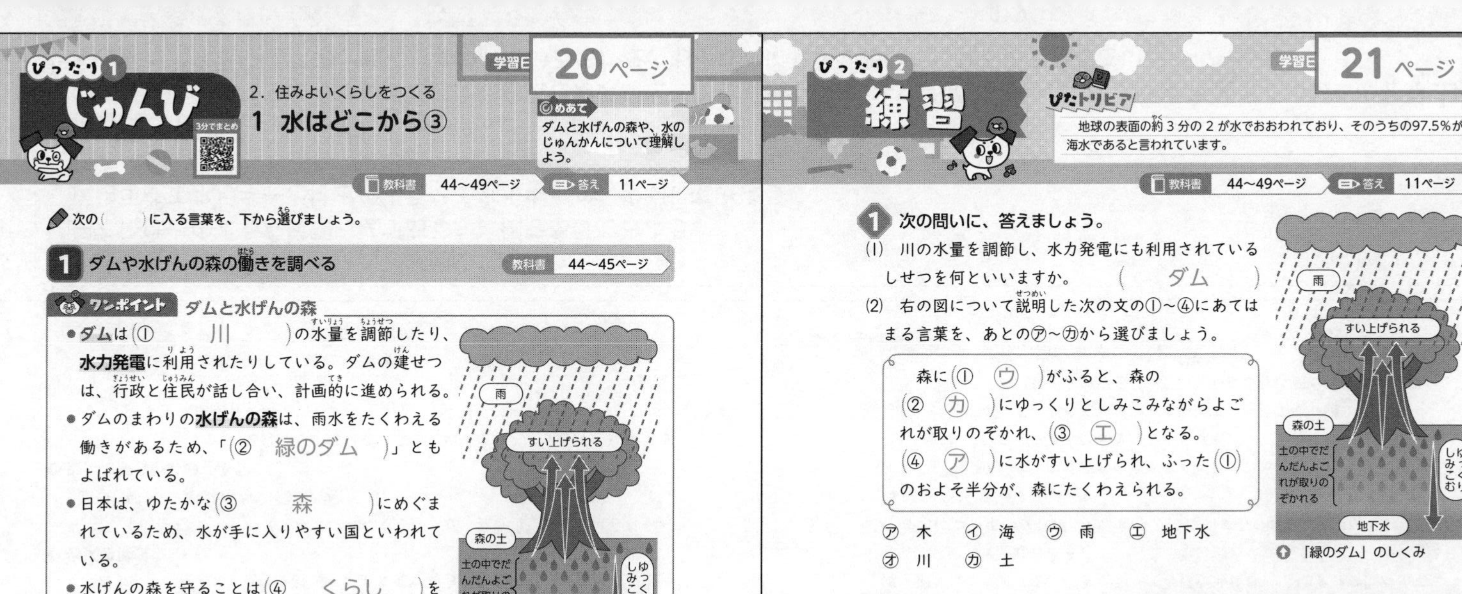

ぴったり1 じゅんび

2. 住みよいくらしをつくる
1 水はどこから③

学習日　20ページ

めあて　ダムと水げんの森や、水のじゅんかんについて理解しよう。

教科書 44～49ページ　答え 11ページ

次の(　　)に入る言葉を、下から選びましょう。

1 ダムや水げんの森の働きを調べる　教科書 44～45ページ

ワンポイント　ダムと水げんの森

- **ダム**は(① 川)の水量を調節したり、**水力発電**に利用されたりしている。ダムの建せつは、行政と住民が話し合い、計画的に進められる。
- ダムのまわりの**水げんの森**は、雨水をたくわえる働きがあるため、「(② 緑のダム)」ともよばれている。
- 日本は、ゆたかな(③ 森)にめぐまれているため、水が手に入りやすい国といわれている。
- 水げんの森を守ることは(④ くらし)を守ることにもつながっている。
- 水げんの森を守るために、(⑤ 木)を植える活動も行われている。

「緑のダム」のしくみ

2 水の流れをまとめる／大切な水のために　教科書 46～49ページ

水のじゅんかん
- わたしたちが使った水は、(⑥ 下水しょり場)(水再生センター)できれいにされ、川や(⑦ 海)に流される。川や海など地球上の水はじょう発して雲になり、雨としてふたたび地上にふる。

地いきのかんきょう調査
- **ビオトープ**…たくさんの生き物がくらすことができる自然をそなえたところ。
- 川のかんきょうを大切にすることが、きれいな水を守ることにもつながる。

自分たちにできること
- 水を出しっぱなしにしないなど、(⑧ 節水)に取り組む。
- おふろの残り湯をせんたくに使うなど、水を(⑨ 再利用)する。

選んだ言葉に✓
□下水しょり場 □再利用 □海 □川 □節水
□緑のダム □くらし □木 □森

ぴったり2 練習

学習日　21ページ

ぴたトリビア　地球の表面の約3分の2が水でおおわれており、そのうちの97.5%が海水であると言われています。

教科書 44～49ページ　答え 11ページ

1 次の問いに、答えましょう。

(1) 川の水量を調節し、水力発電にも利用されているしせつを何といいますか。(ダム)

(2) 右の図について説明した次の文の①～④にあてはまる言葉を、あとの㋐～㋕から選びましょう。

森に(① ㋒)がふると、森の(② ㋕)にゆっくりとしみこみながらよごれが取りのぞかれ、(③ ㋓)となる。(④ ㋐)に水がすい上げられ、ふった(①)のおよそ半分が、森にたくわえられる。

㋐ 木　㋑ 海　㋒ 雨　㋓ 地下水
㋔ 川　㋕ 土

雨
すい上げられる
森の土
土の中でだんだんよごれが取りのぞかれる
しゅっくりしみこむ
地下水

「緑のダム」のしくみ

2 次の問いに、答えましょう。

(1) 右の図中の①～③にあてはまる言葉を、あとの[　]からそれぞれ選びましょう。

①(水じょう気)
②(雨)
③(海)

海　水じょう気　雨

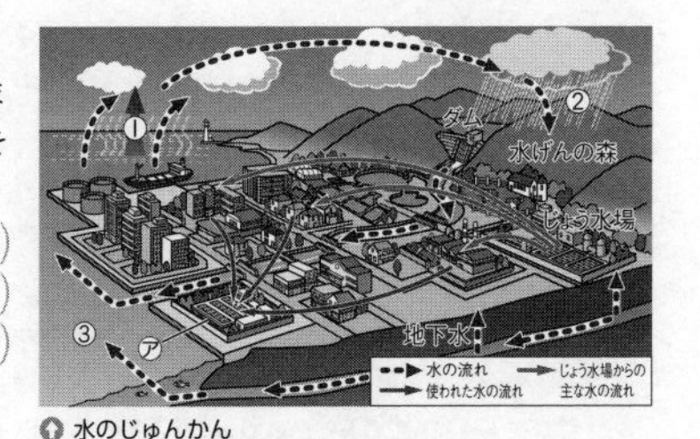

水のじゅんかん

(2) 使った水をきれいにする、図中の㋐のしせつを何といいますか。
(下水しょり場(水再生センター))

(3) 大切な水のためにわたしたちができる取り組みとして、正しいものには○を、まちがっているものには×をつけましょう。

①(×)歯をみがくときは、水を出しっぱなしにしてみがく。
②(○)せんたくのときに、おふろの残り湯を使う。
③(○)シャワーを使うときは、体のよごれを流すときだけ水を出し、それ以外は止めるようにする。

ヒント　2 (3) 水をどのように使うことが、大切に使うことになるのか、「節水」や「再利用」をキーワードにして考えてみましょう。

できたかな？
□ダムはどのような働きをしているか、説明してみよう。
□水を大切にするために自分たちにできることの例をあげてみよう。

おうちのかたへ
普段の水の使い方を振り返り、限りある水を使い続けるために家庭でできることを、お子さんと一緒に話し合ってみてください。

練習　21ページ

1 (1)ダムで雨水をためて、必要な分をじょう水場へ流しています。水力発電は、水が流れる力を利用して水車を回すことで、電気をつくっています。
(2)ダムのまわりの水げんの森は、ダムと同じように、ふった雨水をたくわえる働きがあります。水げんの森を守ることは、わたしたちのくらしを守ることにもつながっています。

2 (1)水はじょう発して雲になり、雨として地上にふります。雨としてふった水はダムや水げんの森にたくわえられます。じょう水場できれいになった水をわたしたちが使い、下水しょり場できれいにされてから海に流されます。このように水はじゅんかんしているのです。これからも水を使い続けていくためには、かぎりある水をゆうこうに使うことが大切です。
(3)①大切な水をむだにしないよう、歯をみがくときは水を止めてみがきましょう。水をむだにせず、使う量をへらすことを節水といいます。③も節水にあたります。②一度使われた水を別のことに使う再利用の例です。

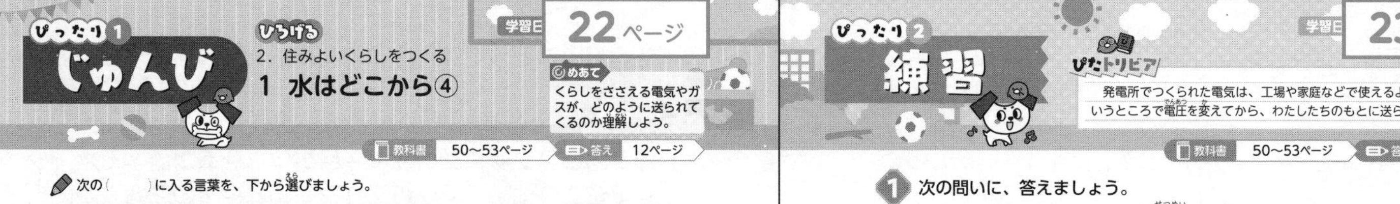

次の（　）に入る言葉を、下から選びましょう。

1 くらしをささえる電気　教科書 50~51ページ

さまざまな発電

- （① 火力 ）発電…日本の発電の中心。燃料のほとんどを輸入している。地球温だん化の原いんの一つとされる（② 二酸化炭素 ）を多く出す。
- （③ 水力 ）発電…水が流れる力を利用して発電する。二酸化炭素などを出さない。
- （④ 原子力 ）発電…ウラン燃料を使い、発生する熱で発電する。事故が起きると長く大きなひがいが出る。

億キロワット時 10000 8000 6000 4000 2000 0 火力 水力 原子力 そのほか 〔2021年度 日本国勢図会2023/24〕

日本の発電量

ワンポイント 自然の力を利用する発電

- しげんの少ない日本では、燃料を使わず再生可能エネルギーでの発電を進めることが大切。
- 再生可能エネルギーには、（⑤ 太陽光 ）や風力、地熱やバイオマスなどがある。

再生可能エネルギー 太陽や風など、ずっと利用できるエネルギーのこと。二酸化炭素を出さず、大きなしせつも必要ない。

2 くらしをささえるガス　教科書 52~53ページ

ガスがとどくしくみ

1 液体にした天然ガスをLNGタンカーで外国から運び、LNGタンクにためる。
2 気化器で、液体の天然ガスを気体にもどす。
3 ガスがもれたときに気づくよう、ふしゅう室で（⑥ におい ）をつける。
4 ガスホルダーからガス導管を通って、各家庭へ送られる。

ガスの種類

- （⑦ 都市ガス ）…天然ガスからつくられ、ガス管を通ってとどけられる。
- LPガス…プロパンガスなどからつくられ、ボンベに入れてとどけられる。

安全に使うためのくふう

- （⑧ 地震 ）を感知して自動でガスを止めるガスメーターや、ゆれに強くこわれにくい管が使われている。

選んだ言葉に✓　□二酸化炭素　□におい　□太陽光　□地震　□都市ガス　□原子力　□水力　□火力

22

1 次の問いに、答えましょう。

(1) 次の①~③の発電方法について説明している人を、㋐~㋒から選んで線で結びましょう。

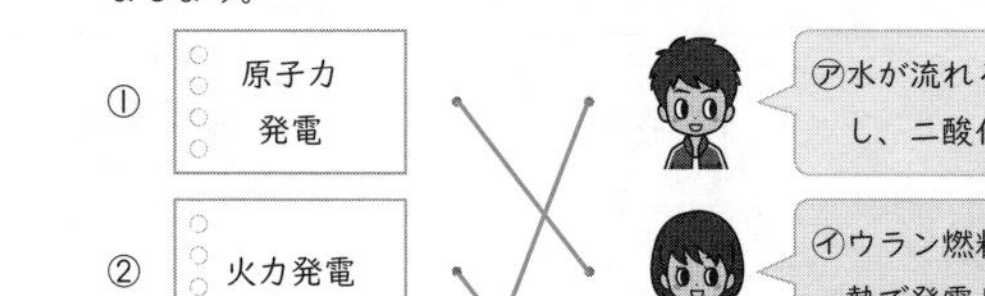

(2) 太陽や風など、ずっと利用できるエネルギーのことを何といいますか。（ 再生可能エネルギー ）

(3) 日本でいちばん発電量が多い発電方法を、㋐~㋓から選びましょう。

㋐ 火力発電　㋑ 原子力発電　㋒ 太陽光発電　㋓ バイオマス発電　（ ㋐ ）

2 次の問いに、答えましょう。

(1) ガスがわたしたちのもとへとどくまでに行われる①~④の作業を、正しい順にならべかえましょう。

① 気化器でガスを液体から気体にもどす。
② ふしゅう室でガスににおいをつける。
③ 液体にしたガスをLNGタンカーで外国から運び、LNGタンクにためる。
④ ガスホルダーにためる。　（ ③ → ① → ② → ④ ）

(2) ガスについての説明のうち、都市ガスに関するものには㋐を、LPガスに関するものには㋑を書きましょう。

①（ ㋐ ）道路の下のガス管を通ってとどけられる。
②（ ㋑ ）プロパンガスなどからつくられる。
③（ ㋑ ）ボンベに入れてとどけられ、家ののき下などに置かれる。
④（ ㋐ ）天然ガスからつくられ、石油・石炭より二酸化炭素を出さない。

ヒント 1 (1) 何を利用して発電しているかに注目してみましょう。

23

できたかな？

□日本にはどのような発電方法があるか、例をあげてみよう。
□再生可能エネルギーとはどのようなエネルギーか、説明してみよう。

おうちのかたへ

この単元では、私たちのくらしをささえる電気とガスがどこからくるのかについて学びます。家の中で電気を使っているものを見つけたり、都市ガスとLPガスのどちらが使われているのかを、お子さんに教えてあげたりしてみてください。

練習　23ページ

1 (1)①燃料やはいき物のあつかいがむずかしく、事故が起きると長く大きなひがいが出ます。②日本の発電の中心になっています。また、二酸化炭素は地球温だん化の原いんの一つとされています。③燃料を使わず、発電のときに二酸化炭素などを出しません。
(2)二酸化炭素を出さず、大きなしせつを必要としないなどの利点があります。再生可能エネルギーを使った発電には、太陽光発電や風力発電のほかにも、地熱発電、バイオマス発電などがあります。
(3)日本でいちばん発電量が多いのは火力発電で、2番目が水力発電、3番目が原子力発電です。

2 (2)①③都市ガスはガス管、LPガスは大きなボンベに入れてとどけられます。②④都市ガスは天然ガスからつくられ、LPガスはプロパンガスなどからつくられます。このほかにも、都市ガスは空気より軽く、LPガスは空気より重いという特ちょうがあります。

2. 住みよいくらしをつくる

1 水はどこから

24ページ

/100 ごうかく80点

教科書 44～53ページ　答え 13ページ

1 ダムについての説明として、正しいものには○を、まちがっているものには×をつけましょう。　1つ5点（25点）

①（ × ）ダムは川の水量を調節したり、火力発電に利用されたりしている。
②（ ○ ）ダムの建せつは、国や市などの行政と、地いきの住民がよく話し合って、計画的に進められている。
③（ ○ ）ダムのまわりにある森林は、ふった雨水をたくわえる働きがあるため、「緑のダム」とよばれている。
④（ × ）ダムや森林がたくさんの水をたくわえているため、雨がふらなくても水不足になることはない。
⑤（ ○ ）ダムでは、必要な水の量を計算して、じょう水場に流している。

2 水の流れを表した下の図を見て、答えましょう。　1つ5点（25点）

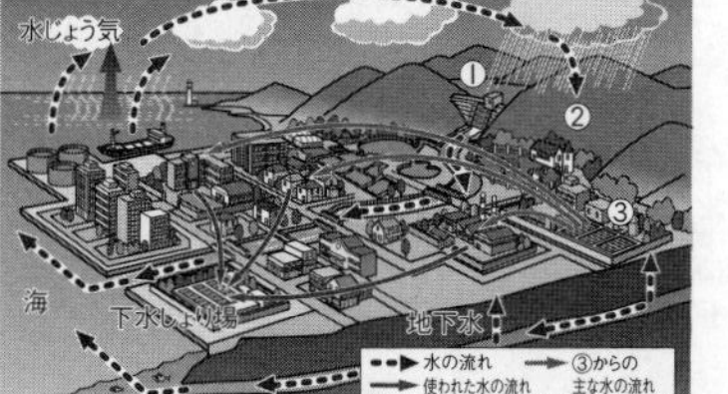

(1) よく出る 上の図について説明した次の文から正しい言葉を選び、それぞれ○で囲みましょう。

> 海や地上の水が㋐｛（水じょう気）・ 地下水 ｝になって雨としてふり、ふった水は水げんの森やダムに集まって、川の上流を通り、わたしたちの元へ来る。このように水が地上と空をまわっていることを、水の㋑｛（じゅんかん）・ 再利用 ｝という。

(2) 上の図の中で、じょう水場、ダム、水げんの森の場所はどこですか。①～③から選びましょう。

じょう水場（ ③ ）　ダム（ ① ）　水げんの森（ ② ）

学習日

25ページ

3 次の問いに、答えましょう。　1つ5点（20点）

(1) よく出る 右の２つのグラフについて説明した㋐～㋔の文のうち、正しいものを２つ選びましょう。 技能

（順不同）（ ㋐ ）（ ㋔ ）

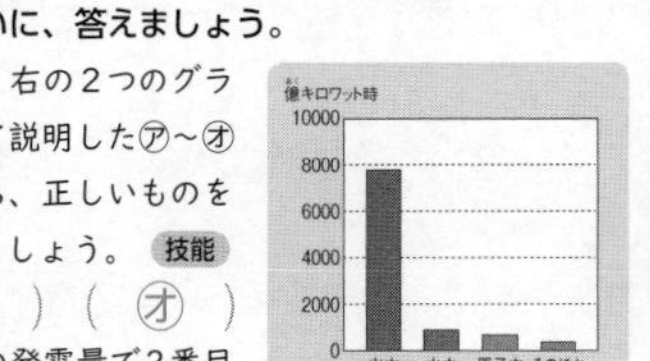

日本の発電量

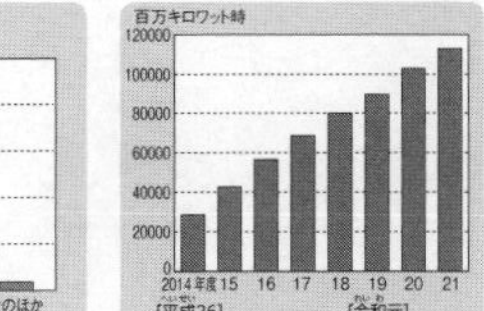

再生可能エネルギーの電力量の変化

㋐ 日本の発電量で２番目に多いのは、水力発電である。
㋑ 2021年度の再生可能エネルギーの電力量は、2017年度とくらべると２倍以上になっている。
㋒ 日本の発電量は火力発電が最も多く、2021年度の発電量はおよそ8500億キロワット時である。
㋓ 水力発電の発電量は、火力発電のおよそ３分の１である。
㋔ 再生可能エネルギーの電力量は、2014年度以降、ふえ続けている。

(2) 再生可能エネルギーにあてはまるものを、㋐～㋓から２つ選びましょう。

㋐ バイオマス　㋑ 原子力　㋒ 風力　㋓ 火力

（順不同）（ ㋐ ）（ ㋒ ）

4 次の問いに、答えましょう。　1つ5点（30点）

(1) ガスについて説明した次の文の①～⑤にあてはまる言葉を、あとの［　］からそれぞれ選びましょう。

> 天然ガスは体積が大きいため、液体にして（① LNGタンカー ）で運ばれます。その後、気化器で（② 気体 ）にもどし、ガス導管を通じて送られます。天然ガスからつくられる（③ 都市ガス ）は、もやしたときに出る（④ 二酸化炭素 ）が石炭や（⑤ 石油 ）より少ない、クリーンなエネルギーとして注目されています。

気体　液体　石油　LNGタンク　LNGタンカー
二酸化炭素　都市ガス　LPガス　プロパンガス

記述 (2) すきたらスゴイ! ガスは家庭に送られる前に、ふしゅう室でにおいがつけられます。においがつけられる理由を、かん単に書きましょう。 思考・判断・表現

（（例）ガスがもれたときに、気づけるようにするため。）

ふりかえり ❷(1)がわからないときは、20ページの❷にもどってかくにんしてみよう。

たしかめのテスト　24～25ページ

1 ①ダムは、火力発電ではなく水力発電に利用されています。④ダムや森林があっても、雨がふらなければ水不足になります。

2 (1)地球上の水はじゅんかんしています。
(2)ダムは川の上流の森につくられます。じょう水場は、川の水を取り入れ、まちへ水を送るので、まちの中でも土地の高いところにあります。

3 (1)㋑2021年度の再生可能エネルギーの電力量は約110000（百万キロワット時）、2017年度は約70000なので、２倍以上にはなっていません。㋒火力発電の2021年度の発電量は約8000億キロワット時です。㋓水力発電の発電量は約1000億キロワット時なので、火力発電の発電量のおよそ８分の１です。
(2)バイオマス発電は、木のくずやもえるごみなどをもやすときの熱を利用して電気をつくります。

4 (1)①日本で使われる天然ガスのほとんどは、オーストラリアやマレーシアなどの外国から輸入しています。

記述問題のプラスワン

4 (2)天然ガスは無色でにおわないため、ガスがもれたときに気づくことができず、きけんです。そのため、ガスもれにすぐ気づけるよう、わざとにおいをつけているのです。この問題では「理由」を聞かれているので、文の終わりは「～から」「～ため」としましょう。

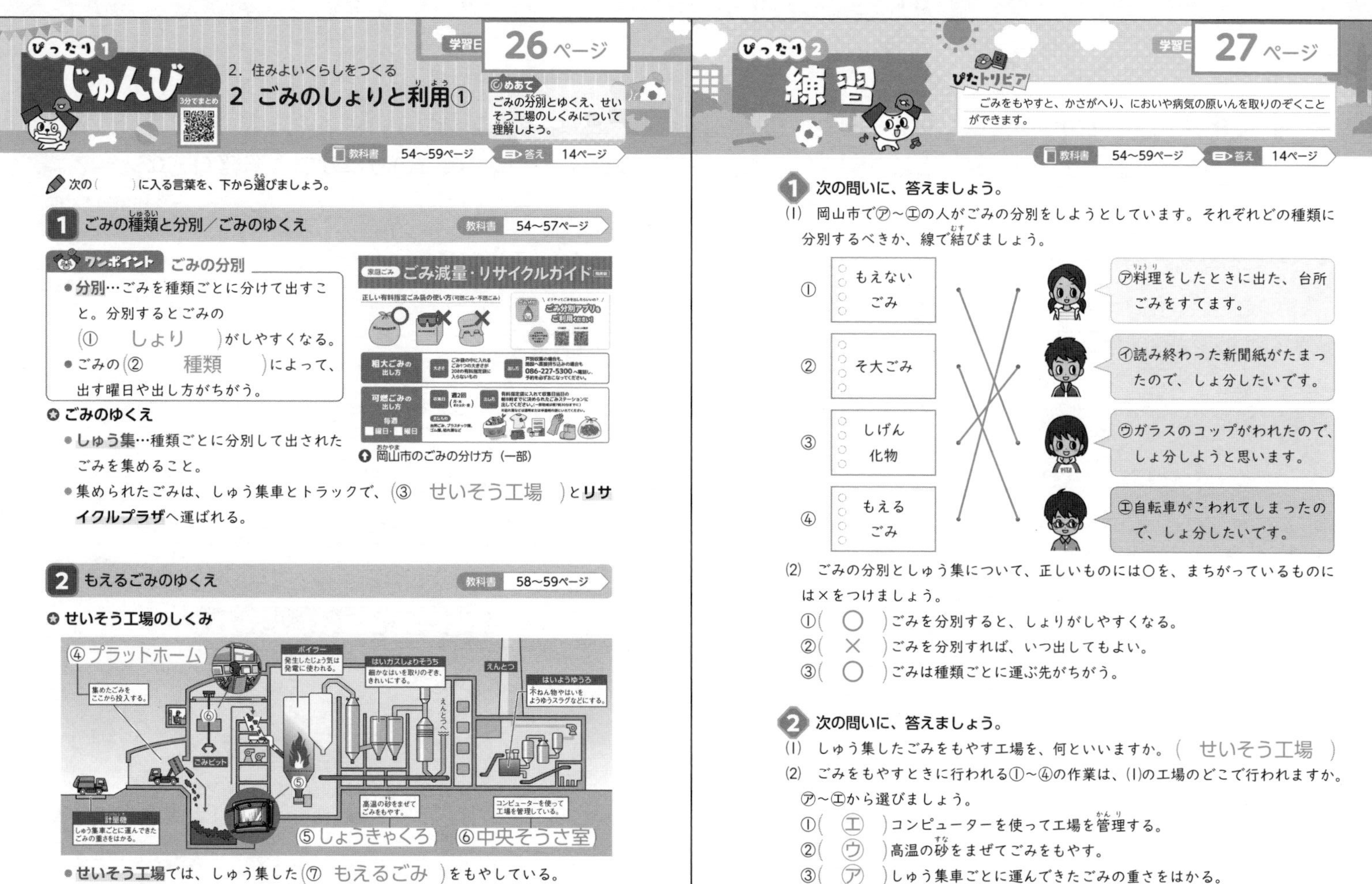

ぴったり1 じゅんび

2. 住みよいくらしをつくる

2 ごみのしょりと利用①

26ページ

めあて ごみの分別とゆくえ、せいそう工場のしくみについて理解しよう。

教科書 54~59ページ　答え 14ページ

次の(　)に入る言葉を、下から選びましょう。

1 ごみの種類と分別／ごみのゆくえ　教科書 54~57ページ

ワンポイント ごみの分別

- **分別**…ごみを種類ごとに分けて出すこと。分別するとごみの(① しより)がしやすくなる。
- ごみの(② 種類)によって、出す曜日や出し方がちがう。

ごみ減量・リサイクルガイド

岡山市のごみの分け方（一部）

ごみのゆくえ

- **しゅう集**…種類ごとに分別して出されたごみを集めること。
- 集められたごみは、しゅう集車とトラックで、(③ せいそう工場)と**リサイクルプラザ**へ運ばれる。

2 もえるごみのゆくえ　教科書 58~59ページ

せいそう工場のしくみ

- **せいそう工場**では、しゅう集した(⑦ もえるごみ)をもやしている。
- ごみをもやしたときに出る熱を利用して、工場で使う(⑧ 電気)もつくっている。

選んだ言葉に✓　□せいそう工場　□中央そうさ室　□もえるごみ　□電気　□しょうきゃくろ　□プラットホーム　□しより　□種類

26

ぴったり2 練習

27ページ

ぴたトリビア ごみをもやすと、かさがへり、においや病気の原いんを取りのぞくことができます。

教科書 54~59ページ　答え 14ページ

1 次の問いに、答えましょう。

(1) 岡山市で㋐~㋓の人がごみの分別をしようとしています。それぞれどの種類に分別するべきか、線で結びましょう。

① もえないごみ　　㋐料理をしたときに出た、台所ごみをすてます。
② そ大ごみ　　㋑読み終わった新聞紙がたまったので、しょ分したいです。
③ しげん化物　　㋒ガラスのコップがわれたので、しょ分しようと思います。
④ もえるごみ　　㋓自転車がこわれてしまったので、しょ分したいです。

(2) ごみの分別としゅう集について、正しいものには○を、まちがっているものには×をつけましょう。

①(○)ごみを分別すると、しょりがしやすくなる。
②(×)ごみを分別すれば、いつ出してもよい。
③(○)ごみは種類ごとに運ぶ先がちがう。

2 次の問いに、答えましょう。

(1) しゅう集したごみをもやす工場を、何といいますか。(せいそう工場)

(2) ごみをもやすときに行われる①~④の作業は、(1)の工場のどこで行われますか。㋐~㋓から選びましょう。

①(㋓)コンピューターを使って工場を管理する。
②(㋒)高温の砂をまぜてごみをもやす。
③(㋐)しゅう集車ごとに運んできたごみの重さをはかる。
④(㋑)細かなはいを取りのぞき、きれいにする。

㋐ 計量機　㋑ はいガスしょりそうち
㋒ しょうきゃくろ　㋓ 中央そうさ室

ヒント 1 (1) ぴったり1の図をふり返りながら、分別してみましょう。

27

できたかな？

□ごみを出すときにはどんなことに気をつけたらいいか、例をあげてみよう。
□しゅう集されたもえるごみは、どこでもやされているか言ってみよう。

おうちのかたへ

この単元では、ごみの分別、収集と、清掃工場について学びます。家庭でごみが出た時に、お子さんと一緒に分別したり、ごみを出しに行ったりすると理解が深まります。

練習　27ページ

1 (1)㋑新聞紙はしげんとして回しゅうされ、リサイクルされます。㋓岡山市では、20Lの指定のごみぶくろに入らないものは、そ大ごみとなります。

(2)②ごみの種類によって、出す曜日が決まっています。

2 (1)せいそう工場では、しゅう集したもえるごみをもやしています。ごみをもやしたときに出る熱を利用して、工場で使う電気もつくっています。

(2)①中央そうさ室では、コンピューターを使って、もえ方やはいガスの様子をかくにんしながら、24時間ごみをもやしています。②ごみは、もやすとかさが50分の1になります。また、においや病気の原いんを取りのぞくことができます。④はいガスしょりそうちではいや体に害のあるものを取りのぞき、きれいにした後、えんとつから放出します。

ぴったり1 じゅんび

2. 住みよいくらしをつくる

2 ごみのしょりと利用②

28ページ

◎めあて ごみしょりのくふうやリサイクル、これからの課題について理解しよう。

教科書 60〜65ページ　答え 15ページ

次の(　　)に入る言葉を、下から選びましょう。

1 もやすときやもやした後のくふう 人々の協力でごみが生まれ変わる

教科書 60〜63ページ

ごみしょりのくふう

- ごみをもやすときの熱は、温水プールや(① 発電)に利用している。
- もやした後の(② はい)は、アスファルトなどの材料に生まれ変わる。
- **しょぶん場**…(③ 再利用)できないごみをうめるところ。いっぱいになったしょぶん場は、市民のためのしせつに生まれ変わる。

びん → カレット → 新しいびんなど

かん(アルミ・スチール) → 再生地金など → アルミ・鉄製品など

ペットボトル → フレーク → 服や新しいペットボトルなど

ごみのリサイクル

- **リサイクル**…分別して出されたごみをつくり直したり、(④ 原料)にもどしたりして、再び使えるようにすること。しげんの節約にもつながる。
- そ大ごみ、もえないごみ、しげん化物は、(⑤ リサイクルプラザ)に運ばれる。その後、再生工場に送られ、新しいものに生まれ変わる。

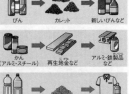

リサイクルマーク

2 ごみしょりのうつり変わりと課題

教科書 64〜65ページ

えいせい的なごみしょりへの変化と新しい課題

- 昔はごみを(⑥ 分別)せず、まとめてしゅう集していたが、しだいに分別やリサイクルが行われるようになった。
- 最近はコンピューターなど(⑦ しょり)がむずかしいごみがふえている。

ワンポイント 4R

- **リフューズ**…ごみになるものをことわる。
- **リデュース**…ごみそのものをへらす。
- (⑧ リユース)…何回もくり返し使う。
- **リサイクル**…分別して再びしげんとして利用する。

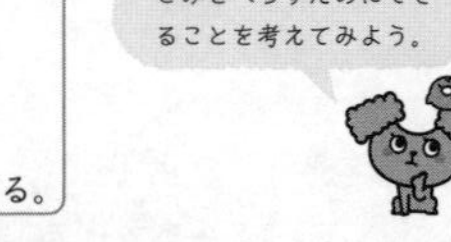

ごみをへらすためにできることを考えてみよう。

選んだ言葉に✓ □リサイクルプラザ □しょり □発電 □はい □リユース □再利用 □分別 □原料

ぴったり2 練習

29ページ

ぴたトリビア 買い物をするときに、いずれごみになってしまうレジぶくろを買わないことや、わりばしをもらわないことなどが、リフューズにあたります。

教科書 60〜65ページ　答え 15ページ

1 次の問いに、答えましょう。

(1) ごみをもやすときや、もやした後のしょりについて、正しいものには○を、まちがっているものには×をつけましょう。

①(○)もやした後のはいは、道路のアスファルトなどの材料として再利用される。

②(×)ごみをもやすときの熱は、温度が高すぎるため、ほかのことへ利用できない。

③(○)再利用できないごみは、しょぶん場にうめられる。

④(×)しょぶん場にうめたごみは、時間がたつと自然に消えていくため、1カ所のしょぶん場にうめ続けている。

(2) 分別して出されたごみをつくり直したり、原料にもどしたりして、再び使えるようにすることを何といいますか。(リサイクル)

(3) 次のびん、かん、ペットボトルは、どのような材料に変えられますか。㋐〜㋒から選んで線で結びましょう。

びん

かん(アルミ・スチール)

ペットボトル

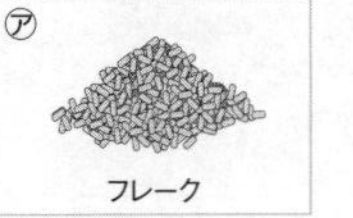
㋐ フレーク

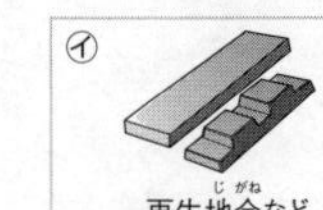
㋑ 再生地金など

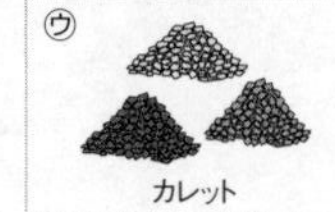
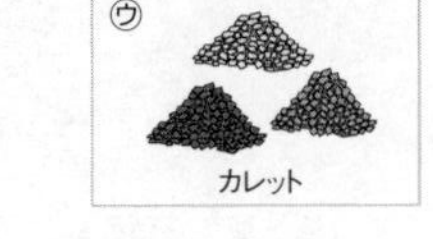
㋒ カレット

2 4Rについて、次の文にあてはまるものを、㋐〜㋓から選びましょう。

①(㋐)ごみになるものをことわる。

②(㋒)何回もくり返し使う。

㋐ リフューズ　㋑ リデュース　㋒ リユース　㋓ リサイクル

ヒント 1 (3) 種類ごとに集められたしげん化物がどのように生まれ変わるのか、ぴったり1をふり返って考えてみましょう。

できたかな?

□ごみをもやした後に残ったはいは、どこにうめられるか言ってみよう。

□4Rとは何か、説明してみよう。

おうちのかたへ

ごみの処理は、私たちの生活と深く関係しています。お子さんと一緒に様々な商品につけられているリサイクルマークを探したり、地域に一杯になった処分場を利用した施設がないかなどを調べたりすると、ごみの問題が身近に感じられます。

練習 29ページ

1 (1)①最近は、はいのほとんどがアスファルトなどの材料として再利用されています。②ごみをもやすときに出る熱は、発電や温水プールなどに利用されています。④はいは消えずにたまっていきます。いっぱいになると、新たなしょぶん場にうめていきますが、しょぶん場をつくることができる場所や広さにはかぎりがあります。また、いっぱいになった後も、はい水の管理はずっと続きます。
(2)リサイクルはごみをへらすだけでなく、大切なしげんを節約することにもつながります。
(3)びんは再生びんなどの材料となるカレットに、かんはアルミ・鉄製品や、再生かんなどの材料となる再生地金などに、ペットボトルは服や再生ペットボトルの材料となるフレークに変わります。

2 ㋑のリデュースは、ごみそのものをへらすこと、㋓のリサイクルは、分別して再びしげんとして利用することです。

ぴったり1 じゅんび

2. 住みよいくらしをつくる
2 ごみのしょりと利用③

30ページ

めあて ごみをへらすために自分たちが取り組めることや、下水しょりについて理解しよう。

教科書 66~71ページ　答え 16ページ

次の（　）に入る言葉を、下から選びましょう。

1 ごみのしょりについてまとめる／自分たちにできることを考える　教科書 66~69ページ

ごみをへらすためにわたしたちにできること

家庭での取り組み	学校での取り組み
●ごみを（① 分別 ）する。 ●（② 食べ残し ）をせず、生ごみの量をへらす。	●落ち葉を（③ たいひ ）にする。 ●コピーをする紙は、できるだけ両面を使うようにする。
お店での取り組み	**地いきでの取り組み**
●入口に（④ トレイ ）の回しゅうボックスを置く。 ●（⑤ エコバッグ ）の利用をすすめる。	●ごみの分別のちらしをつくる。 ●古紙を（⑥ 回しゅう ）して、せん門の業者に売る。

2 下水のしょりと利用 ひろげる　教科書 70~71ページ

ワンポイント 下水しょりのしくみ

●下水は水再生センターでしょりし、（⑦ 川 ）や海に流すほか、ビルの冷だんぼうの熱源にしたり（⑧ トイレ ）の水に再利用したりする。

選んだ言葉に✓

□エコバッグ　□回しゅう　□たいひ　□川
□食べ残し　□トイレ　□分別　□トレイ

30

ぴったり2 練習

31ページ

ぴたトリビア 下水しょりでたまったどろは、農作物のひりょうや、コンクリート、レンガなどの原料にも利用されています。

教科書 66~71ページ　答え 16ページ

1 次の問いに、答えましょう。

(1) ごみをへらすための取り組みとして、正しいものには○を、まちがっているものには×をつけましょう。

①（ ○ ）コピーをする紙は、できるだけ両面を使うようにする。
②（ × ）ごみの分別を自治会の人たちにまかせる。
③（ × ）買い物をするときは、できるだけお店のビニールぶくろを使う。
④（ ○ ）食べ残しをしないように心がけ、生ごみをへらす。

(2) 学校のそうじなどで集めた落ち葉は、何に利用することができますか。（ たいひ ）

2 下の図は、下水しょりのしくみを表したものです。これを見て、答えましょう。

(1) 家庭で使われた水は、どこを通ってポンプ所まで流れていきますか。（ 下水道管 ）

(2) 次の①~③は図中の㋐~㋔のどこで行われますか。それぞれ選びましょう。

①（ ㋒ ）下水の中のよごれをび生物が分かいする。
②（ ㋔ ）しずめたどろをもやしてはいにしたり、しげんにしたりする。
③（ ㋐ ）下水の中にある大きなごみやすななどをしずめて取りのぞく。

(3) 下水道の役わりや、水をよごさないための取り組みとして正しいものを、㋐~㋔から2つ選びましょう。（順不同）（ ㋐ ）（ ㋒ ）

㋐ 下水道には、しん水からまちを守る役わりがある。
㋑ 使った油はそのまま流さず、水でうすめてから台所へ流す。
㋒ 下水をしょりすることで、川や海の水質を守っている。
㋓ 紙は水にとけるので、トイレットペーパー以外の紙もトイレに流してよい。
㋔ きれいにしょりされた水は、すべて川や海に流している。

ヒント **1** (1) ごみをへらすためには、すてずに再利用していくことが大事です。

31

できたかな？

□ごみをへらすために自分たちにできることの例をあげてみよう。

おうちのかたへ

最近では、学校、店、地域など、様々なところでごみを減らす取り組みが進められています。家庭ではどのような取り組みができるのか、お子さんと一緒に話し合ってみてください。

練習 31ページ

1 (1)②各家庭で分別します。③自分のエコバッグを使うと、ビニールぶくろを使わずにすみます。
(2)たいひは、作物を育てるときに使うひ料です。落ち葉やわらなどからつくられます。

2 (1)家庭や工場で使われた水や、雨水などは、地下にある下水道管を流れていきます。
(2)①よごれはび生物に付着して、しずみやすい固まりになります。②下水しょりで出たどろは、燃料やひ料にしたり、レンガなどをつくる材料にしたりしています。
(3)㋐下水道は、道路や住たく地にふった雨水をすみやかに取りのぞくはたらきがあります。㋑使った油は流さず、もえるごみやリサイクルなど、市区町村のルールにしたがってしょぶんします。㋓トイレットペーパー以外の紙は水にとけないので、トイレに流してはいけません。㋔すべて川や海に流すのではなく、冷ぼうやだんぼうの熱源にしたり、トイレの水などに再利用したりしています。

2. 住みよいくらしをつくる

2 ごみのしょりと利用

32ページ　／100　ごうかく80点

教科書 54~71ページ　答え 17ページ

1 次の問いに、答えましょう。　1つ5点（25点）

(1) よく出る 右のごみの出し方の表を見て、正しく説明しているものには○を、まちがっているものには×をつけましょう。

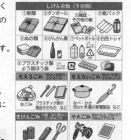

①（ × ）ダンボールはもえるごみとして出す。
②（ ○ ）新聞はしげん化物として出す。
③（ ○ ）かさはもえないごみとして出す。
④（ × ）自転車はもえないごみとして出す。

しげん化物（9分別）：①新聞　②ダンボール　③雑誌・その他の紙　④紙パック　⑤ぬの類　⑥びんかん類　⑦ペットボトル　⑧白色トレイ　⑨プラスチック製よう器ほう装
もえるごみ　もえないごみ　きけんごみ　そ大ごみ
生ごみ　プラスチック製の商品そのもの など　なべ・かさ 50cm未満の家電製品 など　かん電池・体温計・ライターなど　自転車　ふとん など

(2) しげんとなるものを分別し、再利用するためにつけられる右のマークを何といいますか。

（ リサイクル ）マーク

2 次の問いに、答えましょう。　1つ5点（25点）

(1) よく出る ごみをへらすための取り組みである4Rの一つ「リデュース」の説明として正しいものを、㋐~㋓から選びましょう。（ ㋑ ）

㋐ ごみになるものをことわる。　㋑ ごみそのものをへらす。
㋒ 何回もくり返し使う。　㋓ 分別して再びしげんとして利用する。

(2) ごみしょりに関する課題や取り組みについて説明した次の文の①~④にあてはまる言葉を、あとの□からそれぞれ選びましょう。

ゴミ出しは、ルールを守ることが重要なため、(① 外国)の人にもルールがわかるよう、さまざまな国の言葉で分別表をつくっている。最近は(② スマートフォン)など、しょりがむずかしいごみもふえている。また、ごみの量がふえると、(③ しょぶん場)もいっぱいになってしまうため、ごみをへらす取り組みが必要である。その取り組みの一つとして、2020年7月からレジぶくろが(④ 有料)になった。

無料　しょぶん場　外国　プラスチック製品
有料　多目的広場　高れい　スマートフォン

33ページ

3 次の問いに、答えましょう。　1つ5点（25点）

(1) 次の①~④のごみしょりに関するしせつについての説明を、㋐~㋓から選んで、線で結びましょう。

① せいそう工場 ― ㋐しゅう集したもえるごみをもやしています。
② 再生工場 ― ㋒しょりされたしげん化物をリサイクル製品にします。
③ リサイクルプラザ ― ㋓しげん化物を細かくくだいたり、固めたりします。
④ しょぶん場 ― ㋑再利用できないごみをうめるところです。

この本の終わりにある「夏のチャレンジテスト」をやってみよう！

記述 (2) リサイクルは、ごみをへらす以外にどのようなことにつながりますか。「節約」という言葉を使ってかん単に書きましょう。　思考・判断・表現

（(例) 大切なしげんを節約すること。）

4 次の問いに、答えましょう。　1つ5点（25点）

(1) 下水しょりの進め方について説明した次の文のうち、①~④にあてはまる言葉を○で囲みましょう。

家庭や工場などから出たよごれた水は、①｛（下水道管）・ 川 ｝を通って水再生センターに集められる。水再生センターでは、細かいよごれをしずめた後、②｛（び生物）・ はい ｝を使ってよごれを分かいする。その後、時間をかけてゆっくりどろをしずめてよごれを取りのぞき、しょりした水を③｛ 冷きゃく ・（消どく）｝して川や海に流している。きれいにした水を放流する以外にも、ビルの冷ぼうやだんぼうの熱源にしたり、④｛（トイレ）・ おふろ ｝の水などに再利用したりしている。

記述 (2) できたらスゴイ！ 水をよごさないために、家庭の台所ではどのようなくふうができますか。「生ごみ」「油」という言葉を使って書きましょう。　思考・判断・表現

（(例) 台所から生ごみや油を流さないくふう。）

ふりかえり ③(2)がわからないときは、28ページの1にもどってかくにんしてみよう。

たしかめのテスト 32~33ページ

1 (1)①ダンボールは、もえるごみではなく、しげん化物です。④自転車は、もえないごみではなく、そ大ごみです。

2 (1)㋐はリフューズ、㋒はリユース、㋓はリサイクルの説明です。
(2)③しょぶん場がいっぱいになると、新しいしょぶん場をつくることになります。しかし、しょぶん場をつくることができる場所や広さにはかぎりがあるため、かん単ではありません。

3 (1)②③リサイクルプラザでは、もえないごみを小さくくだいたり、かんやペットボトルをまとめて小さくおし固めたりしています。リサイクルプラザでしょりされたものが再生工場に送られ、リサイクル製品になります。

4 (1)①よごれた水は川ではなく下水道管を通して集められます。
(2)不要なものを下水道管に流さないことで、よりきれいな水をじゅんかんさせることができます。

記述問題のプラスワン

3 (2)ペットボトルは石油、かんはアルミや鉄などの金ぞくからつくられており、新しい製品をつくるたびに、原料となるしげんが必要になります。しかし、分別して出されたごみをつくり直したり、原料にもどしたりすれば、新しいしげんを使わずにすむため、しげんの節約につながるのです。

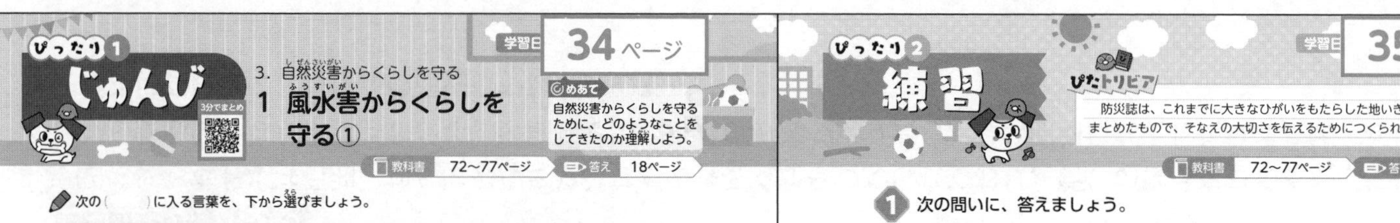

ぴったり1 じゅんび

3. 自然災害からくらしを守る
1 風水害からくらしを守る①

◎めあて 自然災害からくらしを守るために、どのようなことをしてきたのか理解しよう。

教科書 72〜77ページ　答え 18ページ

次の(　)に入る言葉を、下から選びましょう。

1 県内のさまざまな自然災害／風水害から人々を守る　教科書 72〜75ページ

さまざまな自然災害

ワンポイント 自然災害

- **自然災害**とは、ぼう風、ごう雨、ごう雪、こう水、高潮、(① 地震)、津波、ふん火などのいじょうな自然げんしょうによって起こるひがいのこと。
  自然災害がどのような場所で起きるかは、土地の(② 様子)や土地の使われ方などとも関係がある。

風水害からくらしを守るための取り組み

- 風水害が起きると、広いはんいで長期間(③ てい電)が続いたり、こう水やがけくずれが起きたりする。
- (④ 消防)やけいさつ、自衛隊が出動して救助活動を行う。
- 市では、災害対さく本部をせっちし、ひなん者のしえんを行う。
- 調べること…これまでの風水害への取り組み。県や市、地いきや家庭での風水害への(⑤ そなえ)。
- 調べ方…本や、県や市の(⑥ ウェブサイト)で調べる。県庁や市役所で働く人に、(⑦ メール)やインタビューで話を聞く。

2 くり返し起きてきた風水害　教科書 76〜77ページ

風水害とのたたかい

- 風水害からくらしを守るために、人々がどのようなことをしてきたのかを、県の(⑧ 防災誌)などで調べる。
- 国や県が、こう水をふせぐために、ていぼうや水を川の外にくみ出すポンプ場などの整びを進めた。
- **ていぼう**…大雨や高潮のときに、川や海の水があふれないよう、土砂などをもり上げてつくられる。
- 地下に(⑨ トンネル)をほって、一時的に雨水をためるしせつをつくった。

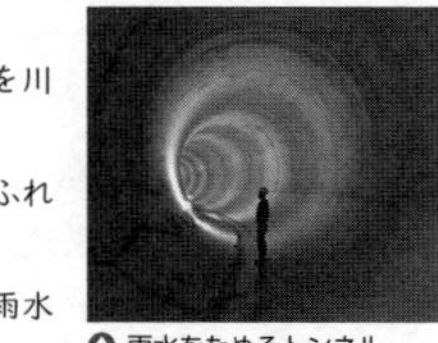

雨水をためるトンネル

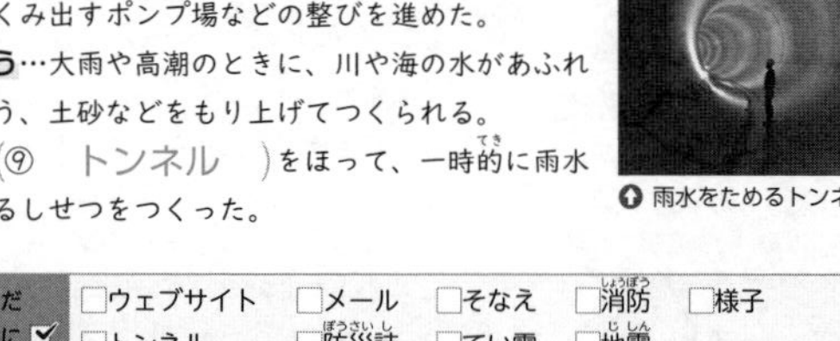

選んだ言葉に✓　□ウェブサイト　□メール　□そなえ　□消防　□様子　□トンネル　□防災誌　□てい電　□地震

ぴったり2 練習

ぴたトリビア 防災誌は、これまでに大きなひがいをもたらした地いきの災害についてまとめたもので、そなえの大切さを伝えるためにつくられています。

教科書 72〜77ページ　答え 18ページ

1 次の問いに、答えましょう。

(1) 自然災害にあてはまるものを、㋐〜㋔から３つ選びましょう。

㋐ 地震　㋑ 交通事故　㋒ ごう雨
㋓ 火事　㋔ 津波

(順不同)(㋐)(㋒)(㋔)

(2) 次の①〜③の風水害の様子の説明について、正しいものには○を、まちがっているものには×をつけましょう。

①(○)台風のときは、大雨でこう水や土砂くずれなどの災害が起こる。
②(×)市役所で働く人は、災害が起こった現場に行き、救助活動を行う。
③(○)風水害が起こると、広いはんいで長期間てい電が続くことがある。

(3) 次の学習問題についてのメモの①〜③にあてはまる言葉を、㋐〜㋓から選びましょう。

学習問題　風水害からくらしを守るために、だれが、どのような取り組みをしているのでしょうか。
【調べること】●これまでの風水害への(① ㋒)。
●県や市、地いきや(② ㋐)での風水害へのそなえ。
【調　べ　方】●本や、県や市のウェブサイトで調べる。
●県庁や(③ ㋓)で働く人に、メールやインタビューで話を聞く。

㋐ 家庭　㋑ 外国　㋒ 取り組み　㋓ 市役所

2 次の問いに、答えましょう。

(1) 大雨や高潮のときに川や海の水があふれないよう、土砂などをもり上げてつくったものを何といいますか。(ていぼう)

(2) 右の写真は何のためにつくられたものですか。㋐〜㋓から選びましょう。

㋐ 災害のときに人々がひなんするための場所。
㋑ 雨水を川の外にくみ出すためのしせつ。
㋒ 災害にそなえて、食料などをほかんしておくためのしせつ。
㋓ 雨水を一時的にためておくためのしせつ。

(㋓)

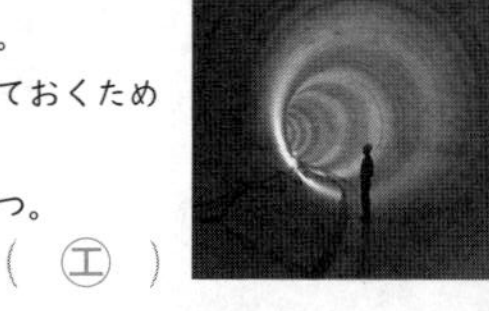

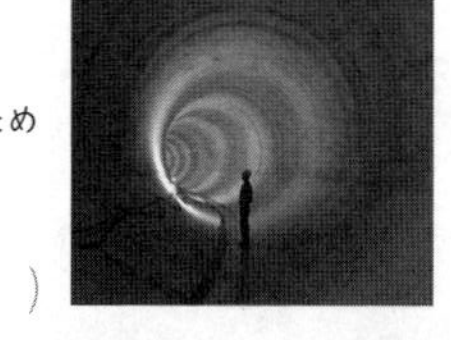

ヒント ❶(1) 自然災害は、いじょうな自然げんしょうによって起こるひがいのことです。

できたかな？

□自然災害にはどのようなものがあるか、例をあげてみよう。

おうちのかたへ

この単元では、過去の風水害の被害や、風水害からくらしを守る人々の働きについて学びます。住んでいる地域では、過去にどのような災害が起こったのか、お子さんと一緒に図書館などで調べてみてください。

練習　35ページ

❶ (1)自然災害は、いじょうな自然げんしょうによって起こるひがいのことです。地震、ごう雨、津波のほかに、ぼう風、ごう雪、こう水、高潮、ふん火などがあります。自然災害が起きる場所は、土地の様子や使われ方などとも関係があります。
(2)②救助活動を行うのは、消防やけいさつ、自衛隊です。市役所は、災害対さく本部をせっちし、ひがいじょうほうを集め、消防やけいさつと協力したり、ひなん者のしえんをしたりしています。

❷ (1)こう水をふせぐために、各地でていぼうの工事が計画的に進められています。
(2)写真は地下につくられたはい水路です。大雨のときにまちに水があふれないように、雨水を取りこんで一時的にためておき、海にはい水するようになっています。

3. 自然災害からくらしを守る

1 風水害からくらしを守る②

めあて 風水害にそなえた都道府県や市区町村の取り組みについて理解しよう。

教科書 78〜81ページ　答え 19ページ

次の(　　)に入る言葉を、下から選びましょう。

1 県の取り組み

教科書 78〜79ページ

風水害にそなえた取り組み

- **公助**…国や都道府県、市区町村により行われる、自然災害からくらしを守るための取り組み。
- こう水にそなえて、川はばを広げ、(① ていぼう)を整びしている。
- 土石流やがけくずれをふせぐための工事を行っている。
- 災害時に市や町、村でびちくしている(② 食料)や毛布などが足りなくなったときのために、県でもびちくをしている。

ワンポイント 防災いしきを高めるための取り組み

- 土砂災害にそなえて、(③ ひなん訓練)を行う。
- 千葉県では「じぶん防災」という防災じょうほうを伝えるウェブサイトをつくり、災害へのそなえや防災に関する(④ 知しき)を学べるようにしている。
- ひとりひとりの防災いしきを高めることが、いちばんのそなえになる。

「じぶん防災」のウェブサイト

2 市の取り組み

教科書 80〜81ページ

災害時の市の対応

- **地いき防災計画**…災害のときに、どのように対応するのかをあらかじめ決めているもの。(⑤ 救助)や消火、じょうほうの伝達などの方法や、住民の(⑥ ひなん場所)などを定めている。
- 防災訓練のじっしや、防災びちく倉庫をせっちする。
- (⑦ 断水)やてい電にそなえて、水道や電気、ガスなどの企業と災害時の協力内容を決めておく。
- 防災じょうほうの発信の強化や、(⑧ ハザードマップ)のふきゅうに取り組む。
- 大きな災害時は、国や自衛隊、県などと連けいして対応する。

ひなん場所をしめすひょうしき

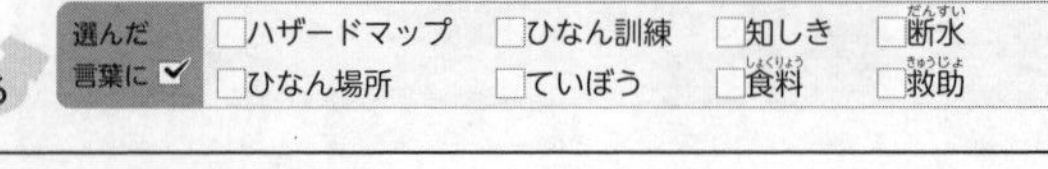

ぴったり2

練習

ぴたトリビア 地いきの防災センターには、防災に関するてんじや災害の体験コーナーなどがあります。また、災害のときは救えん活動のきょてんとして使われます。

教科書 78〜81ページ　答え 19ページ

1 次の問いに、答えましょう。

(1) 国や都道府県、市区町村により行われる、自然災害からくらしを守るための取り組みを何といいますか。　(公助)

(2) 次の①〜④の風水害にそなえた取り組みの説明について、正しいものには○を、まちがっているものには×をつけましょう。

①(○)がけくずれの対さくとして、くずれてくる土砂を受け止めるためのしせつをつくっている。

②(×)食料や毛布などは市町村でびちくしているため、県ではびちくしていない。

③(○)川はばを広げたり、ていぼうを高くしたりする工事を計画的に行っている。

④(○)土砂災害にそなえたひなん訓練を行ったり、防災じょうほうを伝えるウェブサイトをつくったりしている。

2 次の問いに、答えましょう。

(1) 右の図は、大きな災害時の連けいの様子を表しています。図の中の①〜④にあてはまる言葉を、㋐〜㋓から選びましょう。

㋐ 市町村　㋑ 国
㋒ けいさつ　㋓ 連けい

①(㋑)　②(㋓)
③(㋐)　④(㋒)

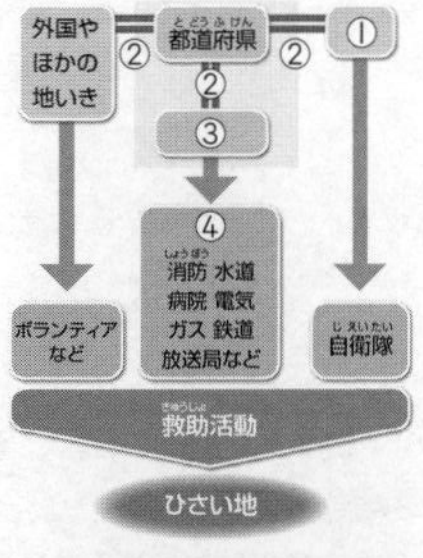

外国やほかの地いき ② 都道府県 ② ①
② ③ ④ 消防 水道 病院 電気 ガス 鉄道 放送局など
ボランティアなど　自衛隊
救助活動
ひさい地

(2) 災害のときに、どのように対応するのかを、あらかじめ定めたものを何といいますか。
((地いき) 防災計画)

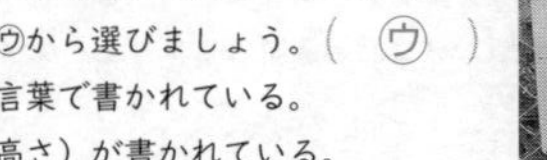

(3) 右の写真は、ひなん場所をしめすひょうしきです。このひょうしきについて説明した文として、まちがっているものを、㋐〜㋒から選びましょう。(㋒)

㋐ さまざまな国の言葉で書かれている。
㋑ 海ばつ（地面の高さ）が書かれている。
㋒ 津波のときのひなんにはてきしていない。

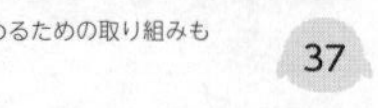

ヒント 1 (2) 風水害への対さくとして、ひとりひとりの防災いしきを高めるための取り組みも大切です。

できたかな?

□公助とはどのような取り組みか、説明してみよう。
□自然災害によるひがいが想定される区いきや、防災関係のしせつの位置などをしめした地図を何というか言ってみよう。

おうちのかたへ

この単元では、風水害にそなえた都道府県や市区町村の取り組みを学びます。住んでいる地域のハザードマップや、避難場所の標識などを実際に確認すると、理解が深まります。

練習 37ページ

1 (1)公助の取り組みの例として、川のていぼうを整びする工事や、災害用の食料や毛布のびちくなどがあります。
(2)②市町村でびちくしているものだけでは足りなくなったときのために、県でもびちくしています。
④防災じょうほうを伝えるウェブサイトでは、災害へのそなえや防災に関する知しきを学ぶことができます。

2 (1)大きな災害時は、国や都道府県、市町村などが連けいして対応します。また、自衛隊やけいさつ、消防、企業とも協力して救助活動を行います。
(2)地いき防災計画では、救助や消火、じょうほうの伝達などをどのようにするかや、住民のひなん場所など、災害時の対応を定めています。
(3)㋒ひょうしきには、ひなんにてきしているものには○、てきしていないものには×が書かれています。津波には○が書かれているので、津波からのひなんにてきした場所であることがわかります。

ぴったり3 たしかめのテスト

3. 自然災害からくらしを守る

1 風水害からくらしを守る

38ページ

/100 ごうかく80点

教科書 72～81ページ　答え 20ページ

1 次の問いに、答えましょう。　1つ5点（25点）

(1) よく出る 次の絵は自然災害の様子です。絵にあてはまる説明を㋐～㋓から選びましょう。

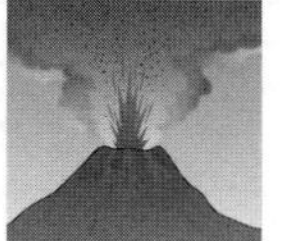
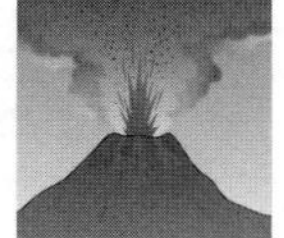

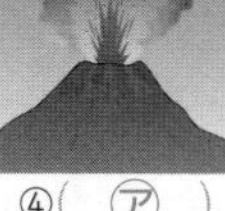
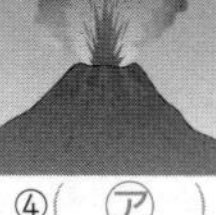
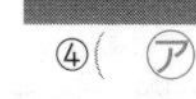
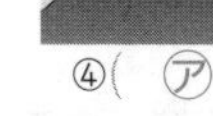

①（ ㋑ ）　②（ ㋒ ）　③（ ㋓ ）　④（ ㋐ ）

㋐ ふん火によってはいが空にふき出ている。
㋑ 大雨によってがけくずれが起きている。
㋒ 道路に雪がふり積もり、交通じゅうたいが起こっている。
㋓ 地震によって、家などの建物がとうかいしている。

(2) 台風が引き起こす災害のうち、特に山地の近くで起こりやすいのはどのひがいですか。[　]から選びましょう。（ がけくずれ ）

ふん火　高潮　津波　がけくずれ

2 風水害からくらしを守るために行われてきた取り組みについて、正しいものには○を、まちがっているものには×をつけましょう。　1つ5点（25点）

①（ ○ ）災害が起きたときに防災のきょてんとなる場所として、防災公園が整びされた。
②（ × ）ていぼうは、大雨や高潮のときに、川や海の水があふれないよう、木を組み合わせてつくられる。
③（ ○ ）昔の人たちの、災害にそなえたくふうの一つに、石がきや土をもった上につくられた災害時のひなん場所である水塚がある。
④（ × ）こう水のひがいが続いたため、水を川の外にくみ出すダムの整びが進められた。
⑤（ ○ ）大雨のときにまちに水があふれないよう、一時的に雨水をためておくトンネルが地下につくられた。

39ページ

3 次の問いに、答えましょう。　1つ5点（25点）

(1) よく出る 右のような、自然災害によるひがいをへらしたり、防災対さくに使用したりする目的でつくられた地図を何といいますか。（ ハザードマップ ）

(2) 地図中の①のマークが表しているものを、㋐～㋓から選びましょう。（ ㋒ ）

㋐ 防災びちく倉庫　㋑ 防災センター
㋒ ひなん場所　㋓ ていぼう

(3) 大きな災害時の市の取り組みについて説明した次の文のうち、㋐、㋑にあてはまる言葉をそれぞれ選び、◯で囲みましょう。

市では、災害が起きたときの対応を㋐｛ **地いき防災計画**・災害伝言ダイヤル ｝に定めている。大きな災害が起こった場合は、国や自衛隊、㋑｛ **都道府県**・町内会 ｝とも連けいして対応している。

記述 (4) 水道や電気、ガスなどの企業と、災害時に協力する内容を決めておくのはなぜですか。かん単に書きましょう。　思考・判断・表現

（(例) 災害時は、断水したり、てい電になったりすることもあるから。）

4 次の問いに、答えましょう。　1つ5点（25点）

(1) 風水害にそなえた県の取り組みについて説明した次の文の①～④にあてはまる言葉を、㋐～㋖から選びましょう。

県では、水害が起こった川などで、ていぼうを（① ㋒ ）したり、川はばを広げたりする工事を行っている。また、流れてくる土砂や流木を受け止めるためのしせつである（② ㋕ ）も整びしている。このような、国や都道府県、市区町村により行われる、（③ ㋐ ）からくらしを守るための取り組みを（④ ㋔ ）という。

㋐ 自然災害　㋑ 事故　㋒ 高く　㋓ 低く
㋔ 公助　㋕ 砂防ダム　㋖ ポンプ場

記述 (2) てきたらスゴイ！ 県がひなん訓練を行ったり、防災じょうほうを伝えるウェブサイトをつくったりするのはなぜですか。かん単に書きましょう。　思考・判断・表現

（(例) ひとりひとりの防災いしきを高めるため。）

ふりかえり 3(4)がわからないときは、36ページの2にもどってかくにんしてみよう。

たしかめのテスト　38～39ページ

1 (1)①台風や大雨などによるひがいです。川の水がまちにあふれることもあります。②雪が積もると、交通に大きなえいきょうがでます。③地震では建物がたおれたり、火事が起きたりすることがあります。④ふん火が起こると、大量のはいがふき出し、広いはんいにはいがふります。

2 ①防災公園は、災害時にひなん場所になるなど、防災のきょてんとなるところです。②ていぼうは土砂などをもり上げてつくられます。④水を川の外にくみ出すしせつはポンプ場です。

3 (2)ひなん場所をしめすひょうしきにも同じマークが使われています。(3)㋐災害伝言ダイヤルは、災害時に連らくが取れなくなったときに、伝言が残せるサービスです。

4 (2)災害にそなえるには、ひとりひとりの防災いしきを高めることが大切です。防災じょうほうを伝えるウェブサイトでは、災害へのそなえや防災に関する知しきを学ぶことができます。

記述問題のプラスワン

3 (4)電気やガス、水道は生活に欠かせないものなので、断水やてい電などが起こると、市民の生活に大きくえいきょうします。そのため、企業が持つ電気自動車を使って、ひなん所などに電気をきょう給するなど、非常用の発電や給水の方法などをあらかじめ決めておくのです。この問題では「理由」を聞いているので、文の終わりは「～から」「～ため」としましょう。

ぴったり1 じゅんび

3. 自然災害からくらしを守る

1 風水害からくらしを守る③

40 ページ

めあて 風水害にそなえた地いきと家庭の取り組みについて理解しよう。

教科書 82～85ページ　答え 21ページ

次の（　）に入る言葉を、下から選びましょう。

1 地いきの人々の取り組み　教科書 82～83ページ

住民どうしの協力

ワンポイント 共助

- **共助**は、自分や家族の安全をかくほした後、近所や（① 地いき　）の人々と助け合うこと。災害時に助け合えるよう、日ごろから考えておくことが大切。

ひなん所運えい委員会の取り組み

- **ひなん所運えい委員会**の主な活動は以下の三つである。

1. ひなん所運えい訓練…災害時にスムーズに（② ひなん所　）を開せつ、運えいできるよう、日ごろから訓練をしている。
2. 地いきの人へのじょうほう発信…きけんな場所や、ひなん所に関するじょうほうを（③ 自治会　）を通して伝え、災害にそなえられるようにしている。
3. 食料や生活用品のびちく…市や県から（④ しえん　）が来るまで、地いきでささえ合えるようにしている。

2 自助の取り組み　教科書 84～85ページ

家庭でのそなえ

- **自助**…（⑤ 自分　）や家族の命を守るために、それぞれが防災に取り組むこと。
- まどや雨戸はかぎをかけ、必要におうじてほきょうする。
- 断水にそなえて飲料水や生活用水をかくほしておく。

家でそなえているもの

- ハザードマップや地いき防災マップなどで（⑥ ひなんけいろ　）をかくにんし、家族で（⑦ 連らく　）方法などを話し合っておく。
- 水道や電気が止まったときのために、ひなん用の（⑧ リュック　）を用意しておく。

選んだ言葉に✓　□ひなんけいろ　□連らく　□しえん　□自分　□ひなん所　□リュック　□自治会　□地いき

ぴったり2 練習

41 ページ

ぴたトリビア 大きな災害が起こった場合、ひがいにあった地いきの人たちが安心してじょうほうを得られるよう、公衆無線LANが無料で開放されます。

教科書 82～85ページ　答え 21ページ

1 次の問いに、答えましょう。

(1) 自分や家族の安全をかくほした後、近所や地いきの人々と助け合うことを何といいますか。（　共助　）

(2) ひなん所運えい委員会の取り組みについて、正しいものには○を、まちがっているものには×をつけましょう。

①（ ○ ）ひなん所運えい訓練には、市や地いきの人も参加している。
②（ × ）地いきでは防災びちく倉庫をせっちしていないため、食料や生活用品のびちくはしていない。
③（ ○ ）事前にひなん所の食料配ふ場所や、きょ住スペースを定めている。
④（ × ）災害時は各家庭への配りょがむずかしいため、だれもが同じきょ住スペースを使うように定めている。

2 次の問いに、答えましょう。

(1) 自分や家族の命を守るために、自分や家族で防災に取り組むことを何といいますか。（　自助　）

(2) 家庭でのそなえについて、家の人へインタビューすることをまとめました。次の文の①～⑤にあてはまる言葉を、㋐～㋕から選びましょう。

<家の外のそなえについて>	<家の中のそなえについて>
●まどや雨戸にかぎをかけ、必要におうじてほきょうする。 ●側こうや（① ㋒ ）をそうじして水はけをよくしておく。	●かい中電とう、ラジオ、着がえなどの（② ㋓ ）を用意しておく。 ●断水にそなえて（③ ㋐ ）や生活用水をかくほしておく。
<ひなん場所のかくにん>	**<非常持ち出し品の用意>**
●ひなん場所へのひなんけいろをかくにんしておく。 ●（④ ㋔ ）でひなん場所や連らく方法などを話し合っておく。	●水道や（⑤ ㋑ ）が止まったときのためにひなん用のリュックをじゅんびしておく。

㋐ 飲料水　㋑ 電気　㋒ はい水口
㋓ 非常用品　㋔ 家族　㋕ ハザードマップ

ヒント 1 (2)④ だれもが安心してひなんできるようにするには、どうしたらよいかを考えてみましょう。

できたかな？

□共助とはどのような取り組みか、説明してみよう。
□家庭では風水害にそなえてどのような取り組みをしたらいいか、例をあげてみよう。

おうちのかたへ

この単元では、風水害にそなえた地域と家庭での取り組みについて学びます。お子さんと一緒に非常用品のチェックをするなど、家庭でのそなえは十分にできているか話し合ってみてください。

練習　41 ページ

1 (1)災害が起きたときに助け合えるよう、ふだんから地いきでの助け合いについて考えておくことが大切です。

(2)①いざというときにスムーズにひなん所を開せつ、運えいできるよう、日ごろから訓練をしています。②災害時に市や県からのしえんが来るまでささえ合えるよう、地いきでも防災びちく倉庫をせっちし、食料や生活用品をびちくしています。④ひなん所では、お年よりや赤ちゃんのいる人など、配りょが必要な人のための場所を決め、だれもが安心してひなんできるようにしています。

2 (1)自助は、自然災害が発生した際に、命を守るために最も大切なことです。

(2)㋕のハザードマップは、ひがいが想定される区いきや、ひなん場所などの防災関係しせつの位置などをしめした地図です。ひなん場所へのひなんけいろをかくにんするときは、ハザードマップや地いき防災マップを見るとよいです。

3. 自然災害からくらしを守る
1 風水害からくらしを守る④

めあて
風水害からくらしを守る取り組みや、マイ・タイムラインについて理解しよう。

教科書 86～93ページ　答え 22ページ

次の(　)に入る言葉を、下から選びましょう。

1 ノートにまとめる／マイ・タイムラインでそなえを点けん　教科書 86～89ページ

風水害からくらしを守る取り組み

- 市区町村…地いき防災計画でそなえをまとめ、(① ハザードマップ)などで人々の防災いしきを高めようとしている。
- 都道府県や国…ひがいをへらすために川の(② 工事)をしたり、関係機関が協力できるようにそなえたりしている。
- 地いきの人々…住民どうしが(③ 協力)して災害を乗りこえられるように(④ 訓練)などをしてそなえている。
- わたしたち…ふだんから(⑤ 防災いしき)を高める必要がある。

ワンポイント　マイ・タイムライン

- マイ・タイムライン…住民ひとりひとりの(⑥ 防災行動計画)のこと。

ひなんじょうほうなど		自主ひなんなど	高れい者等ひなん	ひなんしじ
災害じょうほうなど	早期注意	はんらん注意	はんらんけいかい	はんらんきけん
行動計画	●天気予ほうをたしかめる。 ●家の点けん・ほきょうをする。	●きちょう品やびちく品などを、しん水しない場所にうつす。	●ひなん開始 →	●ひなんかんりょう

マイ・タイムラインの例

2 地震からくらしを守る／火山災害からくらしを守る　ひろげる　教科書 90～93ページ

地震への対さく

- 防災マップをつくって配布したり、津波ひなんビルを指定したりしている。
- 家具や住たくを補強するための(⑦ 補助金)を出す。

火山災害への対さく

- 火山防災マップの作成や、山小屋の補強を行い、登山者に(⑧ 登山計画書)をてい出してもらう。
- 県や市町村、消防やけいさつ、国の機関などが協力して取り組んでいる。

選んだ言葉に✓　□防災行動計画　□防災いしき　□補助金　□工事　□ハザードマップ　□登山計画書　□訓練　□協力

42

ぴたトリビア
まちの電柱などに、その土地の海ばつがしめされているところが多くあります。これは日ごろから津波へのけいかいを高めるために書かれています。

学習日　43ページ

教科書 86～93ページ　答え 22ページ

1 次の図を見て、答えましょう。

(1) 図の中の①～④の説明を、㋐～㋓から選びましょう。

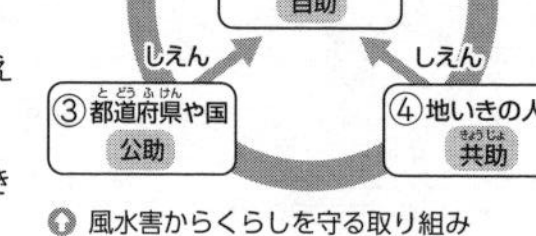

風水害からくらしを守る取り組み

㋐ 地いき防災計画でそなえをまとめ、ハザードマップで人々の防災いしきを高めようとしている。
㋑ 住民どうしが協力して災害を乗りこえられるように訓練をしてそなえている。
㋒ ひとりひとりがふだんから防災いしきを高める必要がある。
㋓ ひがいをへらすために川の工事をしたり、ふだんから関係機関が協力できるようにそなえたりしている。

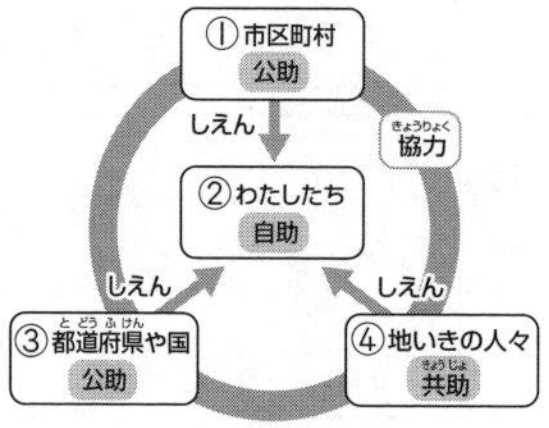

①(㋐)　②(㋒)　③(㋓)　④(㋑)

(2) いざというときにあわてることがないよう、ひなんにそなえた行動をあらかじめ決めた、住民ひとりひとりの防災行動計画を何といいますか。
(マイ・タイムライン)

(3) (2)のつくり方を、正しい順にならべかえましょう。

① ひなん先・ひなんけいろを決める。
② ひなん開始とひなんかんりょうのタイミングを決める。
③ ハザードマップで、自分の家の近くで起こるかのうせいがある災害をかくにんする。
④ 自分や家族がひなんするまでにじゅんびすることや、じゅんびするものを考えて書きこむ。

(③ → ① → ② → ④)

2 地震と火山災害の対さくの説明として、正しいものには○を、まちがっているものには×をつけましょう。

①(○)地震のときにひなんできる高い場所を、津波ひなんビルに指定している。
②(○)地震にそなえて家具や住たくを補強するための補助金を出している。
③(×)火山が県をまたぐ場合も、連けいせず県ごとに対応している。
④(○)ふん石対さくとして、山小屋の補強を行っている。

ヒント 1 (1)「公助」「共助」「自助」という言葉から考えてみましょう。

43

できたかな？
□マイ・タイムラインとはどのようなものか、説明してみよう。

おうちのかたへ
ここでは、実際に災害が起こった場合にどのような行動をとるべきか、また誰がどのように連携して対応するのかを学びます。お子さんと一緒にマイ・タイムラインを作成し、災害時に必要な行動がとれるかを確かめてみましょう。

練習　43ページ

1 (1)市や県、国、地いきの人々は、協力して風水害にそなえており、ひとりひとりの防災いしきを高めたり、そなえを引き出すためのしえんを行ったりしています。
(2)マイ・タイムラインをつくると、風水害が起きたときに必要なそなえや行動がとれるか、たしかめることができます。
(3)④ではさらに、地いきの人のために何ができるかを考えて書きこむとよいでしょう。

2 ②地震によって家具がたおれないように金具で固定したり、住たくがこわれないように改しゅうしたりするための補助金を出しています。これにより、地いきや家庭でも地震にそなえるよう、うながしています。③県ごとの対応ではなく、関係する県や市町村、それぞれの消防やけいさつ、国の機関が協力して、けいかいひなん体せいの整びに取り組んでいます。④山小屋の中には、ヘルメットやかい中電とうなどをそなえています。

3. 自然災害からくらしを守る

1 風水害からくらしを守る

44ページ

／100 ごうかく80点

教科書 82〜93ページ　答え 23ページ

❶ 次の問いに、答えましょう。 1つ5点（30点）

(1) 次の図は、Aさんのマイ・タイムラインです。下の①〜⑤の行動はそれぞれ、図の中のどこに書きこむとよいですか。㋐〜㋓から選びましょう。 技能

けいかいレベル	レベル1	レベル2	レベル3	レベル4
ひなんじょうほうなど		自主ひなんなど	高れい者等ひなん	ひなんしじ
災害じょうほうなど	早期注意	はんらん注意	はんらんけいかい	はんらんきけん
行動計画	㋐	㋑	㋒	㋓

①（ ㋑ ）きちょう品やびちく品などを、しん水しない場所にうつす。
②（ ㋐ ）びちく品のかくにんや、家の点けん・補強をする。
③（ ㋒ ）早めのひなんを開始する。
④（ ㋐ ）天気予ほうをたしかめる。
⑤（ ㋓ ）ひなんをかんりょうする。

記述 (2) できたらスゴイ！ マイ・タイムラインの作成がすすめられている理由をかん単に書きましょう。 思考・判断・表現

（(例) 災害が起きたときに必要なそなえや行動がとれるか、たしかめるため。）

❷ 地震や火山災害への対さくについて説明した次の文中の①〜④に入る言葉を、㋐〜㋗から選びましょう。 1つ5点（20点）

（①）に面している地いきでは、大きな地震が起きると津波が来るおそれがあるため、津波ひなんビルを指定して、地震のときにひなんできる（②）場所をかくほしている。また、家具や住たくを補強するための補助金を出し、各家庭に地震へのそなえをうながしている。
長野県や岐阜県では、御嶽山など指定された山に登る場合、登山者は（③）をてい出するきまりになっている。これは、火山災害が起こったときに、すみやかに（④）活動ができるようにするためである。

㋐ 高い　㋑ 低い　㋒ 登山計画書　㋓ 火山防災マップ
㋔ 山　㋕ 海　㋖ 救助　㋗ 訓練

①（ ㋕ ）　②（ ㋐ ）　③（ ㋒ ）　④（ ㋖ ）

学習日

45ページ

❸ 次の問いに、答えましょう。 1つ5点（30点）

(1) よく出る 災害のときの次の①〜④のような場合にそなえて、じゅんびしておくとよいものを、㋐〜㋓から選んで線で結びましょう。

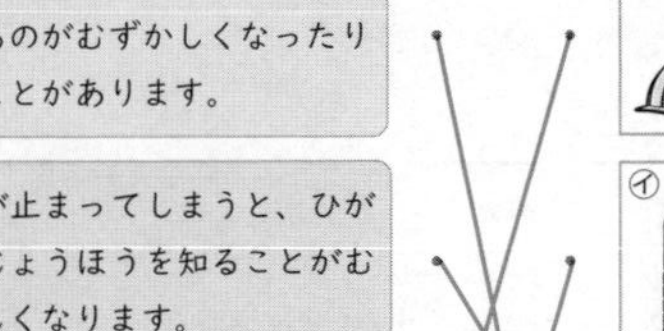
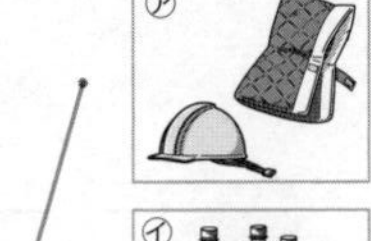

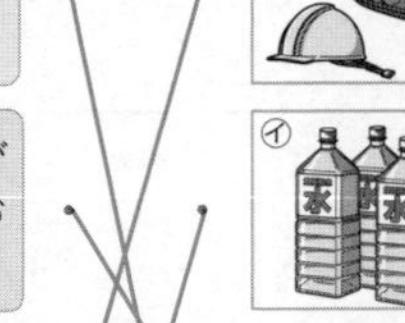

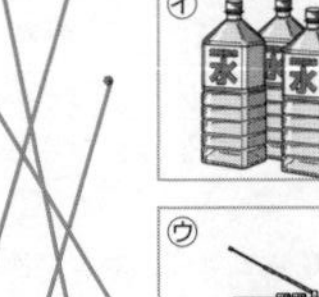
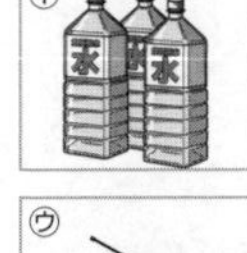
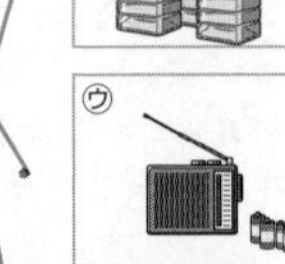

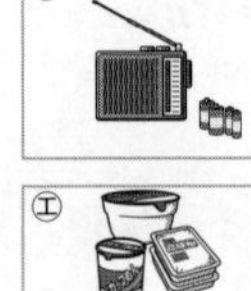

① 調理ができなくなったり、食料をえるのがむずかしくなったりすることがあります。
② 電気が止まってしまうと、ひがいのじょうほうを知ることがむずかしくなります。
③ 外に出てひなん所へ行くとき、ガラスやブロックのはへんが落ちてくることがあります。
④ 水道が止まって、水が使えなくなってしまうことがあります。

㋐　㋑　㋒　㋓

(2) ひなん所での感染症対さくにゆうこうなものはどれですか。次の㋐〜㋔から2つ選びましょう。 （順不同）（ ㋑ ）（ ㋓ ）

㋐ 電池　㋑ 消どくえき　㋒ ヘルメット
㋓ マスク　㋔ かい中電とう

❹ よく出る 風水害からくらしを守るための取り組みについて説明した、次の①〜④の文にあてはまるものを、㋐〜㋒から選びましょう。 1つ5点（20点）

①（ ㋐ ）市は地いき防災計画を作成して、救助や消火、住民のひなん場所などをあらかじめ定めている。
②（ ㋑ ）いざというときにスムーズにひなん所を開せつできるよう、ひなん所運えい訓練をし、地いきの人にも参加してもらう。
③（ ㋐ ）県は近年水害が起こった川などで、川はばを広げたり、ていぼうを整びしたりする工事を計画的に進めている。
④（ ㋒ ）ハザードマップなどを見てひなん場所やひなんけいろをかくにんし、家族で連らく方法などを話し合っておく。

㋐ 公助　㋑ 共助　㋒ 自助

ふりかえり ❶(1)がわからないときは、42ページの❶にもどってかくにんしてみよう。

記述問題のプラスワン

❶ (2)マイ・タイムラインで、ひなんにそなえた行動をあらかじめ決めておけば、いざというときににげおくれることなく命を守ることができます。「災害時にすみやかにひなんできるようにするため」などと書いてもよいです。この問題では「理由」を聞いているので、文の終わりは「〜から」「〜ため」としましょう。

たしかめのテスト　44〜45ページ

❶ (1)まず天気予ほうなどで災害が起こりそうかどうかをかくにんします。また、びちく品のかくにんや家の点けん・補強など、時間がかかることをすませておきます。その後、いつでもひなんできるようにしておき、じゅんびができたら早いうちにひなんします。

❸ (1)②電気が止まると、じょうほうがえられなくなります。けいたいラジオや電池を用意しておきましょう。④水道が止まると、飲み水だけでなく、トイレやおふろなど、あらゆるものが使用できなくなります。
(2)消どくえきやマスクのほかに、体温計などもあるとよいでしょう。

❹ ㋐の公助は、国や都道府県、市区町村により行われる、自然災害からくらしを守るための取り組み、㋑の共助は、自分や家族の安全をかくほした後に、地いきの人々と助け合うこと、㋒の自助は、自分や家族の命を守るために、自分や家族で防災に取り組むことです。

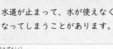

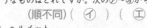

ぴったり1 じゅんび

4. きょう土の伝統・文化と先人たち

1 残したいもの 伝えたいもの①

46ページ

めあて
地いきに残る古いものが、どのように残されてきたのかを理解しよう。

教科書 94〜99ページ　答え 24ページ

次の（　）に入る言葉を、下から選びましょう。

1 古くから残るもの／愛媛県に古くから残るもの　教科書 94〜97ページ

愛媛県の伝統・文化

- 愛媛県を三つに分けると（① 東予 ）では祭り、中予ではみこしやししまい、南予では（② 芸のう ）がさかんである。
- （③ 松山市 ）には、道後温泉本館という130年も前の建物がある。
- （④ 宇和島市 ）では、八ツ鹿おどりという芸のうが受けつがれている。
- 古くから残るものが、どのように受けつがれてきたのかを調べる。

愛媛県に残る古いもの

2 (1)道後温泉本館　教科書 98〜99ページ

古い建物を守る

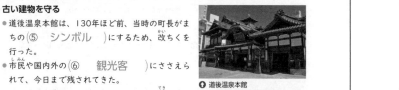

- 道後温泉本館は、130年ほど前、当時の町長がまちの（⑤ シンボル ）にするため、改ちくを行った。
- 市民や国内外の（⑥ 観光客 ）にささえられて、今日まで残されてきた。
- これからも受けついでいくため、れきし的な建物のよさを残しながら、（⑦ 地震 ）に強い建物にするほぞん修理工事を行う。

道後温泉本館

坊っちゃんの間

ワンポイント　文化ざい
- 地いきには、古い建物や美術品、習わしなど人々が大切に伝えてきた文化ざいが残されており、（⑧ 国 ）や県、市などがしっかりとほぞんしていくことを決めたものもある。

選んだ言葉に✓　□シンボル　□観光客　□芸のう　□東予　□宇和島市　□松山市　□地震　□国

46

ぴったり2 練習

47ページ

ぴたトリビア
日本最古の歌集である「万葉集」には、道後温泉が登場する歌もよまれています。

教科書 94〜99ページ　答え 24ページ

1 次の地図を見て、答えましょう。

(1) 次の①〜④は、それぞれどの地いきで行われたり、残されたりしていますか。㋐〜㋓から選びましょう。

①（ ㋓ ）野間神社のつぎじし
②（ ㋒ ）松山城
③（ ㋑ ）太鼓祭り
④（ ㋐ ）明浜町の牛おに

㋐ 西予市　㋑ 新居浜市
㋒ 松山市　㋓ 今治市

愛媛県に残る古いもの

(2) 次の①〜③の地いきに古くから残るものの説明として正しいものを、㋐〜㋒から選んで線で結びましょう。

① 東予 ― ㋑いろいろな祭りがさかんだよ。
② 中予 ― ㋐みこしやししまいが有名だよ。
③ 南予 ― ㋒芸のうが多いのが特ちょうだよ。

2 次の問いに、答えましょう。

(1) 地いきで人々が大切に伝えてきた、古い建物や美術品、習わしなどを何といいますか。（ 文化ざい ）

(2) 道後温泉本館について正しく説明しているものには○を、まちがっているものには×をつけましょう。

①（ × ）30年ほど前に、当時の町長が本館の改ちくに取り組んだ。
②（ × ）ほぞん修理工事により、近代的で地震に強い建物へと生まれ変わる予定である。
③（ ○ ）ほぞん修理工事をおうえんするために、ぼきん箱がせっちされた。

ヒント 2 (2)① 本館の改ちくが行われたのは明治時代です。

47

できたかな？
□文化ざいとはどのようなものか、説明してみよう。

おうちのかたへ
ここでは、愛媛県を例に挙げ、郷土の伝統・文化について学習します。どのような伝統・文化があるのか、それらはどのようにして始まり、これまで受け継がれてきたのかを見ていきます。ご家庭でも、住んでいる地域に伝わる伝統・文化について、お子さんと話してみてください。

練習　47ページ

1 (1)①つぎじしは愛媛県の指定民俗文化ざいで、野間神社以外にも今治市のさまざまな神社で行われています。②松山城は日本でも有数の天守を持つ城で、国の重要文化ざいに指定されています。③新居浜太鼓祭りは、大きな太鼓台で有名な祭りです。④牛をかたどった牛おにをかつぎ上げてねり歩く祭りです。牛おにの山車は、西予市や宇和島市など南予の祭りで多く見られます。

(2)東予、中予、南予は愛媛県を三つに分けた地いきで、それぞれに特ちょうがあります。

2 (1)文化ざいの中には、国や県、市がしっかりとほぞんしていくことを決めたものもあります。

(2)①本館の改ちくに取り組んだのは、130年ほど前です。②ほぞん修理工事は、れきし的な建物のよさを残しながら、地震に強い建物にするために行われます。③ふろ桶のデザインのぼきん箱がせっちされました。

4. きょう土の伝統・文化と先人たち
1 残したいもの 伝えたいもの②

◎めあて 地いきに古くから伝わる芸のうや、昔から続く祭りについて理解しよう。

教科書 100〜103ページ　答え 25ページ

✎次の（　　）に入る言葉を、下から選びましょう。

1 (2)宇和島市のハツ鹿おどり
教科書 100〜101ページ

✪古くから伝わる芸のう

↑宇和島市のハツ鹿おどり

- ハツ鹿おどりは、約380年前に仙台から伝わった**きょう土芸のう**である。
- 1922年にハツ鹿（①　ほぞん会　）がつくられ、今日まで受けつがれてきた。
- おどり手は（②　子ども　）たちで、ほぞん会の人たちが（③　直せつ　）おどりを教える。
- 子どもの数がへっているので、おどり手をどのように集めるのかが課題である。
- 市の無形民俗文化ざいに指定されたことで、国から補助金が出ている。

ワンポイント　きょう土芸のう
- きょう土芸のうとは、地いきの人々が、さまざまな願いをこめて自分たちでえんじ、受けついできた、おどりや歌、えんげきなどのこと。

2 (3)新居浜太鼓祭り
教科書 102〜103ページ

✪昔から続く祭り

↑新居浜太鼓祭り

- 新居浜太鼓祭りは、大きな太鼓台を150人ほどでかつぎ上げてねり歩く**祭り**である。
- 地いきには人々が受けついできた祭りがある。祭りにはさまざまな願いがこめられており、祭りを通して人々の（④　結びつき　）も強くなる。
- 川西地区は（⑤　漁業　）がさかんな漁師まちであったことから、海に感しゃする船御幸を行ってきた。
- 各地区の太鼓台には、その地いきの（⑥　れきし　）や思いに関連したかざりがつけられており、地区の（⑦　団結　）のシンボルとなっている。
- 子ども太鼓台は、しょうらい祭りをになう子どもたちに（⑧　受けつぐ　）ために始まった。

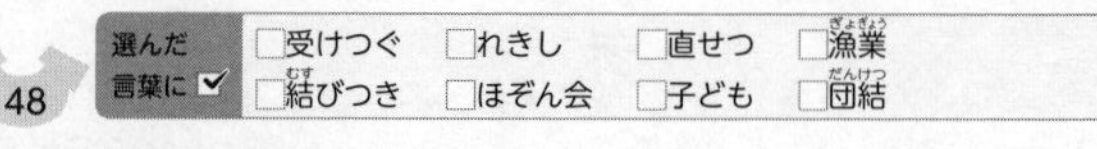
選んだ言葉に✓　□受けつぐ　□れきし　□直せつ　□漁業　□結びつき　□ほぞん会　□子ども　□団結

ぴたトリビア　新居浜太鼓祭りは、徳島県徳島市の阿波おどり、高知県高知市のよさこい祭りとともに、四国三大祭りの一つといわれています。

教科書 100〜103ページ　答え 25ページ

1 次の問いに、答えましょう。

(1) 地いきの人々が、さまざまな願いをこめて自分たちでえんじ、受けついできた、おどりや歌、えんげきなどを何といいますか。（　きょう土芸のう　）

(2) 宇和島市のハツ鹿おどりの説明として、正しいものには○を、まちがっているものには×をつけましょう。

①（ × ）おどり手の中心は大人である。
②（ ○ ）もともとは東北地方のおどりだった。
③（ × ）約100年前に、宇和島に伝わった。
④（ ○ ）このおどりには「よいことがたくさん起こりますように。」という願いがこめられている。
⑤（ ○ ）ハツ鹿ほぞん会の人たちは、おどりを直せつ教えることを大切にしている。

2 次の資料は、Aさんが新居浜太鼓祭りについてまとめたものです。資料の①〜④にあてはまる文を、㋐〜㋓から選びましょう。

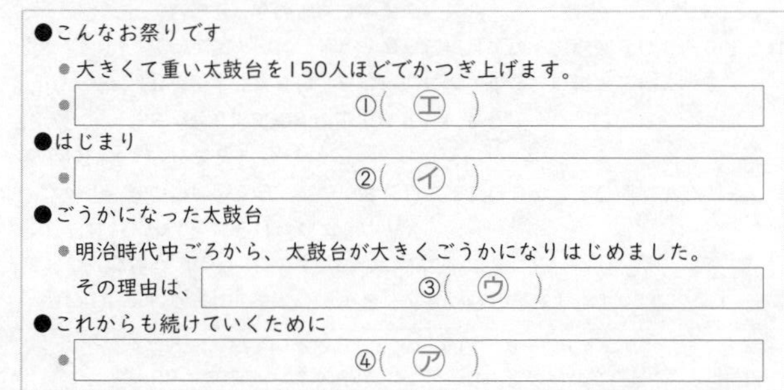

●こんなお祭りです
- 大きくて重い太鼓台を150人ほどでかつぎ上げます。
- ①（ ㋓ ）

●はじまり
- ②（ ㋑ ）

●ごうかになった太鼓台
- 明治時代中ごろから、太鼓台が大きくごうかになりはじめました。その理由は、③（ ㋒ ）

●これからも続けていくために
- ④（ ㋐ ）

㋐ しょうらい祭りをになう子どもたちに受けつぐため、子ども太鼓台の運行が1967年にはじまりました。
㋑ 約千年前に、お祭りの山車の一種としてはじまったと伝えられています。
㋒ 別子銅山でとれる銅により産業がはってんし、ゆたかになったからです。
㋓ 太鼓台には、各地区のれきしや思いに関連したかざりがつけられています。

ヒント 1 (2)③ 宇和島市のハツ鹿おどりは、約380年前に伝わりました。

できたかな?
□きょう土芸のうとはどのようなものか、説明してみよう。

おうちのかたへ
お子さんが住んでいる地域について学習するときも、資料となる年表や地図を調べたり、博物館に行ったりします。これらの内容は高学年の学習内容に結びつきますので、問題に取り組みながら、調べ方を身につけるようにしましょう。

練習　49ページ

1 (1)地いきのれきしや風土を反えいしたさまざまなきょう土芸のうが残されており、地いきの無形民俗文化ざいに指定されているものも多いです。(2)①おどることができるのは、小学校4年生から6年生の少年8人と決まっています。②③ハツ鹿おどりは、今から約380年前に仙台からきたおとの様が伝えたといわれています。⑤ハツ鹿ほぞん会では、毎年10月から1か月近くかけて子どもたちに直せつおどりを教えています。

2 ①どのようなお祭りであるかという説明が入るので、太鼓台について説明している㋓が入ります。②いつごろ、どのようにして始まったのかという説明が入るので㋑となります。③太鼓台が大きくごうかになった理由が入るので、産業がはってんし、ゆたかになったと書かれている㋒が入ります。④祭りを受けついでいくために行われていることが入るので、子ども太鼓台について説明している㋐となります。

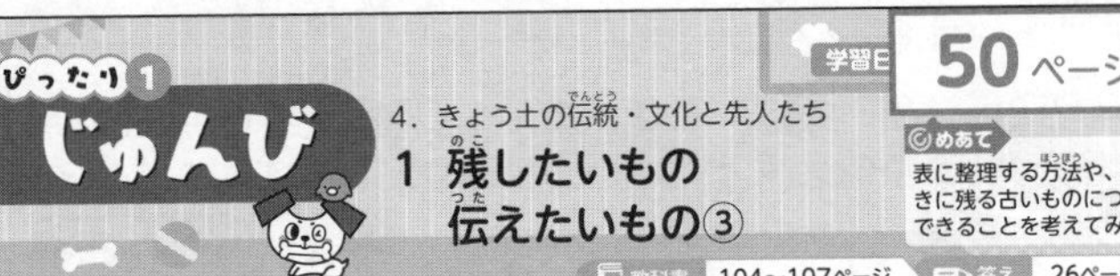

4. きょう土の伝統・文化と先人たち
1 残したいもの 伝えたいもの③

学習日

50ページ

めあて 表に整理する方法や、地いきに残る古いものについて、できることを考えてみよう。

教科書 104～107ページ　答え 26ページ

次の(　)に入る言葉を、下から選びましょう。

1 受けつがれてきた古いもの　教科書 104～105ページ

まとめ表の作成

- それぞれが調べた、文化ざいやきょう土芸のう、祭りについてクラスで伝え合い、一つの(① 表)に整理する。
- 整理した表をもとに、自分の(② 考え)をまとめる。

ワンポイント まとめ表のつくり方
- 共通点やちがいを一つの表に整理する。
1. くらべる(③ こうもく)を表に書く。
2. 調べたことについて、それぞれくらべるこうもくごとに表に書き入れる。
3. 調べたことの共通点やちがいを読み取る。

表に整理すると、共通点やちがいがわかりやすくなるね。

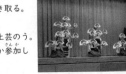

2 身近な地いきを見直そう　教科書 106～107ページ

自分たちにできること

- 地いきに残る古いものについて、自分たちにできることを考えるため、伊予万歳ほぞん会の人にインタビューする。
- (④ ポイント)をおさえてインタビューをする。
- (⑤ 課題)になっていることや、やりがい、新しい人に伝えるくふうなどを聞き取る。

受けつがれる伊予万歳

- 伊予万歳は350年以上前から続くきょう土芸のう。
- 最近は(⑥ わかい)人がなかなか参加してくれないのが課題。
- 小学校のクラブ活動でも教えている。

伊予万歳の様子

多くの子どもが参加するためのくふう

- 実際に(⑦ 体験)してみて、楽しいところややりがいを伝える。
- (⑧ ポスター)をつくって、学校や地いきでせんでんする。

選んだ言葉に✓　□こうもく　□わかい　□考え　□体験　□ポイント　□ポスター　□課題　□表

ぴったり2
練習

学習日

51ページ

ぴたトリビア 文化ざいのうち、建物や絵など、形のあるものを有形文化ざい、えんげきや音楽など、形のない古くから伝わるぎじゅつを無形文化ざいといいます。

教科書 104～107ページ　答え 26ページ

1 愛媛県に古くから残るものについてまとめた次の表を見て、答えましょう。

くらべること	道後温泉本館	ハツ鹿おどり	新居浜太鼓祭り
はじまり	約130年前	約380年前	約千年前
①(イ)	初代町長が町のシンボルにするため本館を改ちく。国の重要文化ざいに指定された。	仙台から来たおとの様が伝えた。宇和島市の無形民俗文化ざいに指定された。	近くの銅山で銅がとれるようになり、産業のはってんに合わせて祭りがさかんになった。
②(ウ)	市民だけでなく観光客や国もささえてきた。	ほぞん会の人が、地いきの小学生に直せつおどりを教えてきた。	地いきの人々が地いきのシンボルとして太鼓台を受けついできた。
③(ア)	これからもきちょうな文化ざいを受けつぐため協力して守っていきたい。	地いきの人々の幸せを願って、一年一年つないでいきたい。	地いきの団結を願い、無事故で明るい平和の祭典にしたい。

(1) 表の①～③にあてはまるこうもくを、㋐～㋒から選びましょう。
㋐ 人々の願い　㋑ はじまりやこれまでのできごと
㋒ だれがどのように受けついできたか

(2) 次の①～③の説明のうち、表の内容として正しいものには○を、まちがっているものは×をつけましょう。
①(×)3つとも、300年以上のれきしがある。
②(×)新居浜太鼓祭りは、市の無形民俗文化ざいに指定されている。
③(○)道後温泉本館は、地いきの市民だけでなく、観光客にもささえられているという特ちょうがある。

2 伊予万歳の説明として、正しいものを3つ選びましょう。
㋐ もともと万歳は、お盆に家をほうもんして、その家が栄えるように歌ったりおどったりするきょう土芸のうである。
㋑ 伊予万歳は、みこしをかついでねり歩くお祭りである。
㋒ 最近は、わかい人の参加が少ないことが課題である。　(順不同)
㋓ 小学校のクラブ活動で教えるなど、新しい人に伝えるくふうをしている。
㋔ 多くの子どもに参加してもらうには、実際に体験して感じた楽しさや、やりがいを伝えていくことが大切である。　(㋒)(㋓)(㋔)

ヒント 1 (1) 何について説明した文なのか、共通点を考えてみましょう。

練習　51ページ

1 (1)①は、どのようにはじまったのかや、これまでのできごとが書かれているので㋑、②は、受けついだり残したりするために、どのようなことが行われてきたのかが書かれているので㋒、③は「～したい」という願いが書かれているので㋐となります。
(2)①道後温泉本館のはじまりは約130年前なので×です。ハツ鹿おどりと新居浜太鼓祭りは300年以上のれきしがあります。②市の無形民俗文化ざいに指定されているのは、ハツ鹿おどりです。

2 ㋐お盆ではなく正月です。㋑伊予万歳は、350年以上前から続いてきた、歌ったりおどったりするきょう土芸のうです。㋒㋓㋔これからも受けついでいくためには、わかい人の参加が必要です。小学校のクラブ活動で教えたり、体験してもらったりするなど、子どもたちの参加をふやす取り組みが行われています。

できたかな?
□地いきに古くから残るものを受けつぐために、自分たちにできることの例をあげてみよう。

おうちのかたへ
この単元では、調べたことを一つの表に整理して、共通点や違いを読み取ることを学びます。読み取った内容から、学習問題について、自分の考えをまとめていきます。

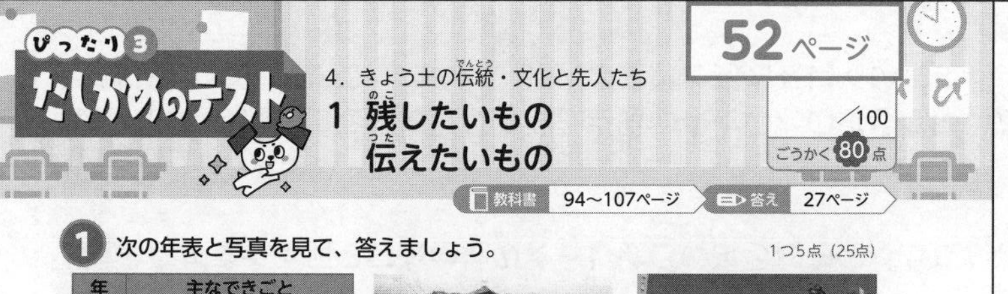

ぴったり3 たしかめのテスト

4. きょう土の伝統・文化と先人たち

1 残したいもの 伝えたいもの

教科書 94〜107ページ　答え 27ページ

52ページ

/100　ごうかく80点

1 次の年表と写真を見て、答えましょう。 1つ5点（25点）

年	主なできごと
1894	本館が改ちくされる。
1935	建物の改ぞうを行う。
1994	国の重要文化ざいに指定。
2019	ほぞん修理工事を開始。

道後温泉本館に関する年表

昭和の道後温泉本館

平成の道後温泉本館

(1) 年表から読み取れることには○を、読み取れないことには×をつけましょう。

①（ × ）1894年以降、工事は行われていない。

②（ ○ ）本館を改ちくしたのは、130年ほど前である。

③（ × ）道後温泉本館は、無形民俗文化ざいに指定されている。

(2) 上の2つの写真から読み取れることを、㋐、㋑から選びましょう。 技能

㋐ 昔から建物の様子は大きく変わっていない。

㋑ 昔と今では建物の様子が大きく変わっている。　（ ㋐ ）

記述 (3) てきたらスゴイ! 建物が(2)のじょうたいで残されてきたのには、どのような理由が考えられますか。かん単に書きましょう。 思考・判断・表現

（(例) まちのシンボルである道後温泉本館の、れきし的な建物としてのよさを残すため。）

2 次の問いに、答えましょう。 1つ5点（25点）

(1) 古くから残るものについてまとめた次の文から、正しい言葉を選び、◯で囲みましょう。

古くから残るものはどれも長い間㋐｛ そまつ ・ （大切） ｝にされ、受けついできた人々の㋑｛ （思い） ・ 悲しみ ｝や願いがこめられている。これからも受けついでいくために、㋒｛ （わかい人） ・ お年寄り ｝の参加を㋓｛ （ふやす） ・ へらす ｝取り組みが必要である。

記述 (2) よく出る 地いきに古くから残るものを受けついでいくために、自分たちにできることを考え、かん単に書きましょう。 思考・判断・表現

（(例) 実際に祭りなどに参加し、自分が楽しいと感じたところをまわりの人たちに伝える。）

52

学習日

53ページ

3 次の問いに、答えましょう。 1つ5点（25点）

(1) よく出る 次の①〜③は何について説明したものですか。あてはまる言葉を、㋐〜㋒から選びましょう。

①（ ㋑ ）地いきの人々が、自分たちでえんじ、受けついできた、おどりや歌、えんげきなどのことだよ。

②（ ㋒ ）地いきの人々が願いをこめて受けついできたもので、人々の結びつきを強くしてきたよ。

③（ ㋐ ）地いきの人々が大切に伝えてきたもので、国や県、市がほぞんしていくことを決めたものもあるよ。

㋐ 文化ざい　㋑ きょう土芸のう　㋒ 祭り

(2) きょう土芸のうにあてはまるものを、㋐〜㋓から2つ選びましょう。

㋐ 道後温泉本館　㋑ ハツ鹿おどり　㋒ 新居浜太鼓祭り

㋓ 伊予万歳　（順不同）（ ㋑ ）（ ㋓ ）

4 次の①〜⑤の文は、下のどの写真から読み取ったものですか。㋐〜㋓から選びましょう。 1つ5点（25点）

①（ ㋒ ）ハツ鹿おどりは、むねの小太鼓を打ちながらおどる。

②（ ㋒ ）ハツ鹿おどりのおどり手は、子どもである。

③（ ㋐ ）新居浜太鼓祭りを見るために、おおぜいの人がおとずれる。

④（ ㋑ ）ハツ鹿おどりは鹿の面を頭につけておどる。

⑤（ ㋓ ）新居浜太鼓祭りでは、子どもがかつぐ太鼓台がある。

㋐

㋑

㋒

㋓

ふりかえり　1(3)がわからないときは、46ページの2にもどってかくにんしてみよう。

53

たしかめのテスト　52〜53ページ

1 (1)①年表から、1935年に建物を改ぞうし、2019年にほぞん修理工事が開始されていることがわかるので、1894年以降も工事は行われています。③道後温泉本館は、無形民俗文化ざいではなく、国の重要文化ざいに指定されています。
(2)2つの写真を見くらべてみると、建物の様子が大きく変わっていないことがわかります。

2 (2)「ポスターをつくって、学校や地いきでせんでんする」といった内容でもよいです。

3 (2)㋐は文化ざい、㋒は祭りです。

4 ㋐は新居浜太鼓祭りの写真で、おおぜいの人が見にきている様子がわかります。㋑はハツ鹿おどりの写真です。頭に鹿の面をつけていることがわかります。㋒はハツ鹿おどりの練習風景です。練習しているのが子どもで、むねに小太鼓をつけている様子がわかります。㋓は新居浜太鼓祭りの子ども太鼓台の写真です。太鼓台をかついでいるのが子どもであることがわかります。

記述問題のプラスワン

1 (3)道後温泉本館は、長い間まちのシンボルとして市民や観光客に親しまれ、大切に残されてきました。建物の様子が変わってしまうと、れきし的な建物としてのよさがうしなわれてしまい、まちのシンボルとしての意味合いもうすれてしまうおそれがあります。この問題では「理由」を聞いているので、文の終わりは「〜から」「〜ため」としましょう。

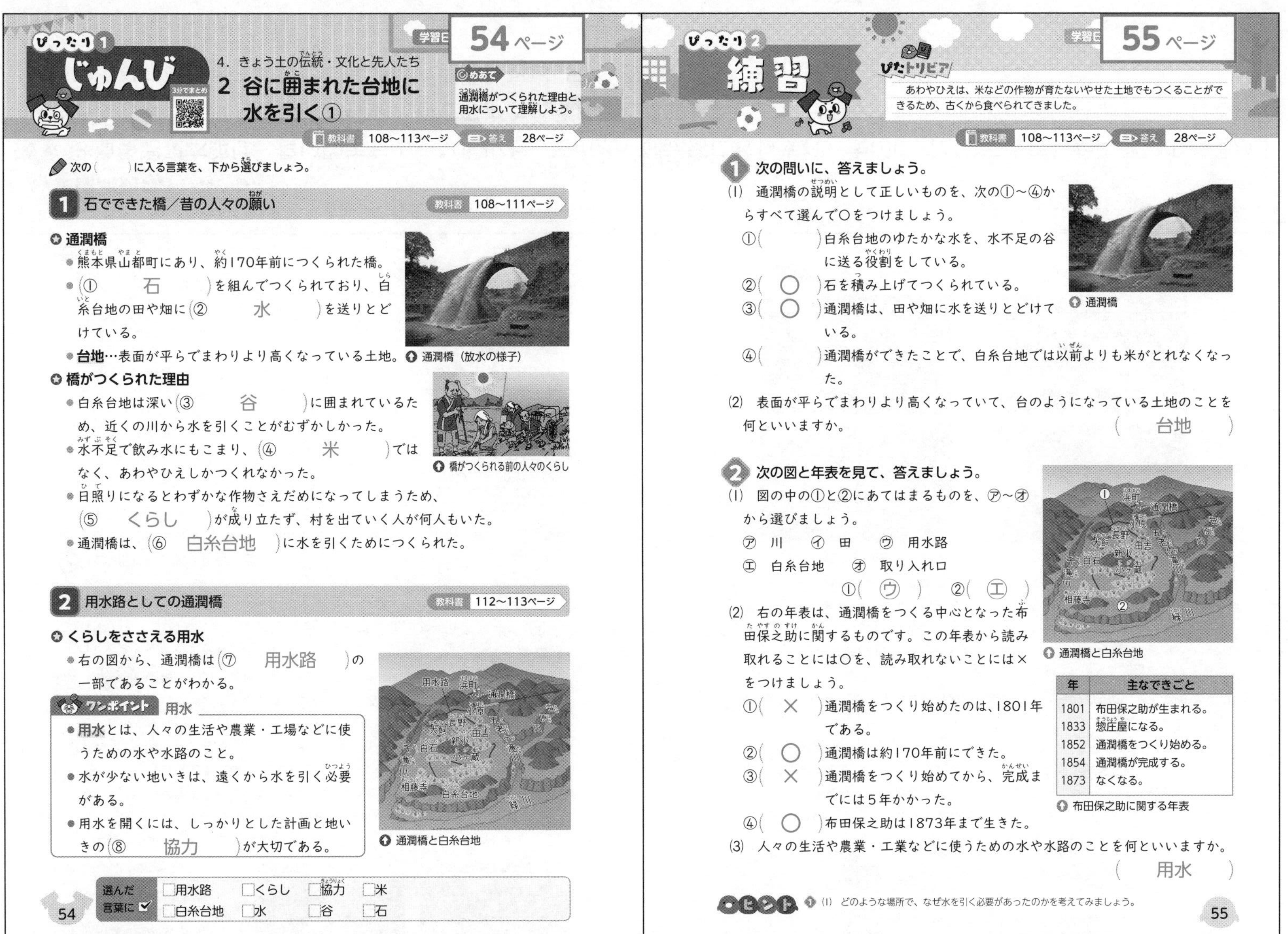

ぴったり1 じゅんび

4. きょう土の伝統・文化と先人たち

2 谷に囲まれた台地に水を引く①

54ページ

めあて 通潤橋がつくられた理由と、用水について理解しよう。

教科書 108〜113ページ　答え 28ページ

次の(　　)に入る言葉を、下から選びましょう。

1 石でできた橋／昔の人々の願い　教科書 108〜111ページ

通潤橋

- 熊本県山都町にあり、約170年前につくられた橋。
- (①　石　)を組んでつくられており、白糸台地の田や畑に(②　水　)を送りとどけている。
- **台地**…表面が平らでまわりより高くなっている土地。

通潤橋（放水の様子）

橋がつくられた理由

- 白糸台地は深い(③　谷　)に囲まれているため、近くの川から水を引くことがむずかしかった。
- 水不足で飲み水にもこまり、(④　米　)ではなく、あわやひえしかつくれなかった。
- 日照りになるとわずかな作物さえだめになってしまうため、(⑤　くらし　)が成り立たず、村を出ていく人が何人もいた。
- 通潤橋は、(⑥　白糸台地　)に水を引くためにつくられた。

橋がつくられる前の人々のくらし

2 用水路としての通潤橋　教科書 112〜113ページ

くらしをささえる用水

- 右の図から、通潤橋は(⑦　用水路　)の一部であることがわかる。

ワンポイント 用水

- **用水**とは、人々の生活や農業・工場などに使うための水や水路のこと。
- 水が少ない地いきは、遠くから水を引く必要がある。
- 用水を開くには、しっかりとした計画と地いきの(⑧　協力　)が大切である。

通潤橋と白糸台地

選んだ言葉に✓　□用水路　□くらし　□協力　□米　□白糸台地　□水　□谷　□石

54

ぴったり2 練習

55ページ

ぴたトリビア あわやひえは、米などの作物が育たないやせた土地でもつくることができるため、古くから食べられてきました。

教科書 108〜113ページ　答え 28ページ

1 次の問いに、答えましょう。

(1) 通潤橋の説明として正しいものを、次の①〜④からすべて選んで○をつけましょう。

①(　　)白糸台地のゆたかな水を、水不足の谷に送る役割をしている。

②(　○　)石を積み上げてつくられている。

③(　○　)通潤橋は、田や畑に水を送りとどけている。

④(　　)通潤橋ができたことで、白糸台地では以前よりも米がとれなくなった。

通潤橋

(2) 表面が平らでまわりより高くなっていて、台のようになっている土地のことを何といいますか。　(　台地　)

2 次の図と年表を見て、答えましょう。

(1) 図の中の①と②にあてはまるものを、㋐〜㋔から選びましょう。

㋐ 川　㋑ 田　㋒ 用水路　㋓ 白糸台地　㋔ 取り入れ口

①(　㋒　)　②(　㋓　)

通潤橋と白糸台地

(2) 右の年表は、通潤橋をつくる中心となった布田保之助に関するものです。この年表から読み取れることには○を、読み取れないことには×をつけましょう。

①(　×　)通潤橋をつくり始めたのは、1801年である。

②(　○　)通潤橋は約170年前にできた。

③(　×　)通潤橋をつくり始めてから、完成までには5年かかった。

④(　○　)布田保之助は1873年まで生きた。

年	主なできごと
1801	布田保之助が生まれる。
1833	惣庄屋になる。
1852	通潤橋をつくり始める。
1854	通潤橋が完成する。
1873	なくなる。

布田保之助に関する年表

(3) 人々の生活や農業・工業などに使うための水や水路のことを何といいますか。　(　用水　)

ヒント 1 (1) どのような場所で、なぜ水を引く必要があったのかを考えてみましょう。

55

できたかな?

□通潤橋ができる前の白糸台地のくらしはどのようなものだったか、説明してみよう。

おうちのかたへ

熊本県にある通潤橋を例に取り上げ、当時の人々のどのような願いから通潤橋がつくられたのかを学びます。また、どのような困難とそれに対する工夫があったのか、先人の知恵と努力を見ていきます。

練習　55ページ

1 (1)①通潤橋は、水の少ない白糸台地に水を引くためにつくられました。④通潤橋ができる前は、白糸台地では米をつくることができず、主にあわやひえなどのざっこくや、いもをつくっていました。通潤橋ができて白糸台地に水が行きわたるようになり、米もとれるようになりました。

2 (1)①用水路は、人々の生活や農業・工場などに使うための水路のことで、通潤橋も用水路の一部です。②図を見ると、白糸台地が深い谷に囲まれている様子がわかります。このため、すぐ近くに川が流れていても、水を引いてくるのがむずかしかったのです。

(2)①1801年は布田保之助が生まれた年です。通潤橋をつくり始めたのは1852年です。②通潤橋ができたのが1854年なので、約170年前になります。③通潤橋をつくり始めたのが1852年で、完成したのが1854年なので、5年ではなく2年です。

(3)用水は、水が少ない地いきでは、遠くから水を引いてくる必要があります。

ぴったり1 じゅんび

4. きょう土の伝統・文化と先人たち
2 谷に囲まれた台地に水を引く②

めあて　等高線の読み取り方や、水を送るためのさまざまなくふうについて理解しよう。

56ページ　教科書 114～117ページ　答え 29ページ

次の(　)に入る言葉を、下から選びましょう。

1 水を送るくふう／石の管をつなげて水を送るくふう　教科書 114～117ページ

土地の高さ

- **等高線**…地図上で同じ高さのところを結んだ線。土地の(① 高さ)を地図に表すために考えられた。

ワンポイント　等高線の読み取り方

- 等高線と等高線の間かくがせまいと土地のかたむきが(② 急)で、間かくが(③ 広い)とかたむきがゆるやかになる。

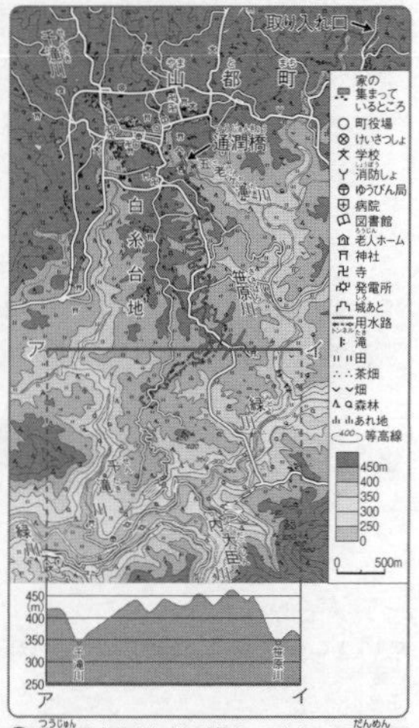

白糸台地に水を送る方法

- 布田保之助は、水が(④ 落ちる)力を利用し、橋の中に水を通す管をつくって、橋より高い白糸台地側に水をふき上げようとした。
- 木の管は水のいきおいでこわれてしまうため(⑤ 石)の管を使ったが、管をつなぐ(⑥ すきま)から水がもれるという問題があった。

通潤用水とまわりの地図、アからイの断面図

さまざまなくふう

- 石の管のすきまから水がもれないよう、赤土や砂などをまぜた特別な(⑦ しっくい)をつくった。
- **しっくい**…かべをぬったり、石やれんがなどをつなぎ合わせたりするときに使われる。石かいが主な成分。
- 何度も実験を重ね、(⑧ 水圧)にたえられる通水管をつくることができた。
- 石の重さや水のいきおいにたえられるように、じょうぶな(⑨ アーチ)型の橋にした。

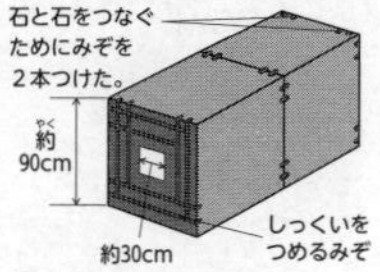

石と石をつなぐためにみぞを2本つけた。　約90cm　約30cm　しっくいをつめるみぞ

石の管

選んだ言葉に✓	□しっくい	□落ちる	□広い	□水圧	□急
	□すきま	□アーチ	□高さ	□石	

ぴったり2 練習

57ページ　教科書 114～117ページ　答え 29ページ

ぴたトリビア　地図には、等高線といっしょに地図記号がのっているものもあります。どの高さにどのようなものがあるのかを知ることができます。

1 次の問いに、答えましょう。

(1) 右の図を見て、通潤橋の水の流れるしくみについて説明した次の文中の、①と②に入る言葉をそれぞれ選んで◯で囲みましょう。

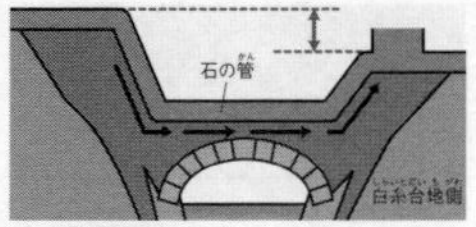

通潤橋の水の流れ

左側と右側で①{ かたさ ・ (高さ) }がちがうように橋をつくり、水が②{ ふえる ・ (ふき上がる) }原理を使って水を送る。

(2) 右の地図中の凡例にある①の線を何といいますか。(等高線)

(3) 通潤橋をつくる上で、白糸台地にはどのような問題点がありましたか。正しく説明しているものを、右の地図と断面図を参考にして、1つ選び○をつけましょう。

①(　)家がたくさん集まっている。
②(○)台地のまわりが、深い谷に囲まれている。
③(　)土地が平地となっている。

(4) 右の断面図は、どこを切り取ったものですか。地図中のあ～うから選びましょう。(い)

(5) 白糸台地で、土地の高さが最も高いところはどれくらいの高さですか。[　]から選びましょう。(450m以上)

約300m　約400m　450m以上

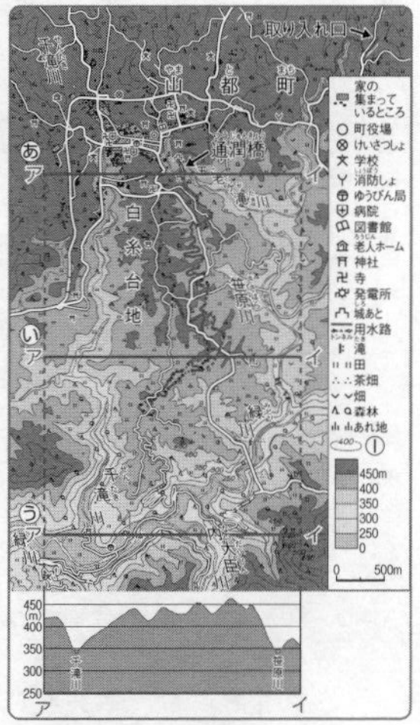

通潤用水とまわりの地図

(6) 通潤橋に見られるくふうとして、正しいものには○を、まちがっているものには×をつけましょう。

①(×)木の管をつなぐ特別なしっくいをつくり、水もれをふせいだ。
②(○)水のいきおいでくずれないよう、じょうぶなアーチ型にした。
③(×)すきまから水がもれないよう、赤土と砂をつめた。

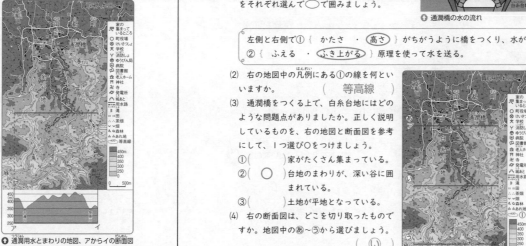

ヒント　1 (5) 地図に書かれた、同じ高さのところを結んだ線を読み取ってみましょう。

できたかな？
□等高線の間かくがせまいと、土地のかたむきはどのようになっているか言ってみよう。

おうちのかたへ
この単元では、等高線を読み取って、土地の高さと傾きを考えます。等高線に書かれた数字から土地の高さを読み取り、間隔から土地の傾きを読み取る方法を学びます。

練習　57ページ

1 (1)通潤橋では、両はしの高さを変えると片側から水がふき上がるしくみを使って水を通しています。
(2)等高線は、土地の高さを地図に表すために考えられたものです。同じ高さのところを線で結び、それを上からながめたものが地図の上での等高線です。
(3)①地図を見ると、白糸台地に家が集まっているところは、ほとんどありません。②断面図を見ると、白糸台地のまわりが深い谷になっていることがわかります。③平地ではなく台地になっています。
(4)土地の高さや、川のある位置などに注目しましょう。
(5)凡例の土地の高さごとの色分けをかくにんします。白糸台地の中央部の色を見ると、450m以上であることがわかります。
(6)①木の管は水のいきおいでこわれてしまうため、石の管が使われました。③特別なしっくいを使って、石の管をつなぎました。このしっくいには、赤土や砂、塩や松の葉をにつめたしるなどが入っていました。

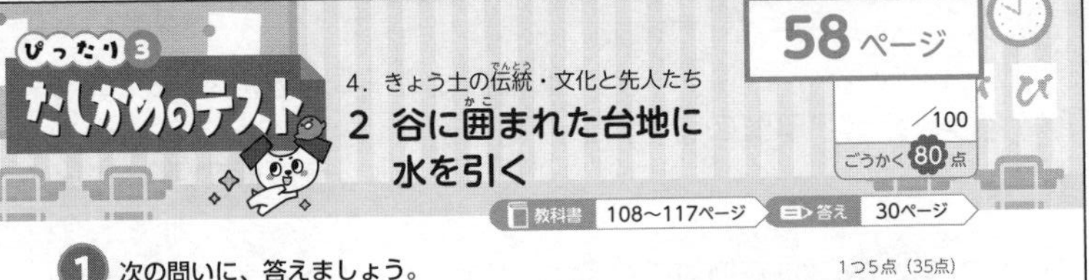

2 谷に囲まれた台地に水を引く

58ページ　／100　ごうかく80点

教科書 108~117ページ　答え 30ページ

1 次の問いに、答えましょう。　1つ5点（35点）

(1) 通潤橋について説明した次の文中の①~③にあてはまる言葉を、右の図も参考にしながら、[ ]から選びましょう。

（①）から取り入れられた水は通潤橋を通り、（②）まで運ばれます。通潤橋は（③）の一部です。

布田　笹原川　白糸台地
緑川　用水路

①（ 笹原川 ）②（ 白糸台地 ）③（ 用水路 ）

(2) 通潤橋ができる前の村の人々のくらしについて、正しいものには○を、まちがっているものには×をつけましょう。

①（ × ）主に、米をつくっていた。
②（ ○ ）日照りになると、わずかにつくっていた作物もだめになっていた。
③（ ○ ）くらしが成り立たず、村を出て行く人もいた。
④（ × ）飲み水はじゅうぶんにあり、こまることはなかった。

2 通潤橋をつくるときのくふうについて、正しいものには○を、まちがっているものには×をつけましょう。　1つ5点（25点）

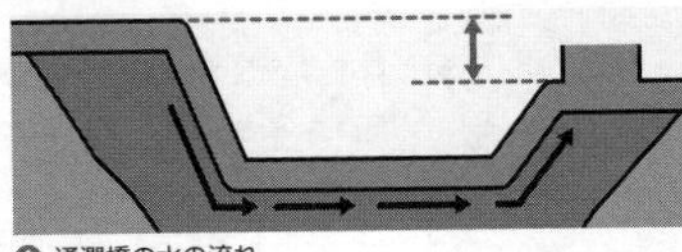

通潤橋の水の流れ

①（ × ）橋が重くなりすぎないように、水を通す管には木が使われている。
②（ ○ ）水の落ちる力を利用して、橋よりも高いところに水をふき上げている。
③（ ○ ）たくさんの石工や村人たちも協力して橋をつくった。
④（ × ）白糸台地よりも高いところから水を運んでいる。
⑤（ ○ ）水のいきおいや石の重みにたえられるように何度も実験を重ねてつくった。

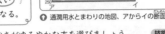

58

学習日　59ページ

3 次の地図を見て、答えましょう。　1つ5点（30点）

(1) よく出る 右の地図の①の土地の高さを、㋐~㋓から選びましょう。　技能

㋐ 300m　㋑ 350m　㋒ 400m
㋓ 450m　（ ㋒ ）

(2) よく出る 等高線について説明した次の文から正しい言葉を選び、それぞれ◯で囲みましょう。

等高線は、土地の㋐｛ 使われ方 ・ **高さ** ｝を表すために考えられたもので、同じ高さのところを線で結んでいる。
地図から土地のかたむきを読み取るには、等高線の間かくに注目する。等高線と等高線の間かくが㋑｛ **せまい** ・ 広い ｝と土地のかたむきが急で、間かくが㋒｛ せまい ・ **広い** ｝と土地のかたむきがゆるやかになる。

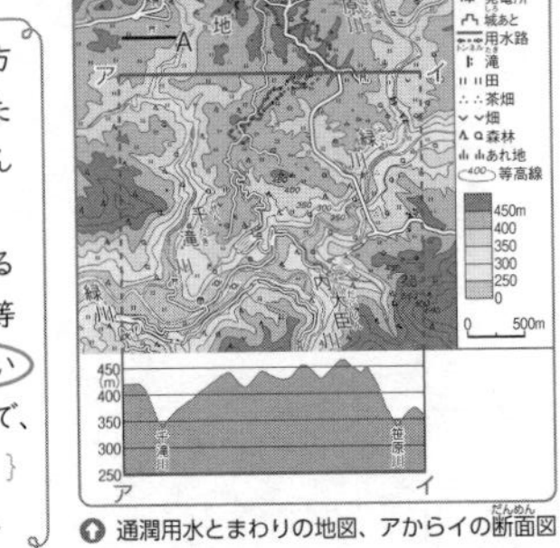

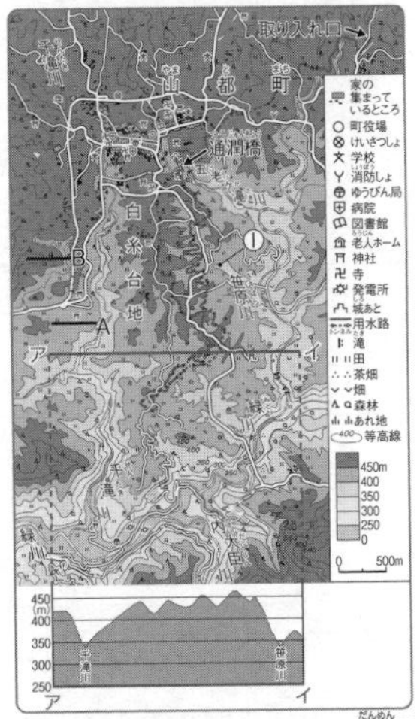

通潤用水とまわりの地図、アからイの断面図

(3) 地図のA、Bから、土地のかたむきがゆるやかな方を選びましょう。　技能　（ A ）

記述 (4) てきたらスゴイ！ 白糸台地に水を送るには、地形的な問題がありました。地図を参考にして、その問題をかん単に書きましょう。　思考・判断・表現

（（例）白糸台地のまわりが、深い谷に囲まれている。）

4 次の問いに、答えましょう。　1つ5点（10点）

記述 (1) 通潤橋をアーチ型にしたのはなぜですか。理由をかん単に書きましょう。　思考・判断・表現

（（例）アーチ型はじょうぶなため、石の重みや水のいきおいにもたえられるから。）

(2) 作図 アーチ型はどのような形ですか。右の図にかき入れましょう。　技能

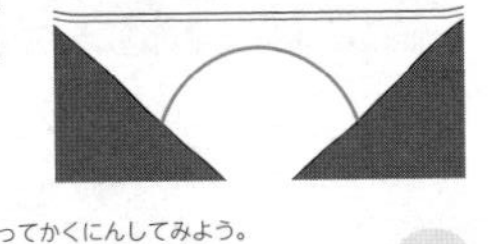

ふりかえり　3(2)がわからないときは、56ページの1にもどってかくにんしてみよう。

59

たしかめのテスト　58~59ページ

1 (1)通潤橋は、笹原川の水を白糸台地に運ぶ用水路の一部です。
(2)①主に、あわやひえなどのざっこく、いもがつくられていました。
④飲み水もじゅうぶんではなく、深い谷底の川まで水をくみに行っていました。

2 ①管には石が使われています。④低いところから高いところに水を運んでいるのが、通潤橋の特ちょうです。

3 (1)①の等高線を緑川の方までたどっていくと、400という数字がかくにんできます。また、凡例にある、土地の高さごとの色分けとも見くらべてみましょう。
(3)Aの方が、等高線の間かくが広くなっています。
(4)等高線から、白糸台地のまわりの土地が低いことがわかります。また、断面図からも川が流れる深い谷に囲まれている様子がわかります。

4 (2)半円をえがくようにかいてあればよいです。

記述問題のプラスワン

4 (1)通潤橋は、石の管が3本通っており高さもあるため、とても重くなっています。また、水のいきおいも強いため、橋のあしもとは特に強くする必要がありました。そのため、最もじょうぶな形としてアーチ型が取り入れられたのです。この問題では「理由」が聞かれているので、文の終わりは「~から」「~ため」としましょう。

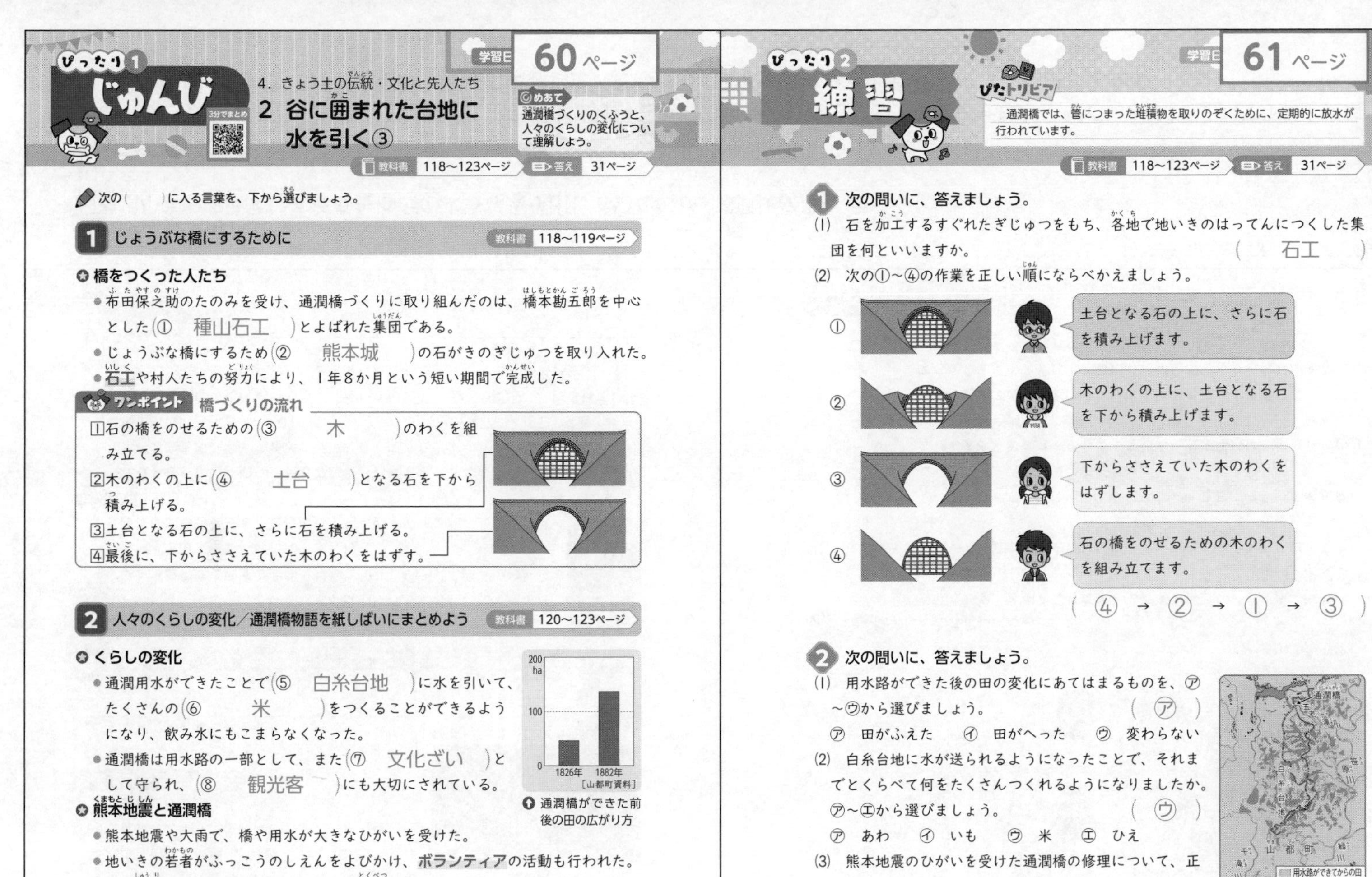

ぴったり1 じゅんび

4. きょう土の伝統・文化と先人たち
2 谷に囲まれた台地に水を引く③

学習日　60ページ

めあて 通潤橋づくりのくふうと、人々のくらしの変化について理解しよう。

教科書 118～123ページ　答え 31ページ

次の(　)に入る言葉を、下から選びましょう。

1 じょうぶな橋にするために
教科書 118～119ページ

橋をつくった人たち
- 布田保之助のたのみを受け、通潤橋づくりに取り組んだのは、橋本勘五郎を中心とした(① 種山石工)とよばれた集団である。
- じょうぶな橋にするため(② 熊本城)の石がきのぎじゅつを取り入れた。
- 石工や村人たちの努力により、1年8か月という短い期間で完成した。

ワンポイント 橋づくりの流れ
1. 石の橋をのせるための(③ 木)のわくを組み立てる。
2. 木のわくの上に(④ 土台)となる石を下から積み上げる。
3. 土台となる石の上に、さらに石を積み上げる。
4. 最後に、下からささえていた木のわくをはずす。

2 人々のくらしの変化／通潤橋物語を紙しばいにまとめよう
教科書 120～123ページ

くらしの変化
- 通潤用水ができたことで(⑤ 白糸台地)に水を引いて、たくさんの(⑥ 米)をつくることができるようになり、飲み水にもこまらなくなった。
- 通潤橋は用水路の一部として、また(⑦ 文化ざい)として守られ、(⑧ 観光客)にも大切にされている。

200 ha / 100 / 0 / 1826年 / 1882年 [山都町資料]
通潤橋ができた前後の田の広がり方

熊本地震と通潤橋
- 熊本地震や大雨で、橋や用水が大きなひがいを受けた。
- 地いきの若者がふっこうのしえんをよびかけ、**ボランティア**の活動も行われた。
- 橋の修理には、布田保之助らが考えた特別なしっくいが使われた。

世界かんがいしせつ遺産
- 通潤用水のように価値の高い用水は「世界かんがいしせつ遺産」に登録されている。

選んだ言葉に✓　□白糸台地　□種山石工　□観光客　□土台　□木　□文化ざい　□熊本城　□米

60

ぴったり2 練習

学習日　61ページ

ぴたトリビア 通潤橋では、管につまった堆積物を取りのぞくために、定期的に放水が行われています。

教科書 118～123ページ　答え 31ページ

1 次の問いに、答えましょう。

(1) 石を加工するすぐれたぎじゅつをもち、各地で地いきのはってんにつくした集団を何といいますか。　(石工)

(2) 次の①～④の作業を正しい順にならべかえましょう。

① 土台となる石の上に、さらに石を積み上げます。
② 木のわくの上に、土台となる石を下から積み上げます。
③ 下からささえていた木のわくをはずします。
④ 石の橋をのせるための木のわくを組み立てます。

(④ → ② → ① → ③)

2 次の問いに、答えましょう。

(1) 用水路ができた後の田の変化にあてはまるものを、㋐～㋒から選びましょう。　(㋐)
㋐ 田がふえた　㋑ 田がへった　㋒ 変わらない

(2) 白糸台地に水が送られるようになったことで、それまでとくらべて何をたくさんつくれるようになりましたか。㋐～㋓から選びましょう。　(㋒)
㋐ あわ　㋑ いも　㋒ 米　㋓ ひえ

(3) 熊本地震のひがいを受けた通潤橋の修理について、正しいものには○を、まちがっているものには×をつけましょう。
①(×)最新のぎじゅつが使われた。
②(○)布田保之助が考えた特別なしっくいを使った。

通潤用水と水田の分布

ヒント 1 (2) 通潤橋は下から上に石を積み上げてつくられました。

61

できたかな?
□通潤用水ができたことで、白糸台地に住む人々のくらしはどのように変わったか、説明してみよう。

おうちのかたへ
通潤橋がつくられてから、人々の生活が豊かになったことを学びます。また、2016年の熊本地震や大雨などで被害を受けた通潤橋を、未来に残すための人々の取り組みについても学びます。

練習　61ページ

1 (1)今の熊本県八代市にあった種山村を中心に活やくした石工の集団は、種山石工とよばれていました。種山石工は、通潤橋のほかにも、霊台橋など多くの石橋をつくりました。

(2)まず木のわくを組み立て、その上に土台となる石を積み、さらに石を積み上げます。最後に木のわくをはずして完成です。

2 (1)白糸台地では、用水路が通されてから田がふえ、米がつくられるようになりました。地図を見ると、用水路ができてからの田が白糸台地に広がっているので、田がふえたことがわかります。

(2)用水路ができる前は水が少なく、あわやひえ、いもしかつくることができませんでした。

(3)2016年の熊本地震では、通潤橋にひびわれなどのひがいが生じました。橋の修理には、現代的なぎじゅつは使われず、布田保之助らが考えた特別なしっくいが使われました。このことが、通潤橋の価値を未来に残すことにつながると考えられているからです。

✎次の（　　）に入る言葉を、下から選びましょう。

1 地いきで学校をつくる／地いきの産業をおこす

教科書 124〜125ページ

学区制の小学校

- 明治時代に東京が政治の中心となったあと、これからも京都が栄えていくためには、子どもの（① 教育 ）が大切だと考えられた。
- 1869年、京都のまちに64の番組小学校という日本初の学区制の小学校ができた。
- 番組小学校はまちの人々が出し合った（② お金 ）でささえられていた。

のりの養しょくへの取り組み

- 魚や貝の不足で生活にこまった有明海の漁師たちが、のりの**養しょく**にいどんだ。
- 人工採苗や、機械化、（③ ぎじゅつ ）の改良などにより、佐賀県がのりのはん売量全国1位となった。

養しょく場が広がる有明海

ワンポイント 養しょく
- 魚や貝、（④ 海そう ）などを、人の手で育ててとる仕事のこと。

2 地いきの医りょうにつくす／地いきの文化を受けつぐ

教科書 126〜129ページ

緒方洪庵と天然痘

- 江戸時代に「天然痘」という病気がはやり、多くの人がなくなった。
- オランダ語の本で西洋の学問を学んだ（⑤ らん学者 ）の緒方洪庵が、予防接種を広めた。
- 予防接種は幕府からもみとめられ、多くの人の命を救った。

緒方洪庵

松江城を受けつぐ

- 松江城を守るため、取りこわしの決まった城を地いきの有力者が買いもどしたり、人々がお金を出し合って修理を行ったりしてきた。
- 市民と市の取り組みで、2015年にふたたび（⑥ 国宝 ）に指定された。
- 各地に残る城は文化遺産の一つで、地いきの（⑦ シンボル ）になっている。
- 地いきの（⑧ 文化ざい ）を活用したまちづくりが進められている。

選んだ言葉に✓　□ぎじゅつ　□シンボル　□海そう　□教育　□らん学者　□文化ざい　□国宝　□お金

ぴったり2
練習

学習日　63ページ

ぴたトリビア 番組小学校は、屋根には火の見やぐらがあり、消防しょの役目も果たしていました。また、交番や役所、ほけん所の役目もありました。

教科書 124〜129ページ　答え 32ページ

1 次の①〜④の地いきに関することがらについて説明しているものを、㋐〜㋓から選んで線で結びましょう。

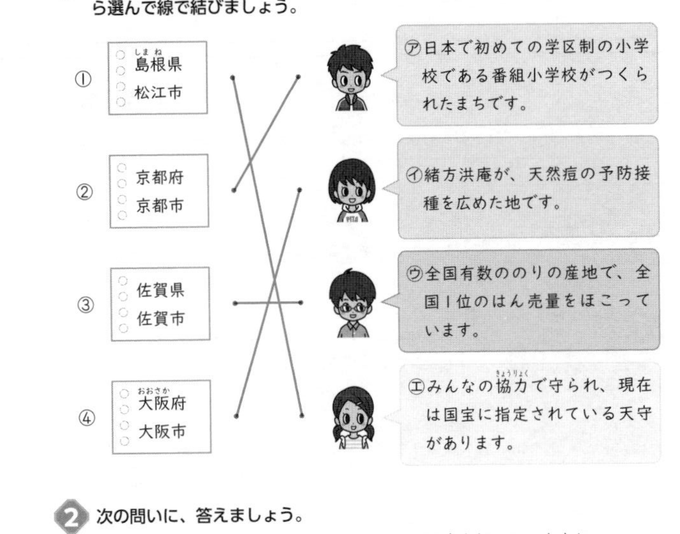

2 次の問いに、答えましょう。

(1) 魚や貝、海そうなどを、人の手で育ててとる仕事を何といいますか。
（ 養しょく ）

(2) 次の①〜③について、正しいものには○を、まちがっているものには×をつけましょう。

①（ ○ ）1875年に松江城の取りこわしが決まったことに心をいためた高城権八などが、天守を買いもどした。

②（ × ）江頭杉太郎らがのりの養しょくを始めた次の年には、佐賀県ののりの生産量が全国1位になった。

③（ ○ ）日本で初めての学区制の小学校は、政治の中心が東京にうつっても、まちが今までのように栄えるためには子どもたちの教育が必要だという考えからつくられた。

できたかな？
□番組小学校を運えいするお金はどのような人が出していたのか、説明してみよう。

おうちのかたへ
ここでは、教育、産業、医療、文化など、さまざまな分野で地域の発展に尽くした先人の業績を取り上げています。図書館の郷土資料や、地域の郷土資料館などで、地域の発展に貢献した人を調べることで、郷土への理解を深めることができます。

練習　63ページ

1 ㋐政治の中心が東京にうつり、京都のまちがさびれてしまうのではないかと心配した人々がつくりました。番組というまちのまとまりごとにつくられたことから、番組小学校とよばれました。㋑緒方洪庵は、江戸時代の大阪で活やくしたらん学者です。多くの人に天然痘の予防接種をしたり、日本各地の医者に予防接種のやり方を教えたりしました。㋒1960年代に、機械化やぎじゅつの改良でのりのとれ高が一気にのび、1971年には、はん売量が全国1位になりました。㋓松江城の天守は1935年に国宝に指定されましたが、その後、新しい法りつにより重要文化ざいに指定されました。しかし、市民と市の取り組みにより、2015年にふたたび国宝に指定されました。

2 (2)②江頭杉太郎が養しょくを始めたのは1952年です。全国1位になるまでには、20年近い年月がかかりました。

ぴったり3 たしかめのテスト

4. きょう土の伝統・文化と先人たち
2 谷に囲まれた台地に水を引く

64ページ

/100 ごうかく80点

教科書 118〜129ページ　答え 33ページ

1 次の㋐〜㋓の絵は、通潤橋をつくるときの①〜④のどの様子を表したものですか。記号で答えましょう。　1つ5点（20点）

①（ ㋒ ）下からささえている木のわくをはずす。
②（ ㋓ ）木のわくの上に、土台となる石を下から積み上げる。
③（ ㋑ ）木のわくを組み立てる。
④（ ㋐ ）土台となる石の上に、さらに石を積み上げる。

2 次の年表を見て、答えましょう。　1つ5点（25点）

(1) 右の年表の説明として正しいものを、㋐〜㋔から3つ選びましょう。（順不同）
（ ㋑ ）（ ㋒ ）（ ㋓ ）

㋐ 通潤橋は、これまでに地震のひがいを2回受けている。
㋑ 通潤用水は、1855年ごろにほぼ完成した。
㋒ 通潤橋は、国の重要文化ざいに指定されている。
㋓ 通潤用水は、これまでに大雨によるひがいを受けたことがある。
㋔ 通潤用水は、世界遺産に登録されている。

年	主なできごと
1854	通潤橋が完成する。
1855ごろ	通潤用水がほぼ完成する。
1960	通潤橋が国の重要文化ざいに指定される。
1988	大雨で通潤用水がひがいを受ける。
2014	世界かんがいしせつ遺産に登録される。
2016	熊本地震が起こり、通潤橋がひがいを受ける。

通潤用水と白糸台地に関する年表

(2) 通潤用水のせいそう活動など、地いきをよりよくし、こまっている人や社会の役に立ちたいという願いから行われる活動を何といいますか。
（ ボランティア ）

記述 (3) 2016年の熊本地震のひがいを受けて行われた通潤橋の修復作業で、現代的なぎじゅつが使われなかった理由を、かん単に書きましょう。　思考・判断・表現
（（例）通潤橋の価値を未来に残すため。）

65ページ

3 次の地図を見て、答えましょう。　1つ5点（25点）

(1) よく出る 右の地図から読み取れることには○を、読み取れないことには×をつけましょう。
①（ ○ ）通潤用水ができた後は、田がふえている。
②（ × ）通潤用水ができた後は、いろいろな場所に、家が集まるところがふえた。
③（ ○ ）通潤用水ができる前後で、川の場所や形は変わっていない。
④（ × ）通潤用水ができて、昔から田があった場所は家になった。

通潤用水と田の分布　＊左は用水ができる前、右は用水ができた後。

記述 (2) できたらスゴイ！ 通潤用水ができて、人々のくらしはどのように変わりましたか。かん単に書きましょう。　思考・判断・表現
（（例）たくさんの米をつくることができるようになり、飲み水にもこまらなくなった。）

4 通潤橋づくりについて説明した次の文中の①〜⑥にあてはまる言葉を、　から選びましょう。　1つ5点（30点）

通潤橋は、橋本勘五郎を中心とした（① 種山石工 ）とよばれた集団によってつくられた。今の（② 熊本県 ）八代市を中心に活やくした（①）は、すぐれたぎじゅつをもった集団で、通潤橋のほかにも、霊台橋など多くの（③ 石橋 ）をつくった。

通潤橋をじょうぶな橋にするためのくふうとして、上にいくほど角度が（④ 急 ）になる熊本城の（⑤ 石がき ）のぎじゅつが取り入れられた。

地いきを中心に5万人以上が参加した橋づくりは、多くの人の努力により、当時ではとても（⑥ 短い ）期間で完成した。

長い	ゆるやか	石橋	天守	大分県	熊本県
急	種山石工	木橋	大工	石がき	短い

この本の終わりにある「冬のチャレンジテスト」をやってみよう！

ふりかえり ③(2)がわからないときは、60ページの2にもどってかくにんしてみよう。

たしかめのテスト　64〜65ページ

1 まず木のわくを組み立て、その上に土台をつくって石を積み上げます。最後に木のわくをはずして完成です。

2 (1)㋐2回ではなく1回です。2016年に発生した熊本地震により、通潤橋にひびわれなどのひがいが生じました。㋔通潤用水は、世界遺産ではなく、世界かんがいしせつ遺産に登録されています。建設から100年以上がたち、れきし的、ぎじゅつ的、社会的に価値の高い用水が登録されています。
(3)通潤橋の修理には、現代的なぎじゅつは使われず、布田保之助らが考えた特別なしっくいが使われました。

3 (1)②2つの地図を見くらべると、家が集まっているところは、ほとんど変化がありません。④昔からあった田は、通潤用水ができた後もそのまま使われています。

4 ⑥通潤橋づくりには、地いきを中心に5万人以上が参加したといわれており、1年8か月という当時ではとても短い期間で完成させました。

記述問題のプラスワン

3 (2)通潤用水ができる前は水不足のため、あわやひえなどしかつくることができず、飲み水にもこまっていました。白糸台地に水が送られるようになってからは田がふえ、たくさんの米をつくることができるようになりました。「たくさんの米をつくることができるようになった」「飲み水にこまらなくなった」などと書けていればよいです。また、「米がとれるようになり、くらしが安定した」といった内容でもよいです。

ぴったり1 じゅんび

5. 特色ある地いきと人々のくらし

1 こけしをつくるまち・蔵王町①

学習日 **66ページ**

めあて 地いきによる特色のちがいや、伝統的な産業について理解しよう。

教科書 130〜135ページ　答え 34ページ

次の（　）に入る言葉を、下から選びましょう。

1 県内の特色ある地いき／こけしづくりの伝統を守る蔵王町　教科書 130〜133ページ

地いきの特色とくらし

- 松島町のような（① 観光地 ）や、古い建物がある登米市登米町など、同じ県内でも地いきによって（② 特色 ）がちがう。

こけしづくりがさかんな蔵王町

- 蔵王町では伝統的な産業であるこけしづくりが受けつがれており、国の（③ 伝統的工芸品 ）に指定されている。

ワンポイント 伝統的な産業

- 地いきの自然や古くから伝わるぎじゅつを生かして、長く受けつがれてきた産業のこと。地いきの人々の（④ くらし ）をささえ、特産品として親しまれている。

伝統マーク

2 古くからつくられてきたこけし　教科書 134〜135ページ

こけしづくりのれきし

- こけしは今から200年以上前の（⑤ 江戸時代 ）に、木からおわんやおぼんをつくっていた木地師たちがつくり始めた。
- 子どものおもちゃとしてつくられていたが、しだいに温泉地の（⑥ おみやげ ）として広まっていった。
- 地いきによって、こけしの特ちょうにちがいがある。

宮城伝統こけしの産地（鳴子系・作並系・仙台市・遠刈田系・弥治郎系）

こけしの原料

- ミズキやイタヤカエデの木の皮をむいて、自然かんそうさせたものを使う。
- 原料に使う木がとれやすいため、（⑦ 山村 ）でつくられていた。
- ものをつくるには、原料を手に入れやすいことが大切である。
- 伝統的な産業では（⑧ 地いき ）で手に入る原料を生かしてものづくりをしていることが多い。

蔵王町には、こけしのかん板やこけしがデザインされたトロフィーもあるよ。

選んだ言葉に ☑　□伝統的工芸品　□おみやげ　□観光地　□くらし　□江戸時代　□地いき　□山村　□特色

ぴったり2 練習

学習日 **67ページ**

ぴたトリビア 伝統的工芸品はおよそ100年以上つくられてきたもので、材料やつくり方が変わらず、人々の生活に深く関わり、家庭で使われているものが選ばれます。

教科書 130〜135ページ　答え 34ページ

1 次の問いに、答えましょう。

(1) 地いきの自然や古くから伝わるぎじゅつを生かして、長く受けつがれてきた産業のことを何といいますか。（ 伝統的な産業 ）

(2) 国の伝統的工芸品のシンボルとなっている、右の写真のマークの名前を、㋐〜㋓から選びましょう。（ ㋓ ）

㋐ 国産マーク　㋑ 特産品マーク　㋒ 名品マーク　㋓ 伝統マーク

(3) こけしづくりがさかんな蔵王町の説明として正しいものを、㋐〜㋔から2つ選びましょう。（順不同）（ ㋑ ）（ ㋔ ）

㋐ 海に面した地いきで、美しい景観で知られる。
㋑ まわりを山に囲まれた地いきである。
㋒ 国際交流に力をいれており、外国人住民の数がふえている。
㋓ 教育資料館などの古い建物が多く残されている。
㋔ 遠刈田温泉があり、遠くからおとずれる人も多い。

2 次の年表を見て、答えましょう。

(1) 右の年表の説明として正しいものには○を、まちがっているものには×をつけましょう。

①（ × ）こけしがつくられるようになったのは、約400年前である。
②（ ○ ）こけしはもともと、子どものおもちゃとしてつくられ始めた。
③（ ○ ）こけしをつくり始めたのは、木地師とよばれる、おわんやおぼんなどをつくる仕事をしていた人たちである。
④（ × ）こけしは江戸時代末期に、温泉地のおみやげとして有名になった。
⑤（ × ）みやぎ蔵王こけし館が開館したのは、平成に入ってからである。

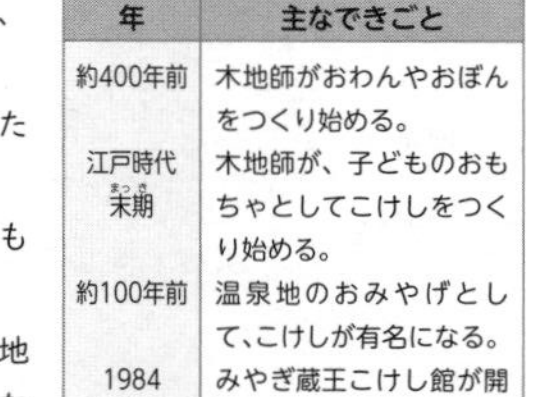

年	主なできごと
約400年前	木地師がおわんやおぼんをつくり始める。
江戸時代末期	木地師が、子どものおもちゃとしてこけしをつくり始める。
約100年前	温泉地のおみやげとして、こけしが有名になる。
1984（昭和59）	みやぎ蔵王こけし館が開館する。

蔵王町のこけしづくりに関する年表

(2) こけしの原料を、㋐〜㋓から選びましょう。（ ㋓ ）

㋐ 木の皮　㋑ ねん土　㋒ 石　㋓ 木

ヒント 2 (2) こけしは、蔵王町でとれやすい原料からつくられています。

できたかな？
□伝統的な産業とはどのようなものか、説明してみよう。

おうちのかたへ
この単元では、宮城県の地域の特色を学びます。宮城県には、伝統的工芸品をつくる地域があったり、国際交流に努める地域があったりするなど、各地で様々な特色が見られます。お住まいの地域にはどのような特色があるのか、お子さんと探して、話し合ってみてください。

練習　67ページ

1 (1)伝統的な産業は、地いきの人々のくらしをささえ、特産品として親しまれています。
(2)伝統マークは、経済産業大臣が指定したぎじゅつや方法などでつくられ、けんさに合格したものにつけられています。
(3)㋐㋑蔵王町は山に囲まれた地いきにあります。㋔遠刈田温泉のまわりでは、伝統的な産業であるこけしづくりが受けつがれています。

2 (1)①こけしがつくられるようになったのは、江戸時代末期です。
④こけしが温泉地のおみやげとして有名になったのは約100年前なので、江戸時代ではなく大正時代ごろです。⑤みやぎ蔵王こけし館が開館したのは、平成ではなく昭和です。
(2)こけしの原料となるのはミズキやイタヤカエデの木です。皮をむいて、半年から1年ほど自然かんそうさせたものを使います。伝統的な産業では、地いきで手に入る原料を生かしてものづくりをしていることが多いです。

5. 特色ある地いきと人々のくらし

1 こけしをつくるまち・蔵王町②

めあて
こけしづくりの伝統的なぎじゅつや、未来につなげる取り組みを理解しよう。

教科書 136～139ページ　答え 35ページ

次の(　)に入る言葉を、下から選びましょう。

1 遠刈田こけしづくり　教科書 136～137ページ

こけしができるまで

1玉切り…こけしの大きさに合わせて(① 原料)の木を切る。
2木取り…よぶんな部分を切り取る。
3あらびき…ろくろを回転させ、頭の部分と胴の部分をかんなでけずる。
4みがき…紙やすりや、と草という草でみがく。
5びょうさい（絵付け）…頭や胴に絵がらをえがく。
6仕上げ・さしこみ…仕上げにロウをひき、胴に頭をさしこむ。

これからの課題

- 以前にくらべ、(② 工人)の数がへってきている。
- ほかの地いきから工人を(③ ぼしゅう)して育てる取り組みにより、蔵王町に移住して工人になる人もあらわれた。

ワンポイント　伝統的なぎじゅつ

- 伝統的な産業は、(④ 手づくり)で行われることが多く、昔から受けつがれてきた(⑤ ぎじゅつ)をもった職人にささえられている。
- 伝統的なぎじゅつをわかい職人に伝えていくことが大切である。

2 未来へつなげるこけしづくり／4コマCMをつくる　教科書 138～139ページ

未来へつなげるための取り組み

- こけしを(⑥ インターネット)でもはん売するようになり、外国からも注文がくるようになった。
- こけしに関する(⑦ イベント)を開き、ほかの地いきの工人や(⑧ 観光客)と交流し、こけしのみりょくを広めている。
- (⑨ 伝統的)なこけしのほかにも、新しいデザインの創作こけしをつくっている。
- 伝統を守りながら、新しいみりょくを生みだそうとしている。

↑創作こけし

選んだ言葉に✓
□インターネット　□手づくり　□ぼしゅう　□伝統的　□工人
□ぎじゅつ　□イベント　□観光客　□原料

ぴたトリビア
いろいろな系統がある伝統こけしの中で、遠刈田系がいちばん古いと考えられており、大きめの頭と細めの胴が特ちょうです。

教科書 136～139ページ　答え 35ページ

1 次の①～④のこけしづくりの写真にあてはまる説明を、㋐～㋓から選んで線で結びましょう。

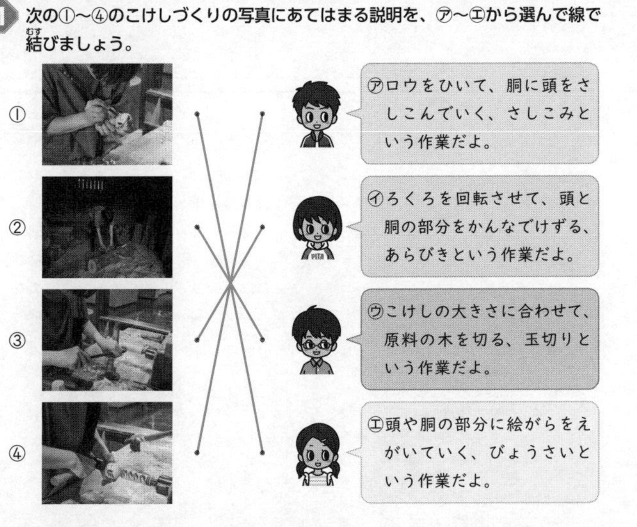

① ② ③ ④

㋐ロウをひいて、胴に頭をさしこんでいく、さしこみという作業だよ。
㋑ろくろを回転させて、頭と胴の部分をかんなでけずる、あらびきという作業だよ。
㋒こけしの大きさに合わせて、原料の木を切る、玉切りという作業だよ。
㋓頭や胴の部分に絵がらをえがいていく、びょうさいという作業だよ。

2 こけしづくりを未来へつなげるための取り組みについて、正しいものには○を、まちがっているものには×をつけましょう。

①(○)創作こけしとよばれる、さまざまな新しいデザインのこけしづくりにもちょうせんしている。
②(×)蔵王町の伝統を守るため、こけしづくりのぎじゅつは、地いきの人だけに教えている。
③(○)全国の人や外国の人も注文できるよう、インターネットを活用したはん売も行っている。
④(○)こけしのみりょくを広めるために、イベントを開いたり、ほかの地いきの工人や観光客との交流を行ったりしている。
⑤(×)遠刈田こけしのきまりを守った、伝統的なこけしのみをつくるようにしている。

ヒント 2 ② 以前にくらべて、工人の数がだんだんへってきているのが課題になっています。

練習　69ページ

1 こけしづくりは、㋒「玉切り」→よぶんな部分を切り取る「木取り」→㋑「あらびき」→紙やすりや、と草という草でみがく「みがき」→㋓「びょうさい」（絵付け）→㋐「仕上げ・さしこみ」の順に行われます。作業は分たんするのではなく、一人の工人が仕上げまでのすべての作業を行います。

2 ①⑤頭と胴のバランスなど、遠刈田こけしのきまりを守った伝統的なこけしだけではなく、創作こけしとよばれる新しいデザインのこけしもつくられるようになりました。②以前にくらべて、工人の数がへってきているという課題があったため、ほかの地いきからこけしづくりに関心のある人をよんで、工人を育てる取り組みを行っています。この取り組みにより、こけし工人になるために蔵王町に移住した人が、伝統的なぎじゅつを受けついでいます。

できたかな？
□蔵王町では、こけしづくりを未来につなげるためにどのような取り組みが行われているか、例をあげてみよう。

おうちのかたへ
この単元では、伝統的な技術を生かした産業が盛んな地域について学習します。お住まいの都道府県の伝統的な産業との共通点や違いなどについて話し合うと、より理解が深まります。

ぴったり1 じゅんび
5. 特色ある地いきと人々のくらし
2 国際交流に取り組むまち・仙台市①
70ページ
めあて 仙台市に住む外国人住民数の変化や、国際交流の取り組みについて理解しよう。
教科書 140~143ページ 答え 36ページ
次の(　)に入る言葉や数字を、下から選びましょう。
1 外国とのつながりが深い仙台市 教科書 140~141ページ
仙台市で開かれる国際大会
仙台市では、マラソンや音楽の国際大会が開かれ、参加者と(① 市民)との交流が行われている。
仙台市に住む外国人住民数の変化
仙台市に住む外国人住民の数はふえつづけており、仙台市の人口の約80人に1人が(② 外国)の人である。
仙台国際音楽コンクールの出場者による市内の学校でのコンサート
2 国際交流の取り組み 教科書 142~143ページ
仙台市の国際交流
仙台市は、世界の(③ 9)つの都市と交流している。
国旗は国を表す(④ 目印)で、その国の人の願いや気持ちがこめられている。
国と国が交流するときには、おたがいの国旗をそんちょうすることが大切である。
東北地方でいちばん(⑤ 人口)の多い仙台市には、(⑥ 大学)など研究する場所や大きな会社がたくさんあり、昔から外国の人も多く住んでいる。
仙台市の交流の相手には、国際姉妹都市や、(⑦ 友好都市)などがある。
仙台国際ハーフマラソン大会
ワンポイント 国際交流
仙台市は、外国の都市と親しくつき合う姉妹都市関係などを結び、文化やスポーツなどを通した国際交流を行っている。
子どもたちがおたがいの国をおとずれ、直せつ外国の(⑧ 文化)にふれ合う活動も行っている。
選んだ言葉に✓ 友好都市 外国 文化 人口 市民 大学 目印 9
70

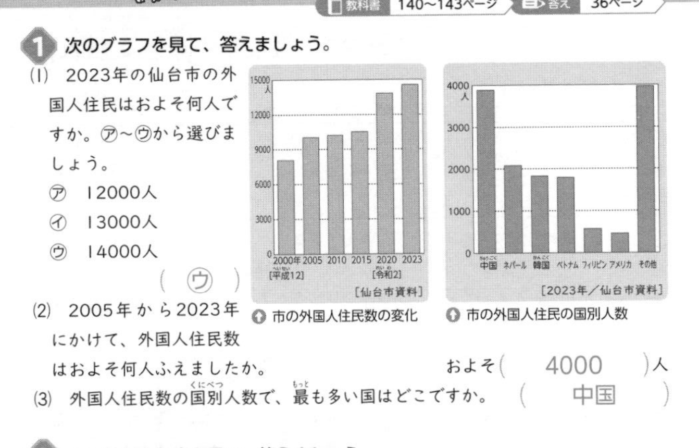

2 次の地図と年表を見て、答えましょう。

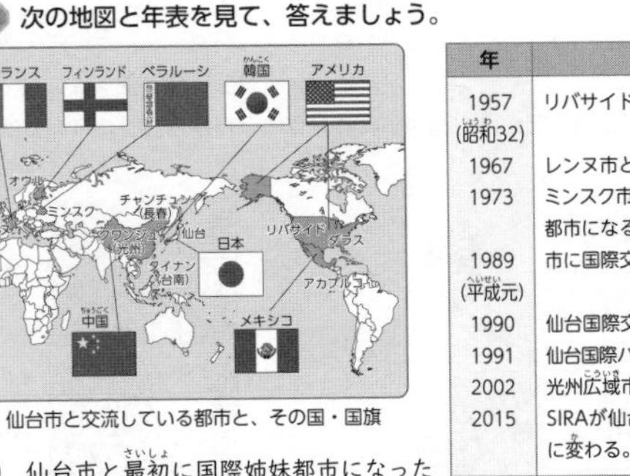

仙台市と交流している都市と、その国・国旗

年	主なできごと
1957(昭和32)	リバサイド市と国際姉妹都市になる。
1967	レンヌ市と国際姉妹都市になる。
1973	ミンスク市、アカプルコ市と国際姉妹都市になる。
1989(平成元)	市に国際交流のたんとう課ができる。
1990	仙台国際交流協会(SIRA)ができる。
1991	仙台国際ハーフマラソン大会が始まる。
2002	光州広域市と国際姉妹都市になる。
2015	SIRAが仙台観光国際協会(SenTIA)に変わる。

仙台市の国際交流に関する年表

(1) 仙台市と最初に国際姉妹都市になったのはどこですか。また、その都市はどこの国にありますか。 都市(リバサイド市) 国(アメリカ)

(2) 仙台国際ハーフマラソンは何年に始まりましたか。 (1991)年

(3) 外国の人と、文化やスポーツなどを通して、おたがいに理解を深めることを何といいますか。 (国際交流)

ヒント 1 グラフの読み取りは、こうもくと目もりに注意します。

71

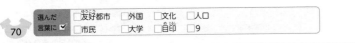

できたかな?

□仙台市で行われている国際交流の取り組みの例をあげてみよう。

おうちのかたへ

日本の各自治体では、世界の都市と姉妹都市や友好都市提携を結び、国際交流を行っています。お住まいの自治体と提携している都市や、どのような交流が行われているかについて調べてみるとよいでしょう。

練習 71ページ

1 (1)市の外国人住民数の変化のグラフをかくにんします。2023年のぼうグラフは15000の目もりの少し下までのびているので、およそ14000人であることがわかります。

(2)市の外国人住民数の変化のグラフをかくにんします。2005年はおよそ10000人、2023年はおよそ14000人なので、およそ4000人ふえています。

(3)市の外国人住民の国別人数のグラフをかくにんします。いちばん多いのは中国で、およそ3900人です。

2 (1)年表から、1957年に国際姉妹都市になったリバサイド市であることがわかります。また、地図からアメリカの都市であることがかくにんできます。

(3)仙台市では、子どもたちがおたがいの国をおとずれて、直せつ外国の文化にふれ合う活動も行っています。

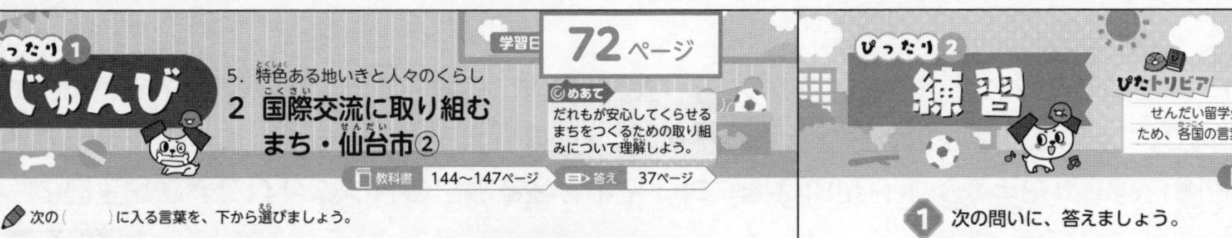

5. 特色ある地いきと人々のくらし

2 国際交流に取り組むまち・仙台市②

めあて　だれもが安心してくらせるまちをつくるための取り組みについて理解しよう。

教科書 144〜147ページ　答え 37ページ

次の（　）に入る言葉を、下から選びましょう。

1 共にくらしやすいまちづくり

教科書 144〜145ページ

外国人住民との共生

- 仙台市は、仙台観光国際協会（SenTIA）と協力して（① 外国人住民 ）がくらしやすいよう、さまざまな交流活動を行っている。
- せんだい留学生交流委員の活動では、外国人**留学生**の委員が、外国人住民の（② 生活 ）の手助けや、地いき住民との交流を行っている。

国際理解プログラム（SenTIA）

留学生
学問や日本の文化を学ぶために、日本に来ている外国人の学生のこと。

ワンポイント　共にくらす

- おたがいの文化的な（③ ちがい ）をみとめ合い、地いき社会の中で（④ 対等 ）な立場でくらすこと。

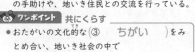

SenTIAの活動

- 外国人住民の生活のサポートだけでなく、外国の（⑤ 文化 ）を日本に伝える活動を行う。
- 国際理解プログラム（学校）…外国人住民や留学生が学校をおとずれ、出身地のくらしや文化、人々の（⑥ 考え方 ）などについて話す。
- 国際理解プログラム（SenTIA）…外国の人たちがくらしやすい（⑦ まちづくり ）のための課題について学習する。

2 だれもが安心してくらせるまちを目指して4コマCMをつくる

教科書 146〜147ページ

共にくらすための取り組み

- 東日本大震災のひなん所では、外国人住民の中に日本語に不なれな人や、習かんや（⑧ 宗教 ）がことなる人もおり、おたがいにこまることがあった。
- 日本人と外国人をつなぐ「せんだい外国人防災リーダー」をつくり、ひなん所の運えいなどをいっしょに話し合っている。
- **防災リーダー**…地いきでそっせんして、防災活動をじっせんする人のこと。

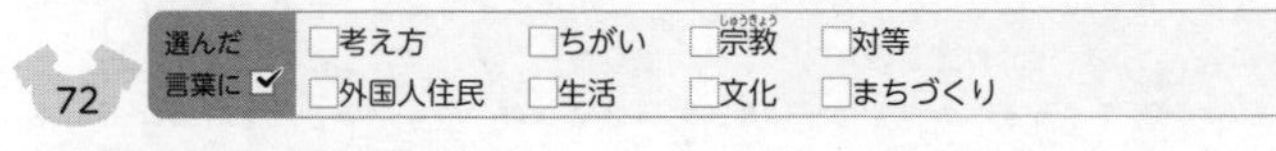

選んだ言葉に✓
□考え方　□ちがい　□宗教　□対等
□外国人住民　□生活　□文化　□まちづくり

ぴったり2
練習

ぴたトリビア　せんだい留学生交流委員は、外国人住民に正かくなじょうほうを伝えるため、各国の言葉でラジオ放送を行う活動にも取り組んでいます。

教科書 144〜147ページ　答え 37ページ

1 次の問いに、答えましょう。

(1) 学問や日本の文化などを学ぶために、外国から日本に来ている外国人の学生を何といいますか。（ 留学生 ）

(2) 右の写真のように、外国人住民が学校で外国の文化を伝える活動を行っている理由について、正しいものには○を、まちがっているものには×をつけましょう。

①（ ○ ）文化的なちがいをみとめ合って、理解し合うことが必要だから。
②（ × ）どこの国も同じ文化になる必要があるから。
③（ ○ ）世界はちがう人たちで成り立っていることを知ることが大切だから。
④（ × ）それぞれの国の文化がいちばんすぐれていることを知らせるため。

2 次の①〜④の仙台市の4コマCMの資料に合う説明を、㋐〜㋓から選んで線で結びましょう。

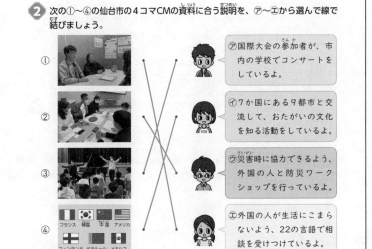

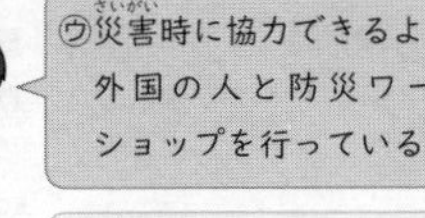

①　②　③　④

㋐国際大会の参加者が、市内の学校でコンサートをしているよ。
㋑7か国にある9都市と交流して、おたがいの文化を知る活動をしているよ。
㋒災害時に協力できるよう、外国の人と防災ワークショップを行っているよ。
㋓外国の人が生活にこまらないよう、22の言語で相談を受けつけているよ。

ヒント　1 (2) おたがいにとってくらしやすいまちをつくるには、どうしたらよいかを考えてみましょう。

できたかな？
□仙台市では、外国人住民がくらしやすいよう、どのような取り組みが行われているか例をあげてみよう。

おうちのかたへ
日本に住む外国人住民の数は増加しており、共に暮らしやすいまちをつくることは、どの地域にも共通の課題です。特に、地震などの災害の多い日本では、いざという時に協力できる体制づくりが必要です。お住まいの地域ではどのような取り組みが行われているか、市役所のホームページなどで確認しておくとよいでしょう。

練習　73ページ

1 (2)何のために交流するのかを考えてみましょう。世界はちがう人たちがいて成り立っていることを知ることが大切です。

2 ①仙台多文化共生センターでの相談風景です。仙台市では、22の言語で生活の案内や、こまったときの相談を受けつけています。
②多文化防災ワークショップの様子です。東日本大震災では、外国人住民もひなん所に集まりましたが、言語や習かん、宗教などがことなるため、おたがいにこまることがありました。このような問題を解決するため、外国人住民や留学生といっしょに防災について話し合っています。
③仙台国際音楽コンクールの出場者と仙台市民が交流する様子です。仙台国際ハーフマラソン大会でも交流会が開かれています。
④仙台市では、国際姉妹都市や友好都市とおたがいに行き来して、文化を知る活動を行っています。また、小学生どうしが交流するきかいもあります。

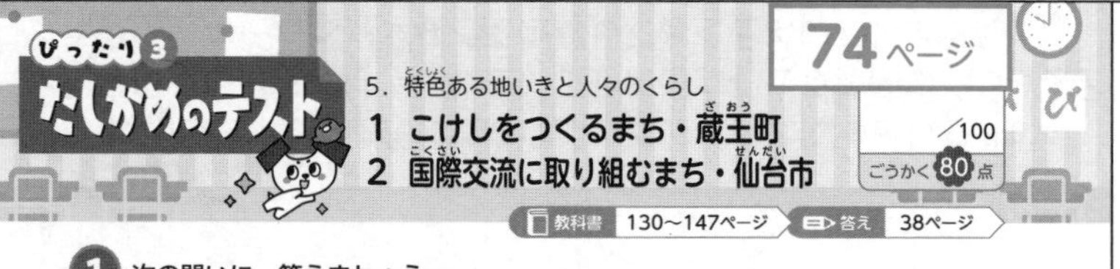

5. 特色ある地いきと人々のくらし
1 こけしをつくるまち・蔵王町
2 国際交流に取り組むまち・仙台市

74ページ

/100 ごうかく80点

教科書 130〜147ページ　答え 38ページ

1 次の問いに、答えましょう。　1つ5点（25点）

(1) 次の文の①〜④にあてはまる言葉を、㋐〜㋗から選びましょう。

こけしづくりがさかんな蔵王町は、原料の木がとれる（① ㋒ ）に囲まれている。このような、地いきの自然や昔からのぎじゅつを生かし受けつがれてきた産業を（② ㋐ ）な産業という。（②）な産業は（③ ㋔ ）行われることが多く、ぎじゅつを（④ ㋕ ）人に伝えていくことが必要である。

㋐ 伝統的　㋑ 高れいの　㋒ 山　㋓ 近代的　㋔ 手づくりで
㋕ わかい　㋖ 海　㋗ 機械で

記述 (2) こけしづくりを未来へつなげるために、どのような取り組みが行われていますか。かん単に書きましょう。　思考・判断・表現

（(例) 新しいデザインの創作こけしをつくっている。インターネットを使い、外国からも買えるようにしている。）

2 次の地図と年表を見て、正しいものには○を、まちがっているものには×をつけましょう。　1つ5点（25点）

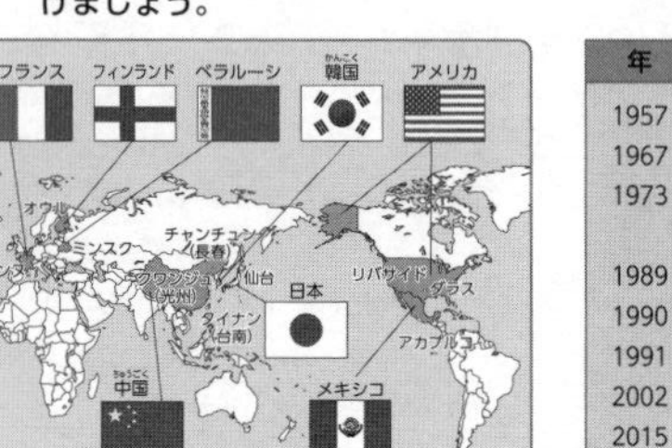

仙台市と交流している都市と、その国・国旗

年	主なできごと
1957	リバサイド市と国際姉妹都市になる。
1967	レンヌ市と国際姉妹都市になる。
1973	ミンスク市、アカプルコ市と国際姉妹都市になる。
1989	市に国際交流のたんとう課ができる。
1990	仙台国際交流協会（SIRA）ができる。
1991	仙台国際ハーフマラソン大会が始まる。
2002	光州広域市と国際姉妹都市になる。
2015	SIRAが仙台観光国際協会（SenTIA）に変わる。

仙台市の国際交流に関する年表

①（ × ）仙台市は、5つの都市と交流をしている。
②（ ○ ）スポーツを通した国際交流も行っている。
③（ ○ ）仙台市と交流をしている都市は、アメリカに2つある。
④（ × ）仙台市と光州広域市は、国際友好都市である。
⑤（ × ）仙台市と交流をしている都市は、韓国がいちばん多い。

学習日 **75ページ**

3 次のグラフを見て、答えましょう。　1つ5点（25点）

(1) 仙台市に住む外国人住民数の変化にあてはまるものを、㋐〜㋒から選びましょう。（ ㋐ ）
㋐ ふえている
㋑ へっている
㋒ 変わらない

市の外国人住民数の変化（2000年〜2023年）［仙台市資料］

市の外国人住民の国別人数（中国、ネパール、韓国、ベトナム、フィリピン、アメリカ、その他）［2023年／仙台市資料］

(2) よく出る 外国人住民の国別人数が2000人をこえている国を、2つ書きましょう。
（順不同）（ 中国 ）（ ネパール ）

(3) 外国人住民の数が最もふえたのはいつですか。㋐〜㋒から選びましょう。　技能
㋐ 2000〜2005年の間　㋑ 2010〜2015年の間
㋒ 2015〜2020年の間　（ ㋒ ）

記述 (4) よく出る 昔から外国の人が多く住む仙台市には、どのような特ちょうがありますか。「大学」「会社」という言葉を使って書きましょう。　思考・判断・表現

（(例) 大学など研究する場所や、大きな会社がたくさんある。）

4 次の①〜⑤を調べるには、どのような資料を使うといいですか。㋐〜㋒から選びましょう。　1つ5点（25点）

①（ ㋑ ）こけしづくりは、いつごろから始まったのか。
②（ ㋒ ）こけし工人になるには、どのくらいしゅぎょうが必要なのか。
③（ ㋑ ）こけしづくりは、どのような人が始めたのか。
④（ ㋒ ）後けい者をかくほするために、どのような取り組みをしているのか。
⑤（ ㋐ ）宮城伝統こけしには、どのような系統があるのか。

㋐宮城伝統こけしの産地（鳴子系、作並系、仙台市、遠刈田系、弥治郎系）

㋑こけしづくりに関する年表

年	主なできごと
約400年前	木地師がおわんやおぼんをつくり始める。
江戸時代末期	木地師が、子どものおもちゃとしてこけしをつくり始める。
約100年前	温泉地のおみやげとして有名になる。

㋒こけし工人の話

一人前の工人になるには、10年はかかります。最近は工人の数もへってきているので、ほかの地いきからこけしに関心のある人をよび、工人を育てる取り組みを行っています。

ふりかえり ❶(2)がわからないときは、68ページの❷にもどってかくにんしてみよう。

記述問題のプラスワン

❶ (2)蔵王町ではこけしづくりの伝統を守るとともに、新しいみりょくを生みだす取り組みも行われています。「ほかの地いきからこけしづくりをする人をぼしゅうして、工人を育てる取り組みをしている」「こけしに関するイベントを開いて、ほかの地いきの工人や観光客と交流し、こけしのみりょくを広めている」などと書いてもよいです。

たしかめのテスト　74〜75ページ

❶ (1)①②伝統的な産業では、地いきで手に入る原料を生かしてものづくりをしていることが多いです。③伝統的な産業は、手づくりで行われることが多く、昔から受けつがれてきたぎじゅつをもった職人にささえられています。

❷ ①仙台市は、9つの都市と交流を行っています。④仙台市と光州広域市は国際姉妹都市です。⑤韓国は1都市、アメリカと中国は2都市が仙台市と交流しています。

❸ (3)市の外国人住民数の変化のグラフをかくにんします。ぼうグラフの長さの差がいちばん大きくなっているのが2015年から2020年の間なので、ここで最も人数がふえたことがわかります。

❹ ①㋑に、江戸時代末期に始まったと書かれています。②㋒に、10年はかかると書かれています。③㋑に、木地師が始めたと書かれています。④㋒に、ほかの地いきから関心のある人をよんで、工人を育てていると書かれています。⑤㋐に、宮城伝統こけしの4つの系統がしめされています。

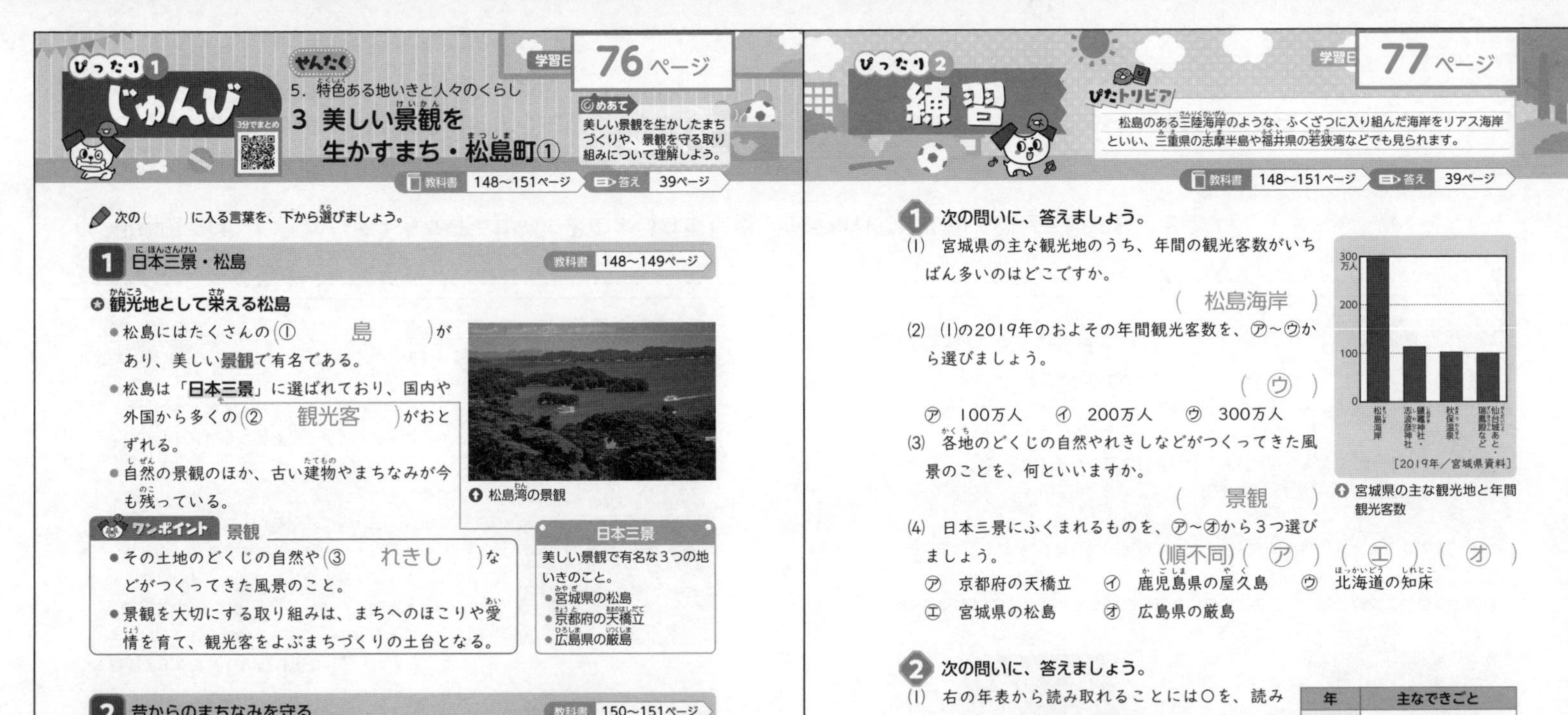

ぴったり1 じゅんび

せんたく 5. 特色ある地いきと人々のくらし

3 美しい景観を生かすまち・松島町①

学習日　76ページ

めあて 美しい景観を生かしたまちづくりや、景観を守る取り組みについて理解しよう。

教科書 148～151ページ　答え 39ページ

次の(　)に入る言葉を、下から選びましょう。

1 日本三景・松島　教科書 148～149ページ

観光地として栄える松島

- 松島にはたくさんの(① 島)があり、美しい景観で有名である。
- 松島は「**日本三景**」に選ばれており、国内や外国から多くの(② 観光客)がおとずれる。
- 自然の景観のほか、古い建物やまちなみが今も残っている。

松島湾の景観

ワンポイント 景観
- その土地のどくじの自然や(③ れきし)などがつくってきた風景のこと。
- 景観を大切にする取り組みは、まちへのほこりや愛情を育て、観光客をよぶまちづくりの土台となる。

日本三景
美しい景観で有名な3つの地いきのこと。
- 宮城県の松島
- 京都府の天橋立
- 広島県の厳島

2 昔からのまちなみを守る　教科書 150～151ページ

松島の景観のれきし

- 松島の美しい景観は、(④ 江戸時代)に有名になった。
- 伊達政宗が再建した瑞巌寺があったり、松尾芭蕉がおとずれて(⑤ はいく)をよんだりと、れきしのあるまちとしても知られる。

瑞巌寺

景観を守るための取り組み

- 松島町は(⑥ 景観条例)というきまりで、新しい建物を建てるときは、景観に合う(⑦ 色)や形にするように決めている。
- **名勝**…すぐれたどくじの(⑧ 自然風景)をもち、学問的にも高い価値があるとされる土地のこと。

選んだ言葉に✓　□自然風景　□景観条例　□はいく　□島　□江戸時代　□観光客　□れきし　□色

76

ぴったり2 練習

学習日　77ページ

ぴたトリビア 松島のある三陸海岸のような、ふくざつに入り組んだ海岸をリアス海岸といい、三重県の志摩半島や福井県の若狭湾などでも見られます。

教科書 148～151ページ　答え 39ページ

1 次の問いに、答えましょう。

(1) 宮城県の主な観光地のうち、年間の観光客数がいちばん多いのはどこですか。
(松島海岸)

(2) (1)の2019年のおよその年間観光客数を、㋐～㋒から選びましょう。
(㋒)
㋐ 100万人　㋑ 200万人　㋒ 300万人

(3) 各地のどくじの自然やれきしなどがつくってきた風景のことを、何といいますか。
(景観)

(4) 日本三景にふくまれるものを、㋐～㋔から3つ選びましょう。
(順不同)(㋐)(㋓)(㋔)
㋐ 京都府の天橋立　㋑ 鹿児島県の屋久島　㋒ 北海道の知床
㋓ 宮城県の松島　㋔ 広島県の厳島

宮城県の主な観光地と年間観光客数

2 次の問いに、答えましょう。

(1) 右の年表から読み取れることには○を、読み取れないことには×をつけましょう。
①(×)松島は、大正時代に日本三景として有名になった。
②(○)瑞巌寺と五大堂を再建したのは、伊達政宗である。
③(○)松尾芭蕉は、1689年に松島をおとずれている。
④(×)松島は、大正時代に特別名勝に指定された。
⑤(○)松島町は、2015年に都市景観大賞を受賞している。

年	主なできごと
1609	伊達政宗が瑞巌寺と五大堂を再建する。江戸時代に日本三景として有名になる。
1689	松尾芭蕉が松島をおとずれる。
1952(昭和27)	松島が特別名勝に指定される。
2014(平成26)	㋐をつくる。
2015	都市景観大賞を受賞する。

松島町の景観に関する年表

(2) 年表中の㋐は、景観を守るためにつくられたきまりです。このきまりを何といいますか。
(景観条例)

ヒント 2 (2) 新しい建物を建てるときに、景観に合う色や形にすることが決められています。

77

練習　77ページ

1 (1)(2)松島海岸の年間観光客数はおよそ300万人で最も多いです。
(3)景観を大切にする取り組みは、自分たちがくらすまちへのほこりや愛情を育てるだけでなく、観光客がまた来たいと思えるまちづくりの土台となります。
(4)日本三景は、美しい景観で昔から有名な3つの地いきのことです。㋑の鹿児島県の屋久島、㋒の北海道の知床は世界遺産に登録されています。

2 (1)①松島が日本三景として有名になったのは、江戸時代です。③松尾芭蕉は江戸時代の人物で、すぐれたはいくを多く残しました。④松島が特別名勝に指定されたのは、昭和時代です。⑤松島町では、美しい景観を守るため、町と住民の間で何度も勉強会や話し合いを行ってきました。その取り組みがみとめられて、2015年に都市景観大賞を受賞しました。

できたかな?
□松島町では、景観を守るためにどのような取り組みが行われているか、例をあげてみよう。

おうちのかたへ
宮城県松島町の人たちが、町の美しい景観をどのように守り、世界に発信しているのかを学びます。松島町では、大人だけでなく小・中学生の子どもたちも一緒になって町の良さを発信しています。お住まいの地域では、どのようなまちづくりが行われているのか、お子さんと一緒に調べてみてください。

ぴったり1 じゅんび

5. 特色ある地いきと人々のくらし

3 美しい景観を生かすまち・松島町②

めあて 自然かんきょうを守り、景観を生かす観光の取り組みについて理解しよう。

教科書 152〜155ページ　答え 40ページ

次の(　)に入る言葉を、下から選びましょう。

1 美しい自然と景観を生かした観光　教科書 152〜153ページ

自然かんきょうを守るための取り組み

- 景観にとって重要な松が、松くい虫によってかれてしまわないよう(① 手入れ)を行っている。
- 東日本大震災の(② 津波)のひがいを受けたアマモを再生する取り組みを行っている。
- 地いき住民と観光客が協力し、松島湾の(③ せいそう)活動を行っている。

松くい虫から松を守る手入れ

景観を生かした観光

- 松島湾の景色を、(④ 遊覧船)で観光することができる。
- 松島湾で養しょくされている(⑤ かき)が名物である。

ワンポイント 観光

- 住んでいる場所からはなれて、ほかの地いきの景色や(⑥ 名所)、風物などを見物すること。

2 景観を未来に／4コマCMをつくる　教科書 154〜155ページ

景観を生かす新しい取り組み

- 「松島こども英語ガイド」…小・中学生が、外国人観光客に(⑦ 英語)で観光案内を行う。
- 「観光科」…松島高校に観光科をつくり、未来の松島をささえる人を育てている。
- 観光科では、まちの観光しせつでの実習や、観光(⑧ ボランティアガイド)などを行っている。
- 旅行会社と協力してオンラインツアーを行うなど、まちの(⑨ みりょく)を伝える企画を考え、実現している。

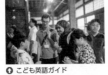

こども英語ガイド

選んだ言葉に✓

□ボランティアガイド　□せいそう　□手入れ　□かき　□津波
□みりょく　□遊覧船　□英語　□名所

ぴったり2 練習

ぴたトリビア 松島湾には260あまりの島があり、その美しい景色は、昔から歌によまれたり、絵にかかれたりしています。

教科書 152〜155ページ　答え 40ページ

1 次の問いに、答えましょう。

(1) 自分が住んでいる場所からはなれ、ほかの地いきの景色や名所、風物などを見物することを何といいますか。

(観光)

(2) 次の①〜③の写真にあてはまる、松島町の自然かんきょうを守るための取り組みを、㋐〜㋒から選んで線で結びましょう。

① 

② 

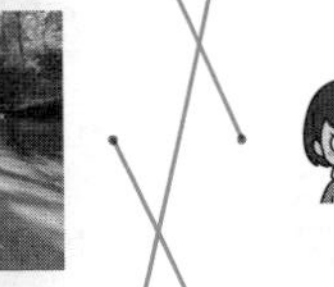

③ 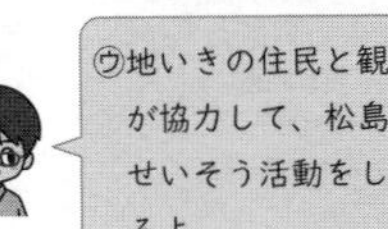

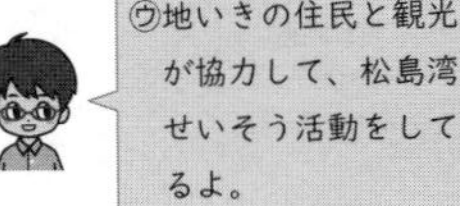

㋐東日本大震災の津波でひがいを受けたアマモを再生する活動をしているよ。

㋑松島湾の景観にとって重要な松を、松くい虫から守る手入れをしているよ。

㋒地いきの住民と観光客が協力して、松島湾のせいそう活動をしているよ。

2 松島町の取り組みについて、正しいものには○を、まちがっているものには×をつけましょう。

①(○)松島高校に観光科をつくるなど、松島町の未来をささえる人を育てている。

②(×)地いきのお年よりが、外国人観光客に英語で観光案内を行っている。

③(○)松島高校の観光科と旅行会社が協力して、まちのみりょくを伝える企画を考え、実現している。

④(×)松島町の小・中学生が観光ボランティアガイドとなり、日本人観光客を案内している。

ヒント 1 (2) アマモは海そうの一種です。 2 新しい取り組みは、地いきのわかい世代の人たちが中心になって行っています。

できたかな？

□松島町では、自然かんきょうを守るためにどのような取り組みが行われているか、例をあげてみよう。

おうちのかたへ

ここでは、松島町の美しい自然をどのように守っているか、また、これからも景観を生かしていくために、どのような活動が行われているかについて学びます。

練習　79ページ

1 (2)①松の手入れを行っている様子です。景観にとって重要な島々の松が、松くい虫によってかれてしまうことがあるため、薬をまいてふせいでいます。②地いきの住民と観光客が協力してせいそう活動を行っている様子です。湾内をきれいにしたり、流れ着いたごみを拾ったりします。③松島湾アマモ場再生会議の活動の様子です。アマモは海そうの一種で、小魚の住みかやえさ場などになり、「海のゆりかご」とよばれています。アマモを再生することが、海のかんきょうをよくすることにつながると考えられています。

2 ②小・中学生が、外国人観光客に英語で観光案内をする「松島こども英語ガイド」という取り組みが行われています。④松島高校観光科の生徒が、観光ボランティアガイドを行ったり、旅行会社と協力してオンラインツアーを企画したりしています。

ぴったり3 たしかめのテスト

せんたく

5. 特色ある地いきと人々のくらし

3 美しい景観を生かすまち・松島町

80ページ

/100 ごうかく80点

教科書 148~155ページ　答え 41ページ

1 次の写真を見て、答えましょう。 1つ5点（30点）

(1) よく出る 右の２つの写真は、松島町のまちなみの変化の様子を表しています。写真から読み取れることには○を、読み取れないことには×をつけましょう。 技能

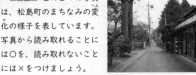

整び前のまちなみ

整び後のまちなみ

①（ × ）建物が、現代的な形に変わった。

②（ × ）電柱の色が、まちなみに合った色に変わった。

③（ ○ ）ブロックべいが、生けがきに変わった。

④（ ○ ）道路の左はしにあった雨水を流すみぞのふたがなくなり、きれいに整びされた。

⑤（ ○ ）左の大きな木がなくなり、周辺の緑の色合いなどが統一された。

記述 (2) てきたらスゴイ！ (1)のように、まちなみがつくりかえられたのはなぜですか。その理由を、かん単に書きましょう。 思考・判断・表現

（(例) 松島町のれきしある美しい景観を守るため。）

2 次の①~④は、松島町の特色を伝える４コマCMで使う文です。それぞれの文に合う資料を、㋐~㋓から選びましょう。 1つ5点（20点）

①（ ㋓ ）松島は、美しい景観で有名な観光地です。

②（ ㋐ ）れきしのある古い建物が残されています。

③（ ㋑ ）松島の景観にとって重要な、美しい自然かんきょうを守るための取り組みを行っています。

④（ ㋒ ）未来の松島町をささえる人を育てています。

㋐ ㋑ ㋒ ㋓

81ページ

学習日

3 次の問いに、答えましょう。 1つ5点（20点）

(1) 美しい景観で昔から有名な、宮城県の松島、京都府の天橋立、広島県の厳島の３つの地いきのことを何といいますか。（ 日本三景 ）

(2) 右のグラフは、次の表の内容を表したものです。表の①~③があてはまる場所を、グラフの㋐~㋒から選びましょう。 技能

宮城県の主な観光地	年間観光客数
①秋保温泉	104万人
②鹽竈神社・志波彦神社	114万人
③松島海岸	298万人
④仙台城あと・瑞鳳殿など	101万人

宮城県の主な観光地と年間観光客数

①（ ㋒ ）②（ ㋑ ）③（ ㋐ ）

4 次の問いに、答えましょう。 1つ5点（30点）

(1) よく出る 松島町で2014年につくられた「景観条例」の説明として正しいものには○を、まちがっているものには×をつけましょう。

①（ × ）古くからの景観を守るため、新しい建物をつくってはいけない。

②（ ○ ）新しい建物を建てるときは、景観に合う色や形になるように気をつける。

③（ × ）新しい建物を建てるときは、建物の色を赤色にしなければならない。

④（ × ）新しい建物を建てるときは、必ず古い木材を使わなければならない。

(2) 松島町では「世界でもっとも美しい湾クラブ」に日本で初めて加めいするなど、「世界の松島湾」をめざし、外国人観光客をふやす取り組みをしています。写真の①・②の取り組みに関する説明を、㋐~㋒から選びましょう。

①（ ㋐ ）　②（ ㋒ ）

㋐ 小・中学生が英語を使って、外国人観光客に観光案内をしている。

㋑ 留学生が、レストランのメニューを外国語にほんやくしている。

㋒ 英語や韓国語など、数か国語のパンフレットを作成している。

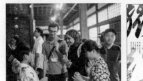

ふりかえり 4(1)がわからないときは、76ページの2にもどってかくにんしてみよう。

この本の終わりにある「春のチャレンジテスト」をやってみよう！

この本の終わりにある「学力しんだんテスト」をやってみよう！

たしかめのテスト 80~81ページ

1 (1)松島の松の緑と、空と海の青色に合った、落ち着いた色使いのまちなみに変わっています。新たな建物を建てるときは、景観に合う色や形にするように気をつけられています。

2 ㋐は、伊達政宗が再建した瑞巌寺の写真です。本堂などが国宝に指定されています。㋑は、松島の景観にとって重要な、島々の松を松くい虫から守るための手入れをしている様子です。㋒は、松島高校観光科の生徒による、観光ボランティアガイドの様子です。㋓は、美しい景観で有名な松島湾の様子です。

3 (2)表の年間観光客数と、ぼうグラフの長さをかくにんします。

4 (1)①②新しい建物を建てることはできますが、景観に合う色や形にするようにしています。③使う色が赤色に決められているわけではありません。④古い木材を使うというきまりはありません。

(2)①は松島こども英語ガイドの様子、②はさまざまな言語のパンフレットです。

記述問題のプラスワン

1 (2)松島町では、美しい景観を生かしたまちづくりをするために、景観を守る取り組みが行われています。景観に合わない建物ができてしまうと、松島のよさがうしなわれてしまう可能性があります。そのため、町と地いきの人たちが協力し、昔からのまちなみを守っているのです。この問題では「理由」を聞いているので、文の終わりは「~から」「~ため」としましょう。

ぴったり1 じゅんび

5. 特色ある地いきと人々のくらし

3 古いまちなみを生かすまち・登米市登米町①

めあて 伝統的な文化ざいとまちの景観を生かしたまちづくりについて理解しよう。

教科書 156〜159ページ　答え 42ページ

次の（　）に入る言葉を、下から選びましょう。

1 「まちのいたるところに、古い建物が」　教科書 156〜157ページ

古いまちなみが残る登米町

- 登米市登米町は、（① 明治時代 ）などの古い建物がたくさん残されていることから、「みやぎの明治村」とよばれている。
- 武家屋敷のまちなみなど、古い景観を大切にしている。
- 伝統的な（② 文化ざい ）やまちの景観を、まちづくりに生かしている。

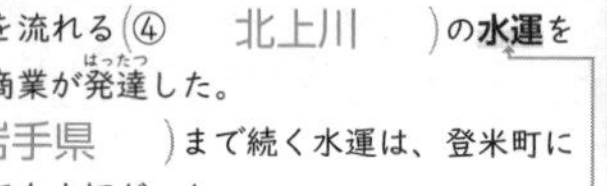

教育資料館（旧登米高等尋常小学校）

2 文化ざいとれきしある景観を守り伝える　教科書 158〜159ページ

登米町のれきしと文化ざい

- 江戸時代から仙台藩の（③ 城下町 ）として栄えていた。
- まちの東を流れる（④ 北上川 ）の水運を生かし、商業が発達した。
- （⑤ 岩手県 ）まで続く水運は、登米町にとってとても大切だった。
- 明治時代には水沢県の（⑥ 県庁 ）が置かれていた。
- まちには江戸時代の（⑦ 武士 ）の家や明治時代の建物がたくさん残されている。

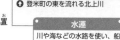

登米町の東を流れる北上川

水運：川や海などの水路を使い、船やいかだでものを運ぶこと。

景観を守る取り組み

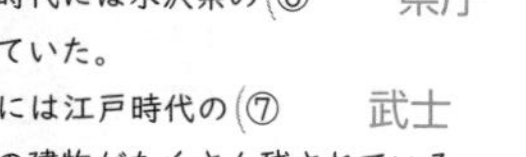

ワンポイント 守り伝える

- 登米町は、まちのたからである文化ざいやまちなみを大切に**守り伝えたい**という人々の願いと協力で、「みやぎの明治村」としてまちづくりを進めている。

- 地いきの人たちは、古い建物を残したり、景観を整えたりしようと努めている。
- 登米町には、住民による（⑧ 景観ほご団体 ）がある。

選んだ言葉に✓：□景観ほご団体　□文化ざい　□北上川　□武士　□明治時代　□岩手県　□城下町　□県庁

ぴったり2 練習

ぴたトリビア 岩手県南部と宮城県北部の一部にまたがる地いきは、かつて何度も県の範囲が変わったことで、県の名前も変わりました。

教科書 156〜159ページ　答え 42ページ

1 次の①〜④の説明にあてはまる建物を、右の絵地図の㋐〜㋓からそれぞれ選びましょう。

① 武家屋敷のまちなみの西側に位置する、昔この地いきにあった県に関係する建物。（ ㋑ ）

② 武家屋敷のまちなみの東側に位置する、江戸時代の武士の家。（ ㋒ ）

③ 教育資料館から見て、北側に位置する建物。（ ㋐ ）

④ 絵地図内でいちばん南に位置する建物。（ ㋓ ）

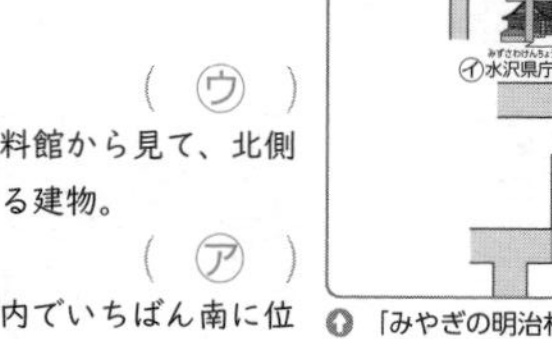
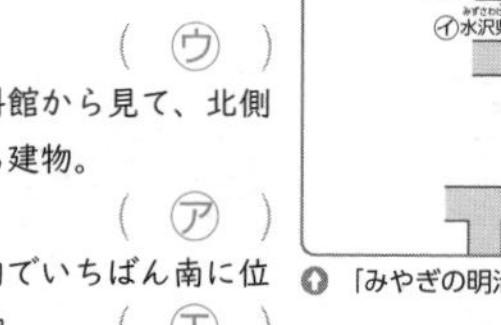
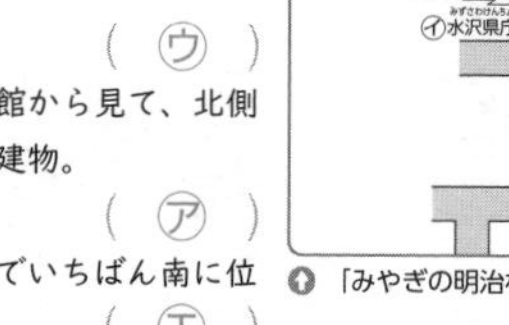

「みやぎの明治村」の地図

2 次の問いに、答えましょう。

(1) 川や海などの水路を使い、船やいかだでものを運ぶことを何といいますか。（ 水運 ）

(2) 右の年表から読み取れることには○を、読み取れないことには×をつけましょう。

①（ ○ ）明治時代の初め、登米町には、水沢県の県庁が置かれていた。

②（ × ）文化ざいは、国が指定するものと県が指定するものの2種類のみである。

③（ ○ ）登米町には、建物の文化ざいだけでなく、無形民俗文化ざいもある。

年	主なできごと
1871(明治4)	登米町に水沢県庁舎ができる。
1876	宮城県になる。
1953(昭和28)	覚乗寺が県指定の文化ざいになる。
1976	武家屋敷が町指定の文化ざいになる。旧水沢県庁舎が町の文化ざいになる。
1981	旧登米高等尋常小学校校舎が国指定の重要文化ざいになる。
1988	旧登米警察しょ庁舎が県指定の文化ざいになる。
2009(平成21)	とよま秋祭りが県指定の無形民俗文化ざいになる。
2012	登米市景観条例をつくる。

登米市の主なできごとや文化ざいに関する年表

ヒント 1 建物の名前と方位をしっかりと見て、答えましょう。

できたかな？

□古い建物が多く残っている登米市登米町は、何とよばれているか言ってみよう。

おうちのかたへ

宮城県登米市登米町に見られる、古いまちなみを生かしたまちづくりについて学びます。ここでも、松島町と同じように、町と住民の協力が大事であることがわかります。古いものがなぜ大切にされるのか、ご家庭でもお子さんと一緒に考えてみてください。

練習 83ページ

1 ①明治時代、登米町は当時の水沢県の一部で、県庁が置かれていました。

②春蘭亭は、200年以上前の武士の家で、現在はまち歩きの際の休けい所として活用されています。

③森舞台では、江戸時代から伝わる登米能がじょうえんされています。教育資料館は、旧登米高等尋常小学校の校舎として使用されていたもので、国指定の重要文化ざいです。

④警察資料館は、旧登米警察しょ庁舎で、県指定の文化ざいです。

2 (1)登米町は、岩手県まで続く北上川の水運を生かして商業が発達しました。

(2)①1871年に水沢県庁舎ができていることから、県庁が置かれていたことがわかります。②年表を見ると、国や県が指定する文化ざいのほかに、町が指定するものもあることがわかります。③とよま秋祭りが、県指定の無形民俗文化ざいになっています。

ぴったり1 じゅんび

やんたく 5. 特色ある地いきと人々のくらし

3 古いまちなみを生かすまち・登米市登米町②

学習日 84ページ

めあて れきしある景観を生かしたまちづくりや、未来へつなぐ取り組みを理解しよう。

教科書 160〜165ページ　答え 43ページ

次の（　）に入る言葉を、下から選びましょう。

1 景観を生かしたまちづくり　教科書 160〜161ページ

まちづくりのくふう

- 教育資料館では、昔の校舎を見学するだけではなく、観光客が着物を着て（① 写真 ）をとることができる。
- 春蘭亭は江戸時代の建物を（② 休けい所 ）として活用している。

春蘭亭

ワンポイント 地いきの人たちの取り組み

- 登米市は2012年に（③ 景観条例 ）をつくり、地いきの人にも景観ほごへの協力を求めてきた。
- （④ まちなみ ）に合う建物になるよう、地いきの人も協力している。
- れきしある店の建物や蔵などを生かして、（⑤ 資料館 ）やギャラリーをつくるなどしている。
- 市と地いきの人が、力を合わせて（⑥ 景観 ）を守っている。

2 古くから伝わる景観や文化を未来へつなぐ／4コマCMをつくる 県内の特色ある地いきのよさを伝えよう　教科書 162〜165ページ

未来へつなぐための取り組み

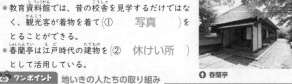

- 地いきのまちなみや（⑦ 文化ざい ）を、これからも大切にする気持ちを育てるため、登米町の小学生が教育資料館のせいそう活動を行っている。
- 江戸時代から登米に伝わる（⑧ 能 ）を、ほかの地いきの人にも伝える活動を行っている。
- 外国人観光客のため、さまざまな国の言葉でガイドをする（⑨ 多言語ガイドペン ）をつくっている。

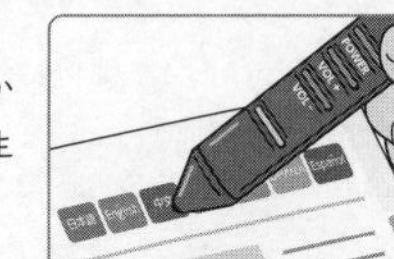

多言語ガイドペン

自分たちのまちとのひかく

- 伝統的な産業、国際交流、美しい景観、古いまちなみなどの特色について、自分たちのまちとにているところや、ちがうところを話し合ってみる。

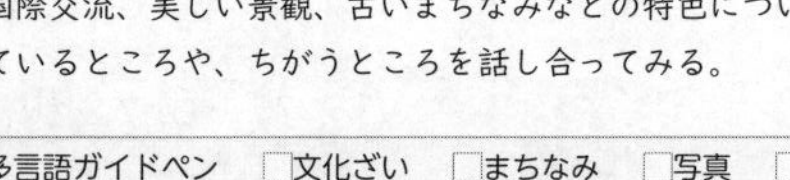

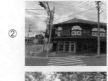

選んだ言葉に☑　□多言語ガイドペン　□文化ざい　□まちなみ　□写真　□能　□休けい所　□景観条例　□資料館　□景観

84

ぴったり2 練習

学習日 85ページ

ぴたトリビア 春蘭亭は、江戸中期から後期ごろの武士の家で、200年以上前のものと考えられています。

教科書 160〜165ページ　答え 43ページ

1 景観を生かしたまちづくりについて、次の①〜③の写真にあてはまる説明を、㋐〜㋒から選んで線で結びましょう。

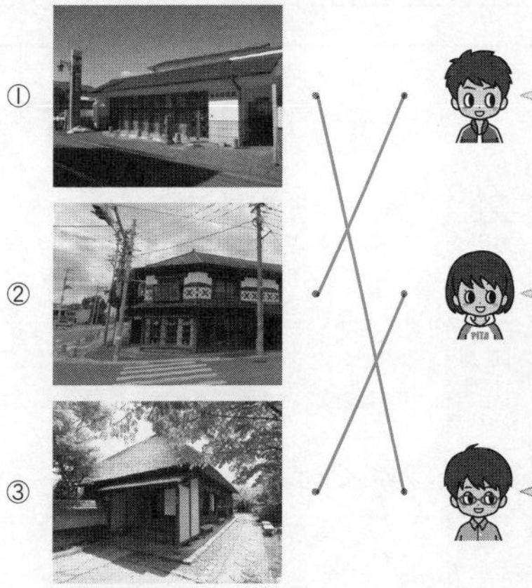

①　②　③

㋐れきしあるお店の建物を残すため、建物を生かして資料館やギャラリーをつくったよ。

㋑江戸時代の建物を、まち歩きの際の休けい所として活用しているよ。

㋒昔からの景観をほごするために、まちなみに合わせて整びされているよ。

2 古くから伝わる景観や文化を未来へつなぐために、登米市や登米町で行われている取り組みについて、正しいものには○を、まちがっているものには×をつけましょう。

①（ ○ ）登米町では、地いきのまちなみや文化ざいを、これからも大切にしていく気持ちを育てるため、小学生が教育資料館のせいそう活動を行っている。

②（ × ）登米市では、江戸時代から登米に伝わる祭りに観光客をよぶため、ほかの地いきでせんでん活動を行っている。

③（ × ）外国人観光客をふやすため、小学生が英語で地いきの観光ガイドを行っている。

④（ ○ ）外国人観光客がこまらないよう、さまざまな国の言葉でガイドをするペンをつくっている。

ヒント 1 それぞれの写真から、特ちょうを読み取ってみましょう。

85

できたかな？

□これからも文化ざいや景観を生かしていくために、登米市登米町ではどのような取り組みが行われているか、例をあげてみよう。

おうちのかたへ

景観条例を制定している自治体は、全国各地にあります。旅行などで実際にまちなみを見学したり、住んでいる地域との違いを探してみたりすると理解が深まります。

練習 85ページ

1 ①まちなみに合うように整びされたゆうびん局の写真です。れきしある景観に合う建物になっています。登米市では2012年に景観条例がつくられ、市と地いきの人たちが協力して景観を守っています。
②大正時代の店を活用したギャラリーの写真です。れきしある店の建物や蔵を残すため、それらを生かした資料館やギャラリーがつくられました。
③武家屋敷春蘭亭の写真です。200年以上前の武士の家で、現在はまち歩きの際の休けい所として活用されています。

2 ②祭りではなく能です。江戸時代から登米に伝わる能を、ほかの地いきの人にも伝える活動が行われています。
③④外国人観光客がふえてきたため、さまざまな国の言葉でガイドする多言語ガイドペンがつくられました。

ぴったり3 たしかめのテスト

5. 特色ある地いきと人々のくらし
3 古いまちなみを生かす まち・登米市登米町

86ページ　/100　ごうかく80点

教科書 156〜165ページ　答え 44ページ

1 次の地図を見て、答えましょう。　1つ5点、(3)10点（40点）

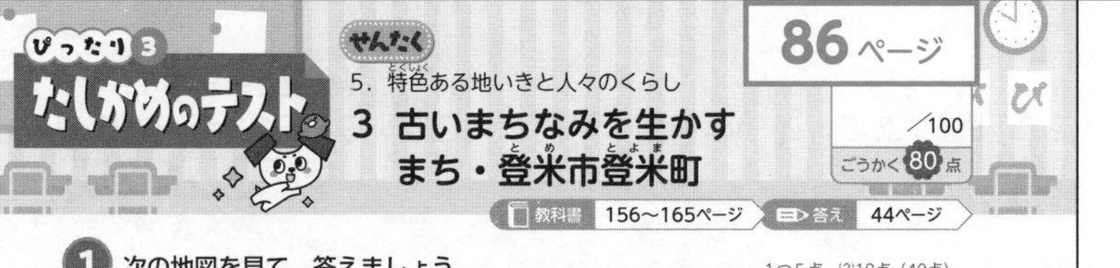

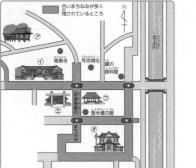

(1) 次の①〜⑤の文は、地図中の㋐〜㋔の建物について説明したものです。それぞれの説明にあてはまる建物を、㋐〜㋔から選びましょう。

①(㋑)旧登米高等尋常小学校は、今は教育資料館となっており、覚乗寺の南にある。

②(㋔)1889年につくられた登米警察しょ庁舎で、絵地図の中で最も南にある。

③(㋓)1876年に宮城県に変わる前に使われていた県庁の庁舎で、武家屋敷のまちなみの西側にある。

④(㋒)まち歩きの際の休けい所として活用されており、登米懐古館のすぐそばにある。

⑤(㋐)1996年につくられた「登米能」の舞台で、覚乗寺の北西にある。

(2) 登米町の古いまちなみのように、その土地どくじの自然やれきしがつくってきた風景のことを何といいますか。（ 景観 ）

記述 (3) 登米町が江戸時代から仙台藩の城下町として栄えてきた理由を、「水運」という言葉を使って書きましょう。　思考・判断・表現

（(例) まちの東を流れる北上川の水運を生かして、商業が発達したから。）

学習日　87ページ

2 次の問いに、答えましょう。　1つ5点、(2)10点（35点）

(1) 登米市登米町が行っている取り組みについて説明した次の文中の①〜⑤にあてはまる言葉を、あとの［　］から選びましょう。

登米市登米町は、古い建物が多く残されていることから「みやぎの（①）村」とよばれており、（②）やまちなみを守り伝えるため、景観の（③）に力を入れている。まちの景観や文化を未来へつなぐため、（④）時代から伝わる能をほかの地いきにも伝えたり、（⑤）をふやす取り組みを行ったりしている。

江戸　明治　観光客　ほご　文化ざい　移住者

①(明治)　②(文化ざい)　③(ほご)
④(江戸)　⑤(観光客)

記述 (2) てきたらスゴイ! 右のゆうびん局の写真を見て、登米市登米町で新しい建物をつくるときに気をつけなければいけないことを、「景観」という言葉を使って書きましょう。　思考・判断・表現

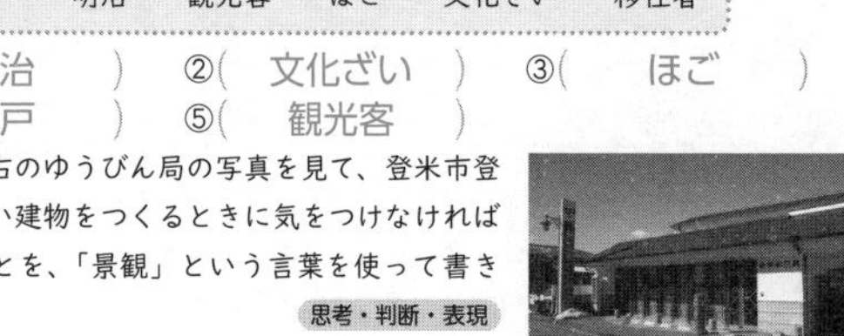

（(例) 昔からの景観が守られるよう、建物をまちなみに合った色や形にすること。）

この本の終わりにある「春のチャレンジテスト」をやってみよう！

3 次の年表を見て、答えましょう。　1つ5点（25点）

(1) よく出る 年表中の①にあてはまる言葉を書きましょう。（ 景観条例 ）

(2) 登米市のまちづくりや年表について正しいものには○を、まちがっているものには×をつけましょう。

①(○)古い建物やまちなみのほぞんに力を入れている。

②(×)水沢県庁舎は、大正時代にできた建物である。

③(×)覚乗寺は国指定の重要文化ざいである。

④(○)旧水沢県庁舎が文化ざいになったのは昭和に入ってからである。

年	主なできごと
1871 (明治4)	水沢県庁舎ができる。
1876	宮城県になる。
1953 (昭和28)	覚乗寺が県指定の文化ざいになる。
1976	武家屋敷が町指定の文化ざいになる。旧水沢県庁舎が町の文化ざいになる。
1981	旧登米高等尋常小学校校舎が国指定の重要文化ざいになる。
1988	旧登米警察しょ庁舎が県指定の文化ざいになる。
2009 (平成21)	とよま秋祭りが県指定の無形民俗文化ざいになる。
2012	登米市①をつくる。

登米市の主なできごとや文化ざいに関する年表

ふりかえり ❶(3)がわからないときは、82ページの❷にもどってかくにんしてみよう。

この本の終わりにある「学力しんだんテスト」をやってみよう！

たしかめのテスト　86〜87ページ

1 (1)それぞれの建物がどのようなものか考え、地図で建物の位置を見ながら答えましょう。
③明治時代、登米町は当時の水沢県の一部でした。
④武家屋敷春蘭亭は、200年以上前から残る武士の家です。
⑤登米能は、江戸時代から登米に伝わる能で、宮城県の無形民俗文化ざいに指定されています。

2 (1)⑤外国人観光客がこまらないよう、さまざまな国の言葉でガイドする多言語ガイドペンをつくるなど、新しい取り組みが行われています。
(2)写真を見ると、ふつうのゆうびん局とはちがい、れきしある景観に合った建物になっていることがわかります。地いきの人たちも、昔からの景観が守られるよう協力しています。

3 (2)②水沢県庁舎ができたのは、大正時代ではなく明治時代です。③覚乗寺は、国指定の重要文化ざいではなく、県指定の文化ざいです。

記述問題のプラスワン

1 (3)水運とは、川や海などの水路を使い、船やいかだでものを運ぶことです。水運のきょてんには人や物が集まるため、商業が発達しました。岩手県まで続く北上川の水運は、登米町にとって、とても大切なものでした。この問題では「理由」を聞いているので、文の終わりは「〜から」「ため」としましょう。

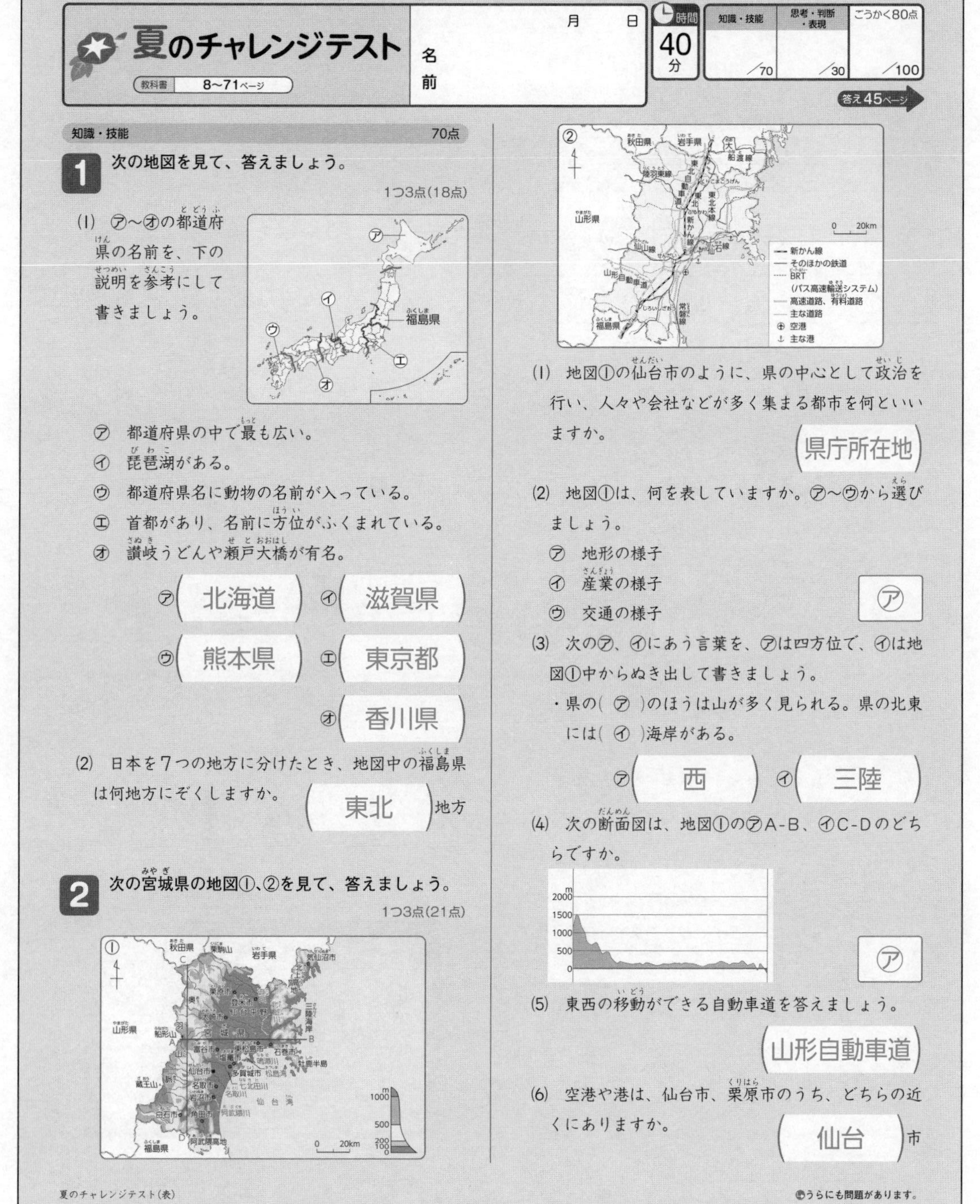

夏のチャレンジテスト

教科書 8~71ページ

名前　　　月　　日

時間 40分

知識・技能	思考・判断・表現	ごうかく80点
/70	/30	/100

答え45ページ

知識・技能　70点

1 次の地図を見て、答えましょう。　1つ3点(18点)

(1) ㋐～㋔の都道府県の名前を、下の説明を参考にして書きましょう。

㋐ 都道府県の中で最も広い。
㋑ 琵琶湖がある。
㋒ 都道府県名に動物の名前が入っている。
㋓ 首都があり、名前に方位がふくまれている。
㋔ 讃岐うどんや瀬戸大橋が有名。

㋐(北海道) ㋑(滋賀県)
㋒(熊本県) ㋓(東京都)
㋔(香川県)

(2) 日本を7つの地方に分けたとき、地図中の福島県は何地方にぞくしますか。(東北)地方

2 次の宮城県の地図①、②を見て、答えましょう。　1つ3点(21点)

(1) 地図①の仙台市のように、県の中心として政治を行い、人々や会社などが多く集まる都市を何といいますか。(県庁所在地)

(2) 地図①は、何を表していますか。㋐～㋒から選びましょう。(㋐)
㋐ 地形の様子
㋑ 産業の様子
㋒ 交通の様子

(3) 次の㋐、㋑にあう言葉を、㋐は四方位で、㋑は地図①中からぬき出して書きましょう。
・県の(㋐)のほうは山が多く見られる。県の北東には(㋑)海岸がある。
㋐(西) ㋑(三陸)

(4) 次の断面図は、地図①の㋐A-B、㋑C-Dのどちらですか。(㋐)

(5) 東西の移動ができる自動車道を答えましょう。(山形自動車道)

(6) 空港や港は、仙台市、栗原市のうち、どちらの近くにありますか。(仙台)市

うらにも問題があります。

夏のチャレンジテスト　表

1 (1)㋐北海道は、47都道府県の中で最も広いです。
㋑滋賀県にある琵琶湖は、日本で最も広い湖です。
㋒熊本県のほかに、群馬県、鳥取県、鹿児島県に動物の名前が入っています。
㋓東京都は日本の首都があり、方位の東がふくまれています。
㋔瀬戸大橋は、岡山県と香川県を結んでいます。
(2)日本の7つの地方は、北海道地方、東北地方、関東地方、中部地方、近畿地方、中国・四国地方、九州地方です。

2 (1)県庁所在地は、県の政治を行う県庁があり、人や会社が多く集まります。
(2)地図①のような地勢図からは、土地の高さや、海や川の場所などを知ることができます。
(3)㋐地勢図は、色のちがいによって土地の高さが表されています。県の西側には奥羽山脈があり、土地が高くなっていることがわかります。
㋑左上の方位の記号から、地図の上が北になっているので、北東の方角にあるのは三陸海岸であることがわかります。
(4)地図①の土地の高さを表す色分けをかくにんします。Aの近くは土地の高さが1000mをこえており、奥羽山脈の地名からも山地だとわかります。1000mをこえるのはAの近くだけで、Bまでの土地は0～100mの土地が続いており、断面図と同じ地形だとわかります。C－Dは、Cに近いところや中央あたりに500mをこえる高い土地があるため、断面図とはことなっています。

おうちのかたへ 都道府県の面積は、大きい順に①北海道②岩手県③福島県④長野県⑤新潟県となり、東日本に広い県が集まっています。反対に、面積の小さい都道府県は、①香川県②大阪府③東京都となります。特徴を知ることで、都道府県が覚えやすくなります。

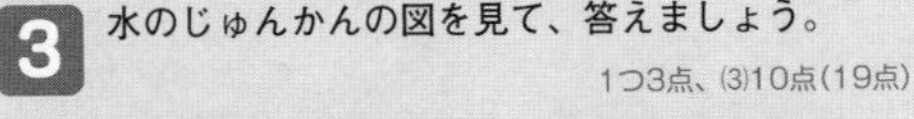

3 水のじゅんかんの図を見て、答えましょう。

1つ3点、(3)10点(19点)

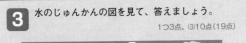

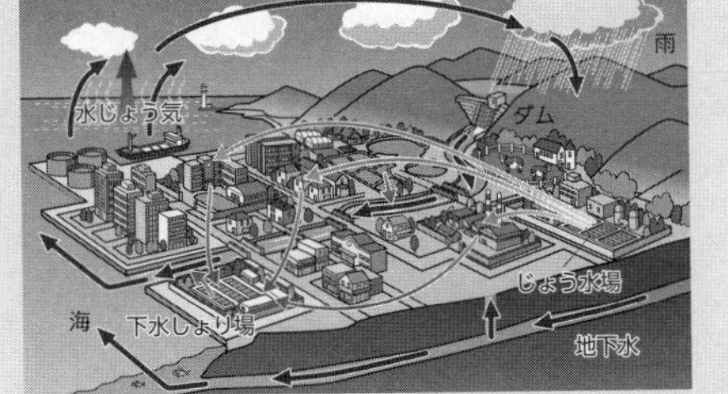

(1) 次の①、②にあう言葉を、あとの［　］からそれぞれ選びましょう。

・(　①　)は、川の水のよごれを薬品などを使って取りのぞき、安心して飲める水にし、(　②　)や工場に送っている。

［下水しょり場　家庭　じょう水場　ダム］

①（じょう水場）　②（家庭）

(2) 森は、ふった雨水をたくわえることから、何とよばれますか。

（緑のダム(水げんの森)）

(3) 川から海に流れた水は、その後どうなりますか。［　］の言葉をすべて使って、かん単に書きましょう。

［水じょう気　雨］

（(例) 水じょう気になったあと、雨となり地上にふる。）

4 次の問いに、答えましょう。

1つ3点(12点)

(1) ごみステーションに出されたもえるごみは、しゅう集車やトラックで運ばれた後、どこでもやされますか。㋐～㋒から選びましょう。

㋐ せいそう工場

㋑ しょぶん場

㋒ リサイクルプラザ

（㋐）

(2) 次の図のように、しげん化物を原料にもどして再び使えるようにすることを何といいますか。カタカナで書きましょう。

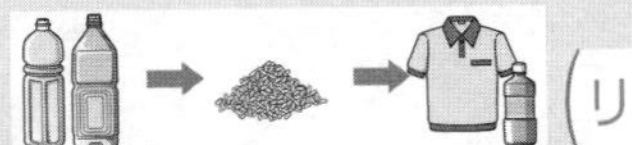

（リサイクル）

(3) リデュース、リユース、リフューズと(2)の４つをあわせて何といいますか。

（4R）

(4) 次の㋐～㋒から、リデュースの取り組みを選びましょう。

㋐ 自治会で回しゅうした古い新聞を、せん門の業者に売る。

㋑ 食べ物を残さず食べる。

㋒ フリーマーケットでおもちゃを買う。

（㋑）

思考・判断・表現　30点

5 次の問いに、答えましょう。

(1)1つ5点、(2)10点(30点)

(1) ごみをもやした後に残るはいについて、正しいものには○を、まちがっているものには×をつけましょう。

① 安全になるまで消どくして、川などに流す。

② プールや大浴場で再利用する。

③ しょぶん場に運んでうめる。

④ 道路工事の材料として利用する。

①（×）　②（×）　③（○）　④（○）

(2) 次の表は、岡山市の１年間のごみのしょぶんにかかった金がくです。表から読み取れる、ごみのしょぶんがかかえる問題を、かん単に書きましょう。

しゅう集	約30億2000万円
しょり	約50億500万円
一人あたり	約１万3000円

市のごみのしょぶんにかかる金がく(2019年)　[岡山市資料]

（(例) ごみのしゅう集やしょりにお金がたくさんかかること。）

夏のチャレンジテスト　うら

3 (1)川の水はそのままでは飲めないため、じょう水場に取り入れて安全な水にしています。きれいになった水は、水道管を通って家庭や工場に送られます。

(2)森に雨がふると、土にゆっくりしみこんだり、木にすい上げられたりして、およそ半分の水がしばらくの間、森にたくわえられます。

(3)川から海に流れこんだ水は、あたためられて水じょう気となり、雨になってわたしたちのもとにもどってきます。

4 (1)もえるごみは、せいそう工場に運ばれてもやされ、はいになります。㋑のしょぶん場は、再利用できないごみをうめるところ、㋒のリサイクルプラザは、しげん化物を小さくくだいたり、おし固めたりしてしょりするところです。

(2)リサイクルは、ごみをへらすだけでなく、大切なしげんを節約することにもつながります。

(4)リデュースは、ごみそのものをへらす取り組みです。残さず食べることで、生ごみをへらすことができます。㋐はリサイクル、㋒はリユースの取り組みです。

5 (1)①③④残ったはいのほとんどは、道路のアスファルトなどの材料として再利用されます。再利用できないものは、しょぶん場にうめられます。

②プールや大浴場では、ごみをもやしたときに出る熱が利用されています。

(2)ごみのしゅう集やしょりには、たくさんの人やトラック、しせつが必要でお金がかかります。こうした点からも、わたしたちはごみをへらす努力をしなければならないことがわかります。

おうちのかたへ 安全な水の供給やごみの処理は、健康で住みよいくらしを守るために欠かせないものです。事業を支える多くの人々の協力や資源の大切さを理解し、自分たちにできることを考えていきます。

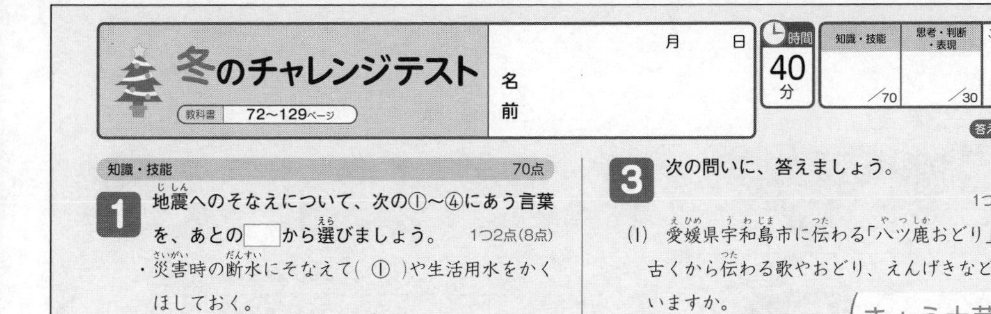

冬のチャレンジテスト

教科書 72～129ページ

名前　　　月　　日

時間 40分

知識・技能	思考・判断・表現	ごうかく80点
/70	/30	/100

答え47ページ

知識・技能　70点

1 地震へのそなえについて、次の①～④にあう言葉を、あとの□から選びましょう。　1つ2点(8点)

・災害時の断水にそなえて(①)や生活用水をかくほしておく。

・(②)へのひなんけいろをかくにんしておく。

・家族で、いざというときの(③)を話し合う。

・ふだんから、かい中電とうやけいたいラジオなどの(④)をじゅんびしておく。

連らく方法	飲料水
非常用品	ひなん場所

①(飲料水)　②(ひなん場所)

③(連らく方法)　④(非常用品)

2 次の問いに、答えましょう。　1つ3点(12点)

(1) 災害が起きたときにどのように対応するかを、市などであらかじめ決めている計画のことを何といいますか。

(地いき防災)計画

(2) 右の写真がしめしていることを書きましょう。

・(①)のひなんにはてきしていないこと。

・緊急ひなん場所の(②)が27mであること。

①(大火事)　②(海ばつ)

(3) ひなん訓練などを行い、地いきで災害にそなえることを何といいますか。㋐～㋒から選びましょう。

㋐ 自助　㋑ 共助　㋒ 公助

(㋑)

3 次の問いに、答えましょう。　1つ3点(24点)

(1) 愛媛県宇和島市に伝わる「八ツ鹿おどり」のように、古くから伝わる歌やおどり、えんげきなどを何といいますか。

(きょう土芸のう)

(2) 古くから残るものは、どのように調べるとよいですか。㋐～㋒から2つ選びましょう。

㋐ 実際には見学はせず、えいぞうだけを見る。

㋑ 図書館やインターネットを利用する。

㋒ ほぞん会などを運えいしている人に話を聞く。

(順不同)(㋑)(㋒)

(3) 愛媛県松山市にある道後温泉本館のように、地いきの人々が大切に伝えてきた、古い建物や美術品、習わしなどを何といいますか。

(文化ざい)

(4) 次の「道後温泉」に関する年表を見て、①～④の文が正しければ○を、まちがっていれば×をつけましょう。

年	主なできごと
3000年前ごろ	日本最古の温泉ができたとされる。
130年前ごろ	古くなった本館を改ちくする。 町の中心部から道後まで鉄道を走らせ、遠くの人たちも来やすいようにする。
最近	新しく「あすかのゆ」を近くにつくる。 古い本館を、地震に強い建物にする工事を始める。 世界中からもたくさんの人が来るようになる。

① 道後温泉は、建物が古くなるとすべて取りこわして、新しく建て直してきた。

② 近くの人たちが利用しやすいように、鉄道をつくって便利にした。

③ 外国人も道後温泉をおとずれている。

④ 地震で建物がこわれないよう、工事を始めた。

①(×)　②(×)　③(○)　④(○)

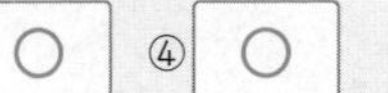

うらにも問題があります。

冬のチャレンジテスト　表

1 ②ハザードマップや地いき防災マップを見て、ひなん場所へのひなんけいろをかくにんしておきます。ハザードマップには、ひがいが想定される区いきや、ひなん場所などの防災関係のしせつの位置がしめされています。

④ほかにも、救急薬品や着がえ、非常用食品、電池、ヘルメット、ひなん用のリュックなどをそなえておくとよいです。

2 (1)地いき防災計画では、救助や消火、じょうほうの伝達などをどのようにするかや、住民のひなん場所などを定めています。

(2)①写真を見ると、大火事に×がついているので、大火事のひなんにはてきしていないことがわかります。

②ひょうしきの一番下に、海抜27mと書かれています。海抜とは、海水面からの地面の高さのことです。

(3)「共助」は、自分や家族の安全をかくほした後、近所や地いきの人々と助け合うことです。地いきで災害にそなえるひなん訓練は、共助の取り組みにあたります。「自助」は自分や家族で防災に取り組むこと、「公助」は国や都道府県、市区町村により行われる災害時の助けのことです。

3 (1)きょう土芸のうは、地いきの人々がさまざまな願いをこめて自分たちでえんじ、受けついできた、おどりや歌、えんげきなどのことです。

(2)㋐見学や体験ができるものは、実際にしてみるとよいです。

(4)①建物は取りこわさず、古くなると改ちくし、昔からのすがたを守っています。

②鉄道を町の中心部から走らせて、遠くの人たちも来やすいようにしました。

おうちのかたへ 自然災害の多い日本では、小学校の社会科においても防災教育が重要視されています。災害発生時に国や地域をはじめ、様々な機関が連携して対応することを学習します。

4 次の愛媛県新居浜市の「太鼓祭り」の資料を見て、答えましょう。

(1)1つ3点、(2)4点(10点)

各地区の太鼓台のかざりは、その地いきのれきしや思いに関係したものになっています。
太鼓台は、そこに住む人たちのほこりや団結のシンボルです。

太鼓台

(1) 次の①、②にあう言葉を、資料から書きましょう。
・太鼓台には、各地区の(①)や(②)に関連したかざりがつけられている。

(順不同) ①(れきし) ②(思い)

(2) 1967年には、子ども用の太鼓台の運行が始まりました。子ども用をつくった理由を、「伝え」という言葉を使って、かん単に書きましょう。

(（例）子どもたちに祭りを伝えていくため。)

5 次の年表を見て、答えましょう。

1つ4点(16点)

年	主なできごと
1801	布田保之助が生まれる。
1822	橋本勘五郎が生まれる。
1833	布田保之助が惣庄屋(庄屋のまとめ役)になる。
1847	橋本勘五郎が霊台橋を完成させる。
1852	布田保之助のたのみで、橋本勘五郎たちが通潤橋をつくり始める。
1854	通潤橋が完成する。
1873	布田保之助がなくなる。 橋本勘五郎が万世橋をつくる。
1897	橋本勘五郎がなくなる。

(1) 布田保之助と橋本勘五郎の立場を、㋐～㋒からそれぞれ選びましょう。

㋐ 石工 ㋑ 大工 ㋒ 惣庄屋

布田保之助 ㋒ 橋本勘五郎 ㋐

(2) 年表から読み取れることとして正しいものを、㋐～㋒から2つ選びましょう。

㋐ 通潤橋をつくる前に、橋本勘五郎は霊台橋を完成させた。
㋑ 通潤橋の工事には、およそ6年かかった。
㋒ 橋本勘五郎が万世橋をつくった年に、布田保之助がなくなった。

(順不同) ㋐ ㋒

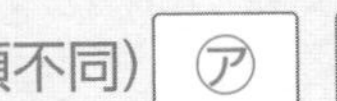

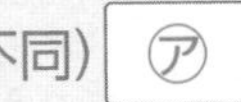

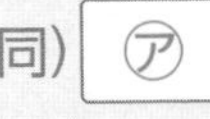

思考・判断・表現 30点

6 次の問いに、答えましょう。

1つ6点、(4)12点(30点)

(1) 次の( )にあう言葉を書きましょう。
・等高線は、同じ( )の場所を線で結び、それを上からながめたものである。

(高さ)

(2) 下の図の㋐～㋓のうち、かたむきが最も急なところを選びましょう。

㋑

(3) 図のⒶの土地の高さを数字で答えましょう。

(200)m

(4) 右の例にならって、下の図のあ—いの断面図を書きましょう。

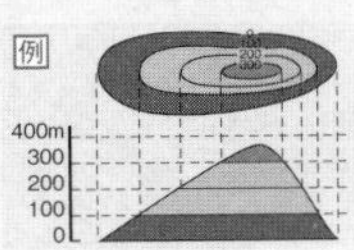
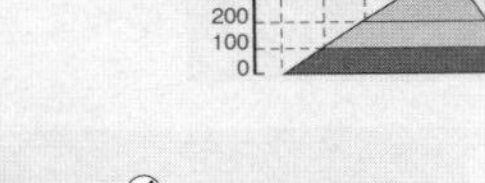

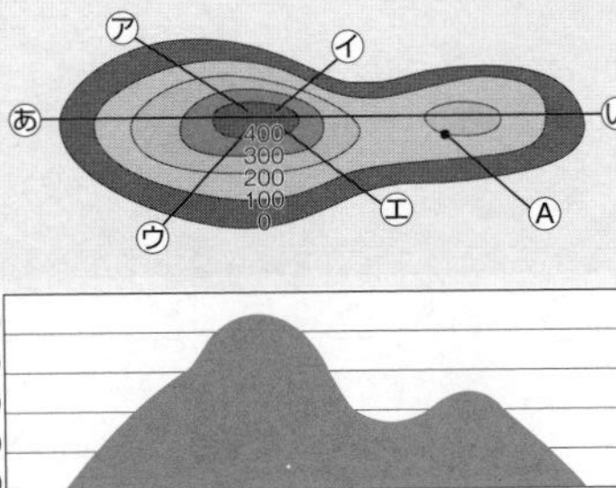

冬のチャレンジテスト　うら

4 (1)資料の「かざりは、その地いきのれきしや思いに関係したものになっている」の部分を読み取りましょう。
(2)地いきの祭りを続けていくために、子どもたちに祭りのよさを伝えています。

5 (1)㋐の石工は、石を切り出していろいろなものをつくる職人のことです。このころ、各地にすぐれたぎじゅつをもつ石工の集団がいて、地いきのはってんにつくしました。橋本勘五郎は、種山村（今の熊本県八代市）を中心に活やくした種山石工の一人です。
㋒の惣庄屋は、多くの庄屋のまとめ役のことです。布田保之助は、今の白糸台地のあたりに位置する、矢部という地いきの惣庄屋でした。

6 (2)等高線は、線の間かくがせまいとかたむきが急になり、広いとかたむきがゆるやかになるので、一番間かくがせまい㋑が最も急です。
(3)この図の等高線は100mごとに引かれており、一番外側の等高線は0mです。よって、外側から3本目の線の上にあるⒶは200mとなります。
(4)断面図の書き方は次の通りです。
①あ－いの線と等高線が交わった点から下の図に垂直な線を引き、それぞれの等高線の高さのところまでのばします。例えば、あ－いの線と交わっている一番左の等高線は0mなので、下の図の0mのところまで線を引きます。
②上の図から引いた垂直な線と、下の図の高さの線が交わったところを結んでいきます。

おうちのかたへ 等高線は土地の傾きを知ることができ、高学年や中学生になっても活用されます。4年生では、等高線の間隔が狭いと傾きが急、広いと緩やかであることをつかみます。

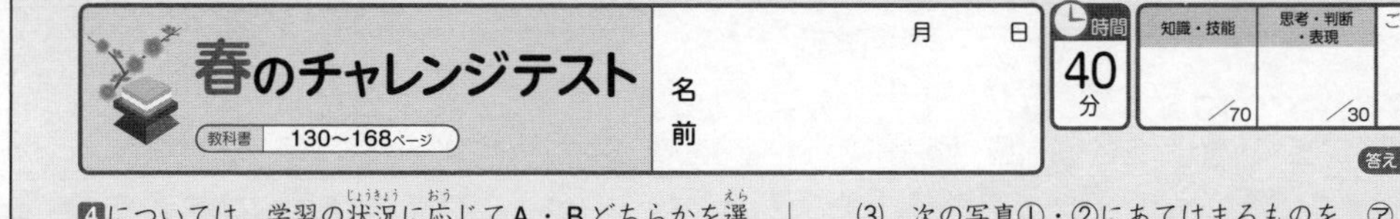

春のチャレンジテスト

教科書 130〜168ページ

名前　　　月　日

時間 40分

知識・技能	思考・判断・表現	ごうかく80点
/70	/30	/100

答え49ページ

4については、学習の状況に応じてA・Bどちらかを選んでやりましょう。

知識・技能　70点

1 次の年表と写真を見て、答えましょう。

1つ5点、(4)10点(40点)

年	主なできごと
約400年前	木地師がおわんやおぼんをつくり始める。
江戸時代末期	木地師が、子どものおもちゃとしてこけしをつくり始める。
約100年前	温泉地のおみやげとして、こけしが有名になる。
1984	みやぎ蔵王こけし館が開館する。

蔵王町のこけしづくりに関する年表

こけしづくりの様子

(1) 次の①〜③にあう言葉を、あとの□からそれぞれ選びましょう。

・こけしは、江戸時代末期に木地師が子どもの(①)としてつくり始めた。

・木地師は山村に住んでおり、こけしの原料となる(②)が手に入りやすかった。

・こけしづくりは(③)で行われるため、ぎじゅつを受けつぐには長いしゅぎょうが必要である。

手づくり　おもちゃ　木　土　おみやげ

①(おもちゃ)　②(木)　③(手づくり)

(2) 地いきの自然や古くから伝わるぎじゅつを生かして、受けつがれてきた産業のことを何といいますか。

(伝統的な産業)

(3) 次の写真①・②にあてはまるものを、㋐・㋑から選びましょう。

㋐ 創作こけしとよばれる新しいデザインのこけし

㋑ 昔ながらのきまりを守る伝統こけし

① ㋑　② ㋐

(4) (3)の㋐のようなこけしがつくられるようになったのはなぜですか。その理由を、かん単に書きましょう。

((例) こけしの新しいみりょくを生み出すため。)

2 次の地図を見て、答えましょう。

(1)4点、(2)6点(10点)

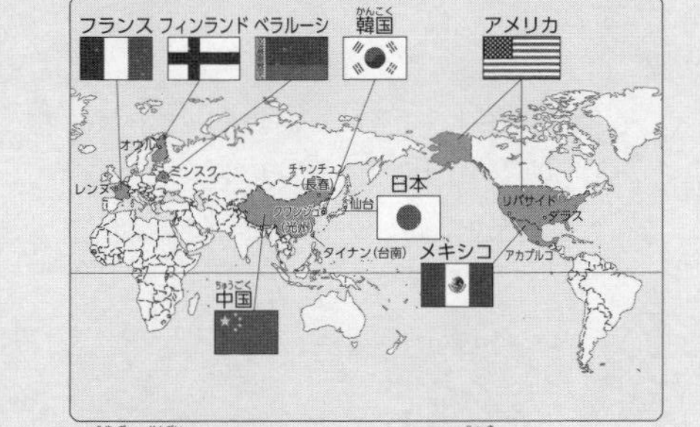

宮城県仙台市と交流している都市と、その国・国旗

(1) 仙台市と交流している都市は、いくつありますか。

(9)

(2) 国旗は、ふだん、どのような役わりをはたしていますか。

((例) 国を表す目印としての役わり。)

うらにも問題があります。

春のチャレンジテスト　表

1 (1)①年表の江戸時代末期のところを見ると、木地師が子どものおもちゃとしてこけしをつくり始めたことが書かれています。今の着せかえ人形のような、女の子向けのおもちゃとしてつくられました。

②こけしづくりの写真から、こけしの原料が木であることがわかります。ものをつくるには、原料を手に入れやすいことが大切です。伝統的な産業では、地いきで手に入る原料を生かしてものづくりをしていることが多いです。

③写真から、工人が手づくりでこけしをつくっていることがわかります。こけしづくりは、昔から受けつがれてきたぎじゅつをもった工人にささえられており、一人前になるには10年はかかるといわれています。

(2)伝統的な産業としてつくられるものは、特産品として親しまれ、地いきの人々のくらしをささえています。

(3)㋑伝統こけしは、もようや頭と胴のバランスなどのきまりを大切にしています。

(4)創作こけしのほかにも、インターネットでのはん売や、こけしに関するイベントの開さいなど、多くの人にこけしのよさを広め、こけしづくりを未来につなげるための取り組みが行われています。

2 (1)仙台市は、世界の9つの都市と交流しています。

(2)国旗は国を表す目印で、その国の人々の願いや気持ちがこめられています。国と国が交流するときには、おたがいの国旗をそんちょうすることが大切です。

おうちのかたへ 伝統的な技術を受け継ぐ産業の学習では、特色ある地域の自然環境や歴史的背景、人々の協力関係などについて考え、地域の伝統や文化への関心を深めていきます。5年生では、国の自然環境や産業など、より広い範囲について学習していきます。

3 次の問いに、答えましょう。

1つ5点(20点)

(1) 仙台市に住む外国人は、どこの国の人が多いですか。右のグラフを見て多い国の名前を2つ書きましょう。

4000人 3000 2000 1000 0
中国 ネパール 韓国 ベトナム フィリピン アメリカ その他
[2023年／仙台市資料]

仙台市の外国人住民の国別人数

(順不同)(中国)(ネパール)

(2) 学問や文化などを学ぶために日本に来ている外国人の学生を何といいますか。

(留学生)

(3) 仙台市では、右の写真のように外国人住民と防災訓練を行う地いきもあります。そのわけを、あとの□の言葉をすべて使って、( )にあうように書きましょう。

・外国人住民の中には、( )もくらしており、いざというときにこまらないようにするため。

日本語に不なれ　習かんや宗教

((例) 日本語に不なれな人や習かんや宗教のちがう人)

思考・判断・表現　30点

4 のA　次の問いに、答えましょう。

1つ5点、(3)10点(30点)

(1) 宮城県の松島、京都府の天橋立、広島県の厳島の3つの地いきは、あわせて何とよばれますか。

(日本三景)

(2) 松島では、景観を守るために、どのような取り組みをしていますか。正しいものには○を、まちがっているものには×をつけましょう。

① 最新の建物を建てるようにしている。
② 松島湾に流れ着いたごみを住民も拾い、きれいにしている。
③ 住民が景観についての勉強会に参加している。

① × ② ○ ③ ○

(3) 松島町が右の写真のような、数か国語の観光パンフレットをつくった理由を、かん単に書きましょう。

数か国語の観光パンフレット

((例) 日本語の不自由な外国の人が観光しやすいまちにしたいから。)

4 のB　次の問いに、答えましょう。

1つ5点、(3)10点(30点)

(1) 宮城県登米市登米町は、何を生かしてまちづくりをしていますか。㋐～㋒から選びましょう。

㋐ 地いきにすむ鳥　㋑ 景観のよい海
㋒ 古いまちなみ

㋒

(2) 登米町では、(1)を守り伝えるために、どのような取り組みをしていますか。正しいものには○を、まちがっているものには×をつけましょう。

① 新しい建物は、今までにない色や形にしなければならない。
② まちなみに合うように建物を整びしている。
③ 観光ガイドによる案内を行っている。

① × ② ○ ③ ○

(3) 登米市が右の絵のような、多言語ガイドペンをつくった理由を、かん単に書きましょう。

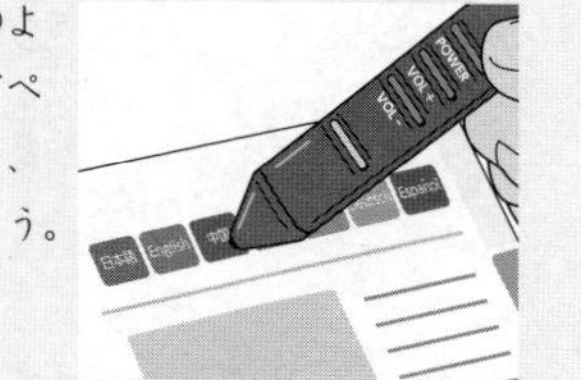

多言語ガイドペン

((例) 日本語の不自由な外国の人が観光しやすいまちにしたいから。)

春のチャレンジテスト　うら

3 (1)このグラフのたてじくは人数を表しています。仙台市には、中国からおよそ3900人、ネパールからおよそ2000人の人が来て、くらしていることがわかります。

(2)仙台市には多くの大学があるため、外国からたくさんの留学生がやってきます。

(3)日本は災害の多い国であるため、いざというときにおたがいの文化的なちがいによってこまらないよう、地いきに住む外国の人といっしょに訓練を行ってそなえています。

4のA　(2)①新しい建物を建てるときは、景観に合う色や形にすることなどを取りきめた「景観条例」がつくられています。

②地いきの住民と観光客が協力して、松島湾のせいそう活動を行っています。

(3)外国人観光客をふやすために、数か国語のパンフレットをつくっています。そのほかにも、小・中学生が外国人観光客に英語で観光案内をする「松島こども英語ガイド」などの取り組みも行われています。

4のB　(1)登米町は「みやぎの明治村」とよばれ、明治時代に建てられた建物がたくさん残るまちなみを守っています。

(2)①新しい建物を建てるときは、景観に合う形や色にすることなどを取りきめた「景観条例」がつくられています。住民による景観ほご団体があるなど、地いきの人たちも、景観を守るために協力しています。

(3)登米市では、外国人観光客がこまらないよう、さまざまな国の言葉でガイドする多言語ガイドペンをつくるなど、新しいくふうをしています。

おうちのかたへ　さまざまな国の人が日本で暮らすようになりました。言語だけでなく、生活習慣や宗教の違いを互いに理解し、特に災害時などには力を合わせられる社会となるよう取り組んでいることを学びます。

4年 社会のまとめ　学力しんだんテスト

名前　　　　月　　日　　時間 40分　　ごうかく70点　／100

答え51ページ

1については、学習の状況に応じてA・Bどちらかを、**2**についてはA～Cから選んでやりましょう。

1のA　ごみのしょりについて、(　)にあう言葉を書きましょう。③はカタカナで書きましょう。　1つ5点(15点)

・もえるごみは、(①)に運ばれてしょりされ、はいになる。はいは(②)にうめられたり、アスファルトの材料などに再利用される。使わなくなったものを原料にもどして、ふたたび使えるようにすることを(③)という。

①(せいそう工場)　②(うめ立て)しょぶん場(うめ立て場)　③(リサイクル)

1のB　下水しょりについて、次の文にあう言葉を㋐・㋑からそれぞれ選びましょう。　1つ5点(15点)

・下水は、①{㋐川・㋑下水道管}を通って水再生センターに運ばれ、しょりされる。しょりされた水は②{㋐川や海に放流・㋑飲み水に}している。また、③{㋐トイレ・㋑プール}の水などにも利用している。

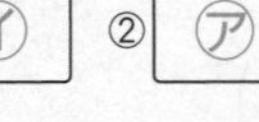

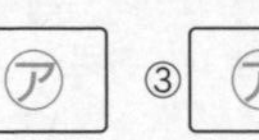

①㋑　②㋐　③㋐

2のA　水について、正しいものには○を、まちがっているものには×をつけましょう。　1つ5点(15点)

① じょう水場は川から水を取り入れて、安全できれいな水をつくっている。　○
② 雨水をたくわえることから、湖は「緑のダム」とよばれる。　×
③ 安全な水をたくわえておくため、ダムでは毎日、水質けんさをしている。　×

2のB　次の文にあう発電方法を、㋐～㋔から選びましょう。　1つ5点(15点)

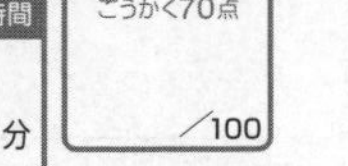
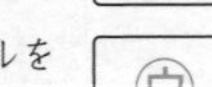
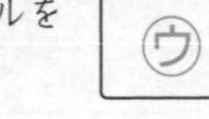
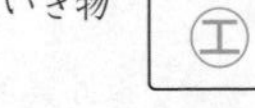
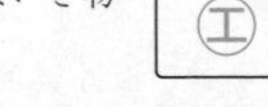
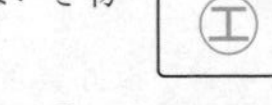

① 水不足のとき、必要なだけの発電ができない心配がある。　㋑
② 広い土地や家の屋根などに、パネルを置いて発電する。　㋒
③ ウランを燃料とした発電で、はいき物の取りあつかいがむずかしい。　㋓

㋐ 火力発電　㋑ 水力発電　㋒ 太陽光発電　㋓ 原子力発電　㋔ 風力発電

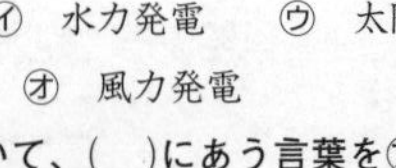

2のC　ガスについて、(　)にあう言葉を㋐～㋔からそれぞれ選びましょう。　1つ5点(15点)

・家で使われるガスには、(①)からつくられる都市ガスと、プロパンガスなどからつくられる(②)がある。
・どちらも(③)とよばれるしげんで、かぎりがある。

㋐ 天然ガス　㋑ 化石燃料　㋒ LPガス　㋓ 二酸化炭素　㋔ 石油

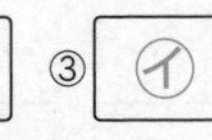

①㋐　②㋒　③㋑

3　伝統的な産業について、正しいものには○を、まちがっているものには×をつけましょう。　1つ2点(6点)

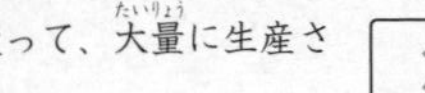

① 工場で機械を使って、大量に生産されている。　×
② 原料の多くは、地いきで手に入れやすいものを使っている。　○
③ 一人前の職人(ぎじゅつ者)を育てるのに、長い年月がかかる。　○

4　次の写真のように、市民と外国人住民が共に防災活動について学ぶ理由を、かん単に書きましょう。　1つ10点(10点)

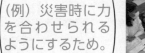

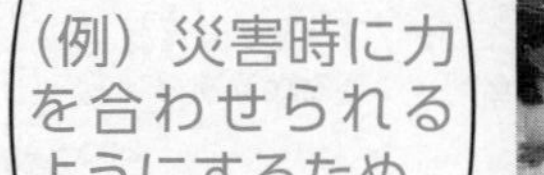

(（例）災害時に力を合わせられるようにするため。)

●うらにも問題があります。

学力診断テスト(表)

学力しんだんテスト　表

1のA　もえるごみ（もやすごみ）は、せいそう工場に運ばれてもやされます。最近では、もやして残ったはいのほとんどを、アスファルトなどの材料として再利用しています。再利用できないものは、しょぶん場に運ばれてうめられます。

1のB　水再生センターでしょりされた水は、川や海に放流するほか、トイレの水に再利用したり、近くのビルの冷ぼうやだんぼうの熱源にしたりしています。

2のA　②「緑のダム」とよばれるのは、湖ではなく森です。
③毎日水質けんさをしているのは、じょう水場です。

2のB　①水力発電は水が流れる力を利用して発電するため、長い間雨がふらず水が不足すると、必要な量の発電ができなくなることもあります。

2のC　都市ガスは道路の下のガス管を通じてとどけられます。LPガスは大きなボンベに入れてとどけられ、家ののき下などに置かれます。化石燃料は、大昔の生物の死がいや植物などが地中に長期間うまって変化したものです。化石燃料には、石油や石炭、天然ガスなどがあります。

3　伝統的な産業では、昔から伝わってきたぎじゅつを使って、主に地いきで手に入れやすい原料をもとに、手づくりでせい品づくりを行っています。近年、伝統的なぎじゅつを受けつぐわかい人がへってきているという課題があります。

4　外国人住民の中には、日本語に不なれな人や、習かんや宗教がことなる人もいるため、災害時におたがいこまることもあります。そのため、いざというときに力を合わせられるよう、ふだんからいっしょに活動し、話し合いを行っているのです。

おうちのかたへ　4年生では、住みよいくらしをつくるために欠かせない、水道やごみの処理などについて学習しました。5年生では、くらしを支える食料生産や、工業生産などについて学んでいきます。

5 次の地図を見て、答えましょう。

1つ3点(24点)

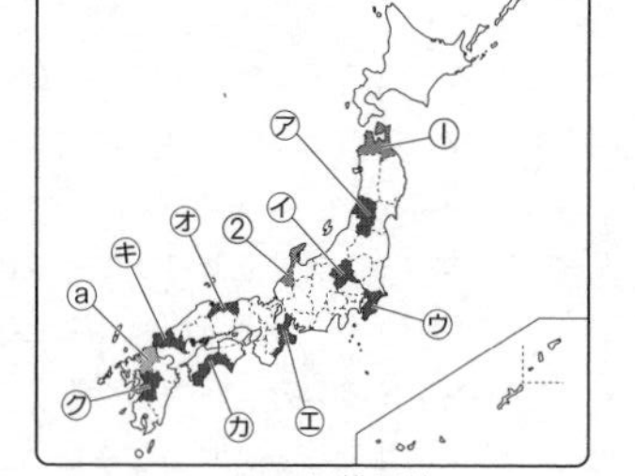

(1) 日本には、いくつの都道府県がありますか。数字で答えましょう。
(47)

(2) ⓐの県からみて北海道はどの方位にありますか。八方位で書きましょう。
(北東)

(3) 次の2つの文は、ある都道府県について説明しています。それぞれの都道府県名を書きましょう。

① 日本一大きな湖である琵琶湖がある。 (滋賀県)

② 日本の首都があり、名前に方位の一つがふくまれている。 (東京都)

(4) 地図中の①・②の都道府県名を、□からそれぞれ選びましょう。

栃木県　石川県　福井県　青森県　岩手県

①(青森県) ②(石川県)

(5) 次の□の説明すべてにあう都道府県を、地図中のア～クから選びましょう。また、その都道府県庁所在地名を書きましょう。

- 海に面している。
- 都道府県名に動物の名前がつかない。
- 都道府県名と都道府県庁所在地名がことなる。

記号 エ　都道府県庁所在地(津（市）)

活用力をみる

6 次の問いに、答えましょう。

1つ6点、(3)12点(30点)

(1) Ⓐの宮城県の地図から読み取れることとして正しいものを、ア～エから2つ選びましょう。

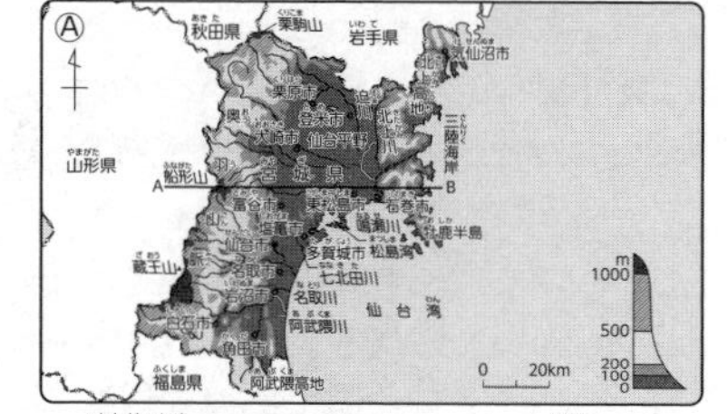

ア 仙台湾に面した地いきは土地が低くなっている。
イ 栗原市は海に面している。
ウ 県の北には、阿武隈川が流れている。
エ 県の西の方は、山が多く見られる。

(順不同) ア　エ

(2) Ⓐの地図中のA－Bの断面図として正しいものを、ア～ウから選びましょう。

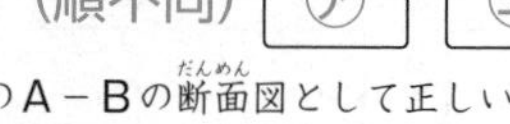
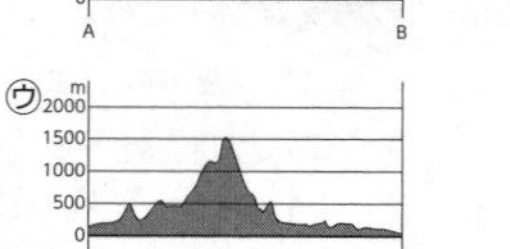
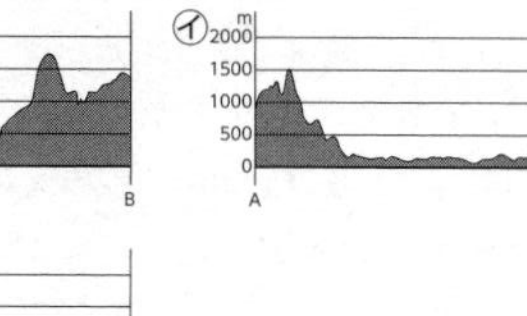
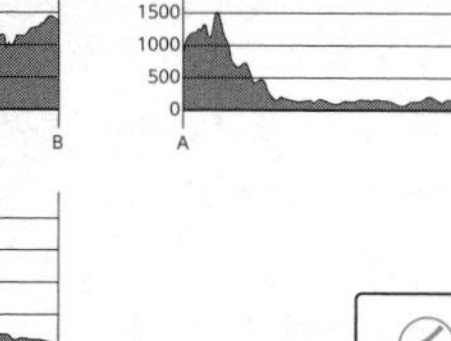

イ

(3) Ⓑの地図は、宮城県の土地利用図です。この地図とⒶの地図をもとに、宮城県の土地利用の特色を、土地の高さに注目して1つ書きましょう。

((例)市街地は、土地の低いところに多く集まっている。)

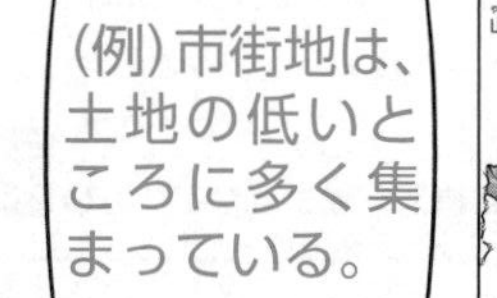
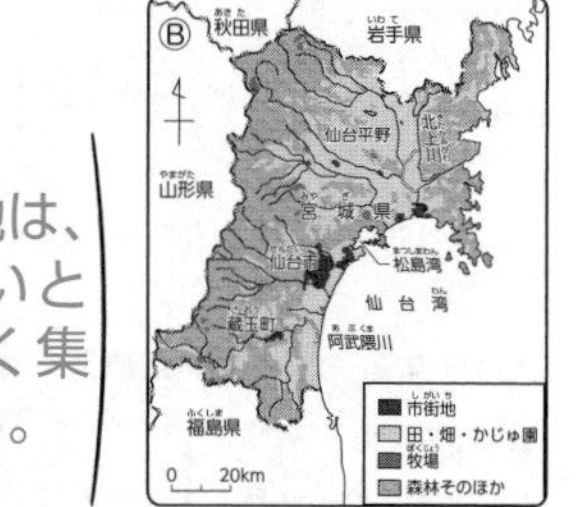

学力しんだんテスト　うら

5 (1)1都、1道、2府と43県からなっています。

(2)ⓐの福岡県から見て、北海道は北東に位置しています。

(4)①は東北地方の青森県です。りんごの生産量が日本でいちばん多い県として知られています。

②は中部地方の石川県です。日本海に半島がつき出し、南北に細長い形をしているのが特ちょうです。

(5)アは山形県、イは群馬県、ウは千葉県、エは三重県、オは鳥取県、カは高知県、キは山口県、クは熊本県です。このうち、海に面しているのは、ア、ウ、エ、オ、カ、キ、ク。都道府県名に動物の名前がつかないのは、ア、ウ、エ、カ、キ。都道府県名と都道府県庁所在地名がことなるのは、イ、エ。3つの説明すべてにあうのは、エの三重県で、県庁所在地は津市です。

6 (1)ア仙台湾に面した地いきは、0～100mの低い土地が広がっています。

イ栗原市は、海からはなれたところに位置しています。

ウ阿武隈川は、県の南側を流れています。

エ宮城県の西には奥羽山脈があり、船形山、蔵王山などの山が見られます。

(2)地図を見ると、Aの近くは土地が高く、真ん中からBの近くにかけては土地が低くなっています。断面図のアは、Bに近いところが高くなっているため、あてはまりません。また、断面図のウは、真ん中が最も高くなっているため、こちらもあてはまりません。

(3)「森林は土地の高いところに多い」「田・畑・かじゅ園は土地の低いところに多い」など、2つの地図からわかることが書けていればよいです。

おうちのかたへ 4年生では、都道府県の場所や、住んでいる県の地形や土地利用、交通などについて学習しました。5年生では、より広い範囲である国土の様子や地形、気候などについて学んでいきます。

教科書ぴったりトレーニング

社会４年 がんばり表

いつも見えるところに、この「がんばり表」をはっておこう。
この「ぴたトレ」を学習したら、シールをはろう！
どこまでがんばったかわかるよ。

せんたく がついているところでは、教科書の選択教材を扱っています。学校での学習状況に応じて、ご利用ください。

2. 住みよいくらしをつくる

28〜29ページ	26〜27ページ	24〜25ページ	22〜23ページ	20〜21ページ	18〜19ページ	16〜17ページ	14〜15ページ
ぴったり1 2	ぴったり1 2	ぴったり3	ぴったり1 2	ぴったり1 2	ぴったり3	ぴったり1 2	ぴったり1 2
できたらシールをはろう	できたらシールをはろう	できたらシールをはろう	できたらシールをはろう	できたらシールをはろう	できたらシールをはろう	できたらシールをはろう	できたらシールをはろう

30〜31ページ	32〜33ページ
ぴったり1 2	ぴったり3
できたらシールをはろう	できたらシールをはろう

3. 自然災害からくらしを守る

34〜35ページ	36〜37ページ	38〜39ページ
ぴったり1 2	ぴったり1 2	ぴったり3
できたらシールをはろう	できたらシールをはろう	できたらシールをはろう

4. きょう土の伝統・文化と先人たち

64〜65ページ	62〜63ページ	60〜61ページ	58〜59ページ
ぴったり3	ぴったり1 2	ぴったり1 2	ぴったり3
できたらシールをはろう	できたらシールをはろう	できたらシールをはろう	できたらシールをはろう

5. 特色ある地いきと人々のくらし せんたく

66〜67ページ	68〜69ページ	70〜71ページ	72〜73ページ	74〜75ページ	76〜77ページ	78〜79ページ
ぴったり1 2	ぴったり1 2	ぴったり1 2	ぴったり1 2	ぴったり3	ぴったり1 2	ぴったり1 2
できたらシールをはろう	できたらシールをはろう	できたらシールをはろう	できたらシールをはろう	できたらシールをはろう	できたらシールをはろう	できたらシールをはろう

（キリトリ線）

教科書ぴったりトレーニング　社会　4年　東京書籍版　折込①（オモテ）

シールの中からすきなぴた犬をえらぼう。

おうちのかたへ

がんばり表のデジタル版「デジタルがんばり表」では、デジタル端末でも学習の進捗記録をつけることができます。1冊やり終えると、抽選でプレゼントが当たります。「ぴたサポシステム」にご登録いただき、「デジタルがんばり表」をお使いください。LINE または PC・ブラウザを利用する方法があります。

ぴたサポシステムご利用ガイドはこちら
https://www.shinko-keirin.co.jp/shinko/news/pittari-support-system

1.わたしたちの県

スタート

2〜3ページ	4〜5ページ	6〜7ページ	8〜9ページ	10〜11ページ	12〜13ページ
ぴったり1 2	ぴったり1 2	ぴったり3	ぴったり1 2	ぴったり1 2	ぴったり3
できたらシールをはろう	できたらシールをはろう	できたらシールをはろう	できたらシールをはろう	できたらシールをはろう	できたらシールをはろう

40〜41ページ	42〜43ページ	44〜45ページ
ぴったり1 2	ぴったり1 2	ぴったり3
できたらシールをはろう	できたらシールをはろう	できたらシールをはろう

46〜47ページ	48〜49ページ	50〜51ページ	52〜53ページ	54〜55ページ	〜57ページ
ぴったり1 2	ぴったり1 2	ぴったり1 2	ぴったり3	ぴったり1 2	ぴったり1 2
できたらシールをはろう	できたらシールをはろう	できたらシールをはろう	できたらシールをはろう	できたらシールをはろう	できたらシールをはろう

0〜81ページ	82〜83ページ	84〜85ページ	86〜87ページ
ぴったり3	ぴったり1 2	ぴったり1 2	ぴったり3
できたらシールをはろう	できたらシールをはろう	できたらシールをはろう	できたらシールをはろう

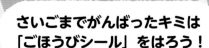

ゴール

さいごまでがんばったキミは
「ごほうびシール」をはろう！

ごほうび
シールを
はろう

（キリトリ線）

教科書ぴったりトレーニング　社会　4年　折込①（ウラ）

日本のすがた

都道府県名 と
都道府県庁の所在
異なる都道府県を確

■日本列島と周辺の国々

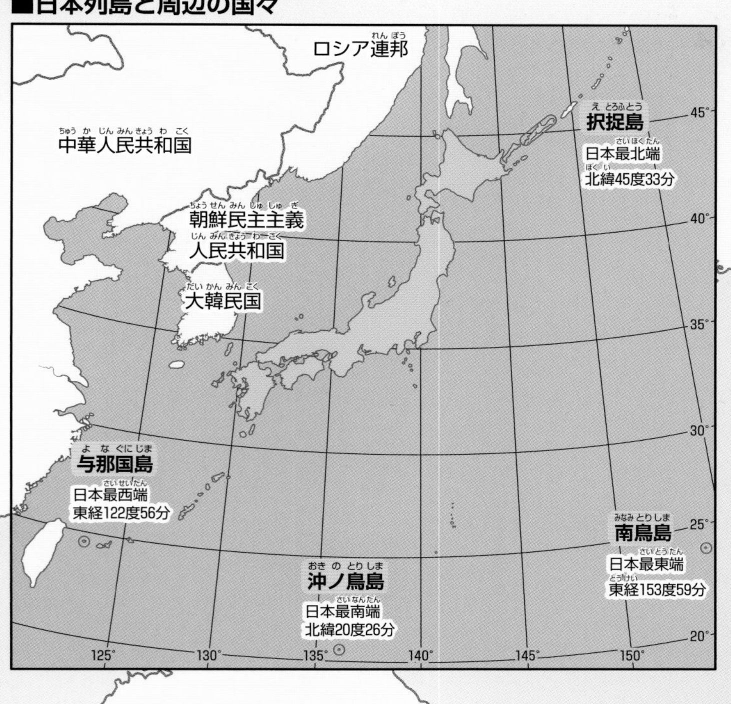

■日本列島の都道府県

都道府県名	都道府県庁の所在地	都道府県名	都道府県庁の所在地
北海道	札幌	三重県	津
青森県	青森	滋賀県	大津
岩手県	盛岡	京都府	京都
宮城県	仙台	大阪府	大阪
秋田県	秋田	兵庫県	神戸
山形県	山形	奈良県	奈良
福島県	福島	和歌山県	和歌山
茨城県	水戸	鳥取県	鳥取
栃木県	宇都宮	島根県	松江
群馬県	前橋	岡山県	岡山
埼玉県	さいたま	広島県	広島
千葉県	千葉	山口県	山口
東京都	東京(新宿区)	徳島県	徳島
神奈川県	横浜	香川県	高松
新潟県	新潟	愛媛県	松山
富山県	富山	高知県	高知
石川県	金沢	福岡県	福岡
福井県	福井	佐賀県	佐賀
山梨県	甲府	長崎県	長崎
長野県	長野	熊本県	熊本
岐阜県	岐阜	大分県	大分
静岡県	静岡	宮崎県	宮崎
愛知県	名古屋	鹿児島県	鹿児島
		沖縄県	那覇

竹島
中部地方
石川県 富山県 富山 金沢
隠岐諸島
福井県 福井
中国地方
京都府 滋賀県 岐阜県 長野県
松江 鳥取県 鳥取 岐阜
島根県 岡山県 兵庫県 京都 大津 名古屋 愛知県 津 静岡県
広島県 岡山 神戸
対馬 山口県 広島 高松 大阪 奈良 三重県
山口 徳島 和歌山
壱岐 福岡県 松山 徳島県 和歌山県 奈良県
佐賀県 福岡 高知 愛媛県
佐賀 大分県 高知県 大阪府 近畿地方
五島列島 熊本 大分 香川県
長崎
長崎県 熊本県 宮崎県
四国地方
鹿児島県 宮崎
鹿児島
九州地方
大隅諸島
種子島
屋久島
与那国島

都道府県

- 都・道・府・県庁の所在地
- 地方の境
- 都道府県の境
- 外国との境

(2023年11月現在)

地名が
確認しよう！
北海道地方
北海道
札幌
礼文島
利尻島
奥尻島
択捉島
国後島
色丹島
歯舞群島
東北地方
青森県
青森
秋田県
秋田
岩手県
盛岡
山形県
山形
宮城県
仙台
福島
福島県
佐渡島
新潟
新潟県
関東地方
群馬県
前橋
栃木県
宇都宮
茨城県
水戸
埼玉県
さいたま
東京（新宿区）
千葉
東京都
千葉県
横浜
神奈川県
甲府
山梨県
静岡
長野
大島
三宅島
伊豆諸島
東京都
八丈島
伊豆諸島、
小笠原諸島
新宿区
大島
新島
神津島
三宅島
御蔵島
八丈島
青ヶ島
伊豆諸島
東京都
鳥島
九州地方
鹿児島
大隅諸島
種子島
屋久島
鹿児島県
奄美群島
大島
（奄美大島）
沖縄諸島
那覇
沖縄島
南西諸島
大東諸島
沖縄県
尖閣諸島
先島諸島
八重山列島
宮古島
石垣島
西表島
南西諸島
小笠原諸島
西之島
父島
母島
火山列島
北硫黄島
硫黄島
南硫黄島

三重県

近畿地方

庁 津市

人 177万人

面 5,774km²

特 茶、いせえび、真珠、松阪牛、伊勢神宮

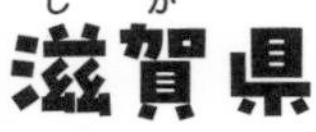

滋賀県

近畿地方

庁 大津市

人 141万人

面 4,017km²

特 近江牛、信楽焼、比叡山延暦寺、琵琶湖

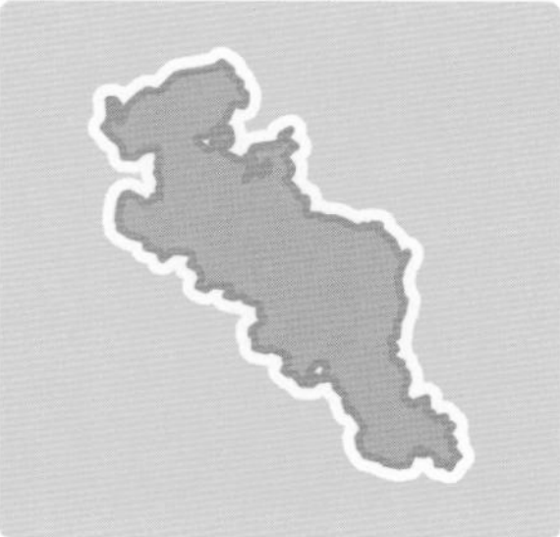

京都府

近畿地方

庁 京都市

人 250万人

面 4,612km²

特 みずな、宇治茶、西陣織、丹後ちりめん、天橋立、祇園祭

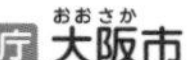

大阪府

近畿地方

庁 大阪市

人 878万人

面 1,905km²

特 しゅんぎく、堺打刃物、たこ焼き、天神祭、大仙古墳

兵庫県

近畿地方

庁 神戸市

人 546万人

面 8,401km²

特 たまねぎ、ずわいがに、清酒、姫路城、明石海峡大橋

奈良県

近畿地方

庁 奈良市

人 133万人

面 3,691km²

特 柿、金魚、吉野杉、東大寺、法隆寺

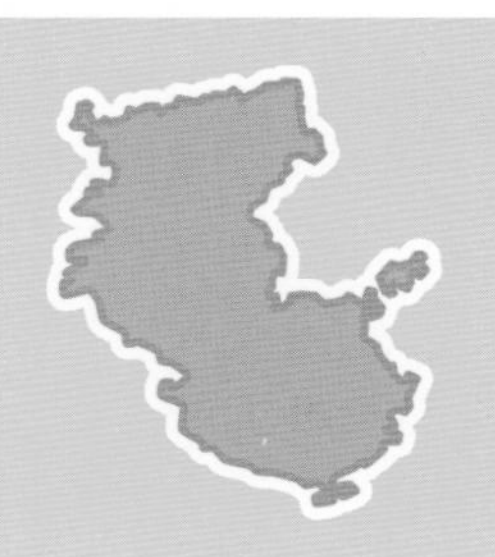

和歌山県

近畿地方

庁 和歌山市

人 92万人

面 4,725km²

特 みかん、うめ、柿、高野山金剛峯寺、熊野那智大社

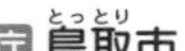

鳥取県

中国地方

庁 鳥取市

人 55万人

面 3,507km²

特 らっきょう、ずわいがに、因州和紙、鳥取砂丘

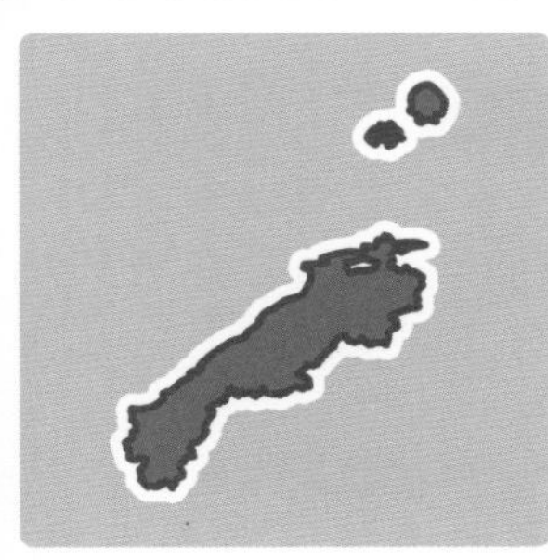

島根県

中国地方

庁 松江市

人 66万人

面 6,708km²

特 しじみ、雲州そろばん、出雲大社、石見銀山遺跡

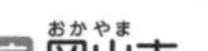

岡山県

中国地方

庁 岡山市

人 187万人

面 7,115km²

特 ぶどう、もも、かき、備前焼、後楽園

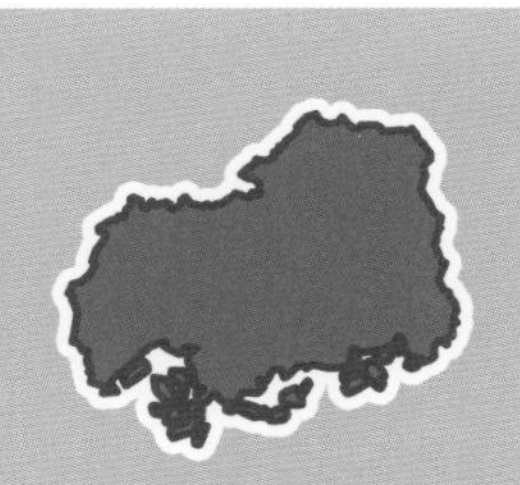

広島県

中国地方

庁 広島市

人 277万人

面 8,479km²

特 レモン、かき、熊野筆、原爆ドーム、厳島神社

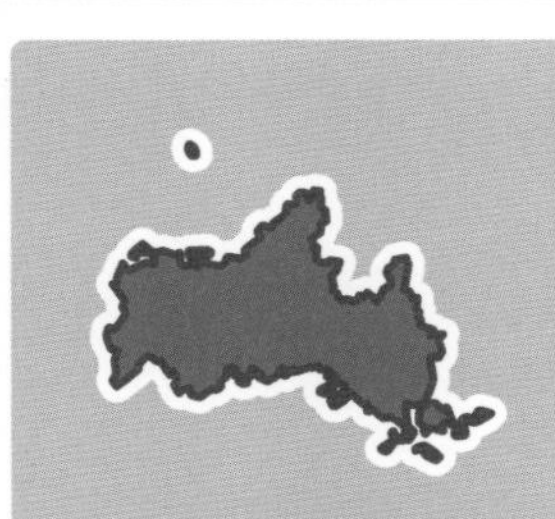

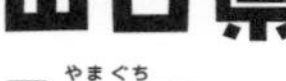

山口県

中国地方

庁 山口市

人 133万人

面 6,113km²

特 ふぐ、あんこう、萩焼、秋芳洞、松下村塾

徳島県（とくしま）

四国地方

- 庁 徳島市
- 人 72万人
- 面 4,147km²
- 特 すだち、生しいたけ、ゆず、阿波（あわ）おどり

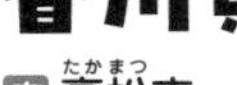

香川県（かがわ）

四国地方

- 庁 高松市
- 人 96万人
- 面 1,877km²
- 特 オリーブ、にんにく、讃岐（さぬき）うどん、金刀比羅宮（ことひらぐう）

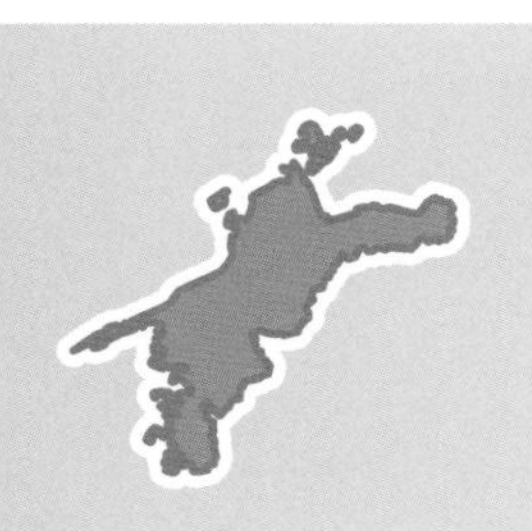

愛媛県（えひめ）

四国地方

- 庁 松山市
- 人 133万人
- 面 5,676km²
- 特 みかん、いよかん、まだい、タオル、道後温泉（どうごおんせん）

高知県（こうち）

四国地方

- 庁 高知市
- 人 68万人
- 面 7,102km²
- 特 なす、にら、しょうが、ゆず、かつお、よさこい祭り

福岡県（ふくおか）

九州地方

- 庁 福岡市
- 人 510万人
- 面 4,988km²
- 特 いちご、小麦、たけのこ、博多（はかた）人形、太宰府天満宮（だざいふてんまんぐう）

佐賀県（さが）

九州地方

- 庁 佐賀市
- 人 81万人
- 面 2,441km²
- 特 二条（にじょう）大麦、たまねぎ、のり、有田焼（ありたやき）、唐津焼（からつやき）、吉野ヶ里遺跡（よしのがりいせき）

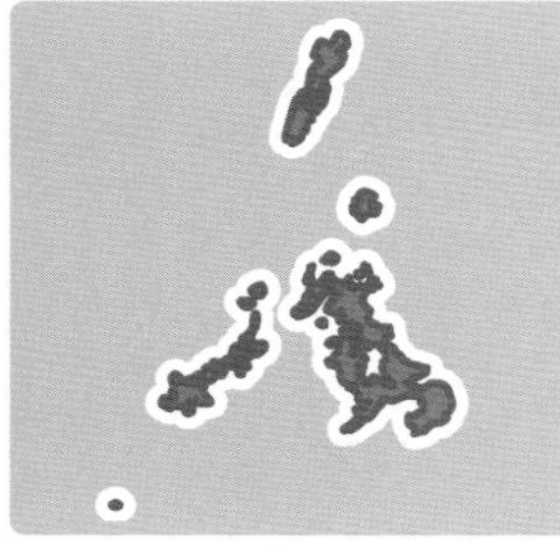

長崎県（ながさき）

九州地方

- 庁 長崎市
- 人 131万人
- 面 4,131km²
- 特 じゃがいも、びわ、あじ、さば、カステラ、グラバー園

熊本県（くまもと）

九州地方

- 庁 熊本市
- 人 174万人
- 面 7,409km²
- 特 トマト、すいか、い草（ぐさ）、天草陶磁器（あまくさとうじき）、阿蘇山（あそさん）

大分県（おおいた）

九州地方

- 庁 大分市
- 人 112万人
- 面 6,341km²
- 特 かぼす、ほししいたけ、関（せき）さば、別府温泉（べっぷおんせん）、湯布院温泉（ゆふいんおんせん）

宮崎県（みやざき）

九州地方

- 庁 宮崎市
- 人 107万人
- 面 7,734km²
- 特 きゅうり、マンゴー、肉用にわとり、宮崎牛、高千穂峡（たかちほきょう）

鹿児島県（かごしま）

九州地方

- 庁 鹿児島市
- 人 159万人
- 面 9,186km²
- 特 さつまいも、茶、肉用にわとり、ぶた、屋久島（やくしま）

沖縄県（おきなわ）

九州地方

- 庁 那覇市
- 人 149万人
- 面 2,282km²
- 特 パイナップル、さとうきび、ゴーヤー、琉球紅型（りゅうきゅうびんがた）

社会４年

東京書籍版
新しい社会

教科書ぴったりトレーニング

▶３分でまとめ動画

せんたく がついているところでは、教科書の選択教材を扱っています。学校での学習状況に応じて、ご利用ください。

【写真提供】
PIXTA／アフロ／海老喜　蔵の資料館／愛媛県歴史文化博物館／緒方洪庵記念財団管理／岡山市環境局／©瑞巌寺／仙台観光国際協会／仙台市
千葉県／千葉市／千葉市HP「千葉市地震・風水害ハザードマップ(WEB版)」より引用／伝統工芸品産業振興協会／道後温泉事務所／遠刈田系 小山芳美工人作
(一社)新居浜市観光物産協会／毎日新聞社提供／松島町／松島湾アマモ場再生会議／松山市教育委員会／緑ヶ丘写真場／宮城県観光政策課／宮城県登米市／宮城県松島高校

1. わたしたちの県

1 県の広がり①

めあて
地図帳の使い方と、日本の地方や都道府県について理解しよう。

教科書 6〜15ページ　答え 2ページ

次の(　　)に入る言葉や数字を、下から選びましょう。

1 地図帳を使ってみよう／日本地図を広げて 都道府県の特産品／空から日本を見てみると

教科書 6〜15ページ

ワンポイント 地図帳の使い方

- **しゅくしゃく**…実際のきょりをどのくらいちぢめたのかをしめす。
- (①　　　　)…巻末ページにのっており、地名をさがすときに使う。

日本の都道府県

- 日本には(②　　　　)の都道府県があり、7つの地方に分かれている。
- (③　　　　)…**北海道地方**。都道府県の中でいちばん面積が広い。
- (④　　　　)…**東北地方**。米どころとして有名で、さくらんぼの生産もさかん。
- (⑤　　　　)…**関東地方**。いちごの「とちおとめ」の生産がさかん。
- (⑥　　　　)…**中部地方**。日本でいちばん長い信濃川が流れている。
- (⑦　　　　)…**近畿地方**。日本でいちばん広い湖の琵琶湖がある。
- (⑧　　　　)…**中国・四国地方**。瀬戸内海でかきの養しょくがさかん。
- (⑨　　　　)…**九州地方**。都道府県の中で島の数がいちばん多い。

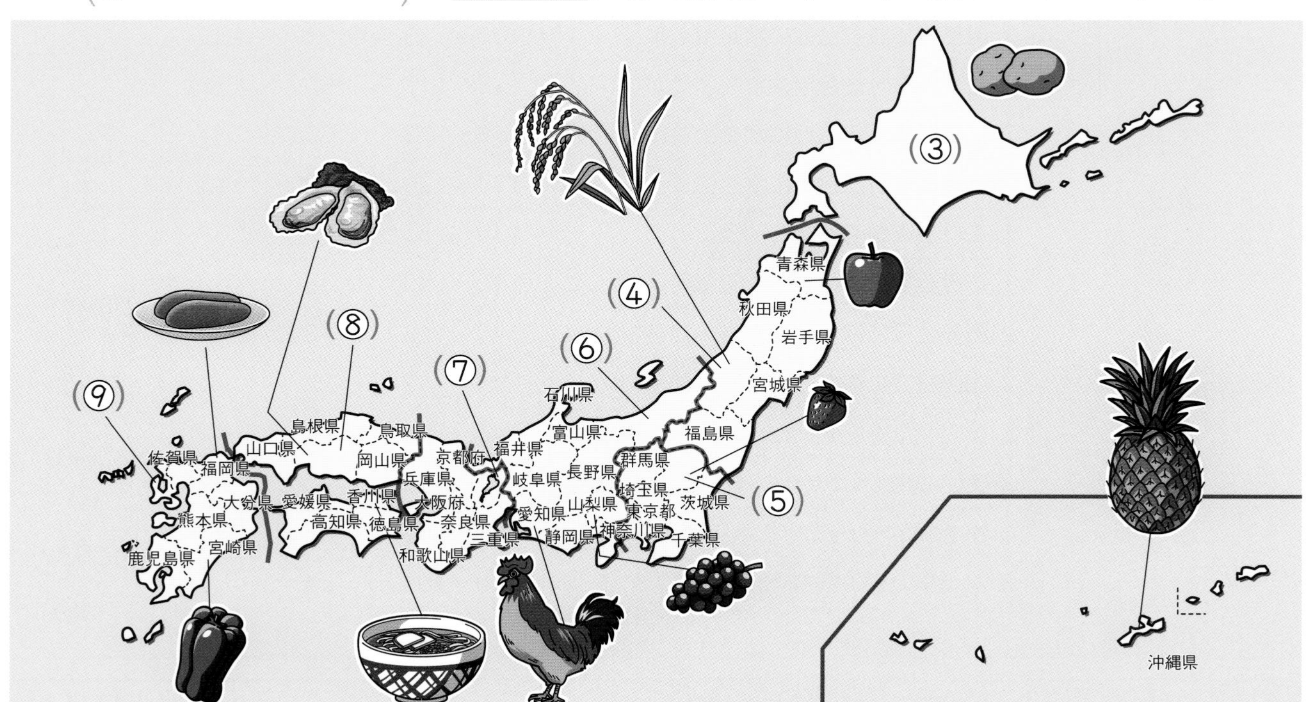

都道府県の特産品

選んだ言葉に ✓

□栃木県　□長崎県　□山形県　□滋賀県　□47
□北海道　□新潟県　□広島県　□さくいん

ぴったり2

練習

学習日　　月　　日

ぴたトリビア

中部地方にある長野(ながの)県は、都道府県の中でいちばん多い８県と、県のさかいをせっしています。

教科書 6～15ページ　答え 2ページ

1 次の①～④の都道府県について説明(せつめい)している人を、㋐～㋓から選んで線で結(むす)びましょう。

① 宮崎(みやざき)県　・　・  ㋐日本の首都です。スカイツリーという電波(でんぱ)とうがあります。

② 宮城(みやぎ)県　・　・  ㋑東北地方にあります。県庁所在地(けんちょうしょざいち)は仙台(せんだい)市です。

③ 北海道　・　・  ㋒九州地方にあります。ピーマンの生産がさかんです。

④ 東京(とうきょう)都　・　・  ㋓日本でいちばん北にあります。じゃがいもが多く生産されています。

2 次の問いに、答えましょう。

(1) 右の図は、日本を７つの地方に分けたときのある地方です。この地方名を［　］から選びましょう。

東北地方	中部地方	関東地方
近畿地方	九州地方	

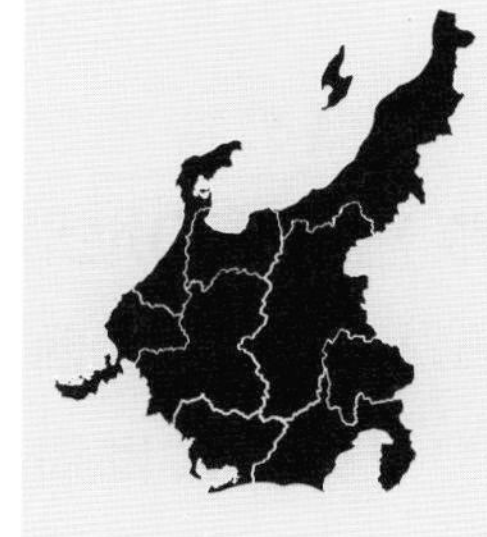

(　　　　　)

(2) 次の①～③の都道府県の特産品を、㋐～㋕から選びましょう。

① 沖縄(おきなわ)県　(　　　)

② 山形県　(　　　)

③ 香川(かがわ)県　(　　　)

㋐ 
㋑ 
㋒ 
㋓ 
㋔ 
㋕ 

1 ㋐～㋓に出てくる地方名などに注目してみましょう。

ぴったり1 **じゅんび**

1．わたしたちの県

1 県の広がり②

学習日　　月　　日

めあて
地勢図や写真などから、地形を読み取る方法を理解しよう。

教科書 16〜21ページ　答え 3ページ

次の（　　）に入る言葉を、下から選びましょう。

1 日本の中の宮城県／社会科の学習の進め方

教科書 16〜19ページ

宮城県の位置

- 宮城県は（①　　　　）地方にあり、県の東側は（②　　　　）に面している。
- 宮城県のまわりには、（③　　　　）、秋田県、山形県、福島県がある。

宮城県は、４つの県とせっしているんだね。

宮城県とそのまわりの県

2 空から宮城県をながめたら／宮城県の地形

教科書 20〜21ページ

ワンポイント　地形

- **地形**には、（④　　　　）・平地・海岸などがある。
- （⑤　　　　）を見ると、**土地の高さやかたむき**がわかる。
- 地図や（⑥　　　　）で、どこにどのような地形が見られるかを調べると、県の特色が見えてくる。

宮城県の地形の様子

- 宮城県は西側の土地が高く、中央は平らで東側には海がある。
- 県の中央部には（⑦　　　　）が広がっている。
- 県の西の方には（⑧　　　　）が見られる。
- 県の東の方には、海岸線がふくざつに入り組んだ（⑨　　　　）が見られる。

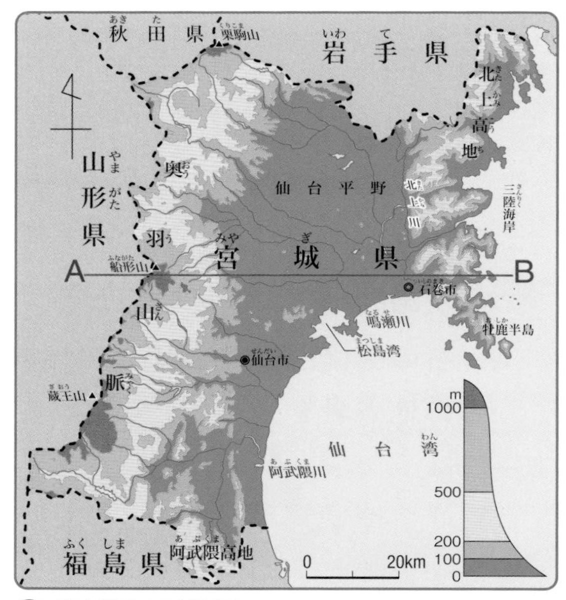

宮城県の地勢図

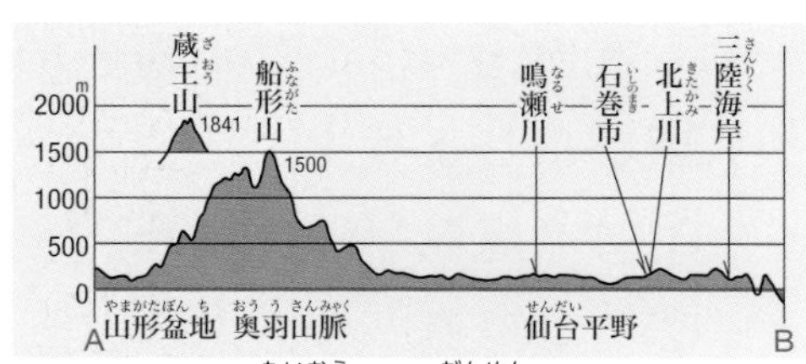

地勢図に対応した断面図

選んだ言葉に✔

□三陸海岸	□奥羽山脈	□断面図	□山地	□岩手県
□衛星写真	□仙台平野	□太平洋	□東北	

学習日　　月　　日

ぴたトリビア
奥羽山脈は、青森県から栃木県までのびる日本最長の山脈で、長さは約500kmほどあります。

教科書 16～21ページ　答え 3ページ

1 次の地図を見て、答えましょう。

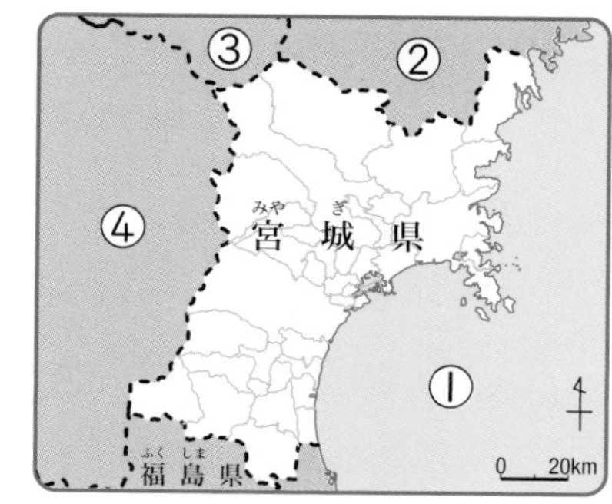

(1) 地図中の①の海洋名を答えましょう。
（　　　　）

(2) 地図中の②～④の県名をそれぞれ答えましょう。
②（　　　　）
③（　　　　）
④（　　　　）

2 次の地図と図を見て、答えましょう。

(1) 山地や平地、海岸などの土地の形のことを何といいますか。（　　　　）

(2) 次の①～③の様子は、宮城県のどの位置で見られますか。□からそれぞれ選びましょう。

西側　中央　東側

① 仙台湾が広がっている。
（　　　　）

② 奥羽山脈が走り、山が多く見られる。
（　　　　）

③ 仙台平野が広がっている。
（　　　　）

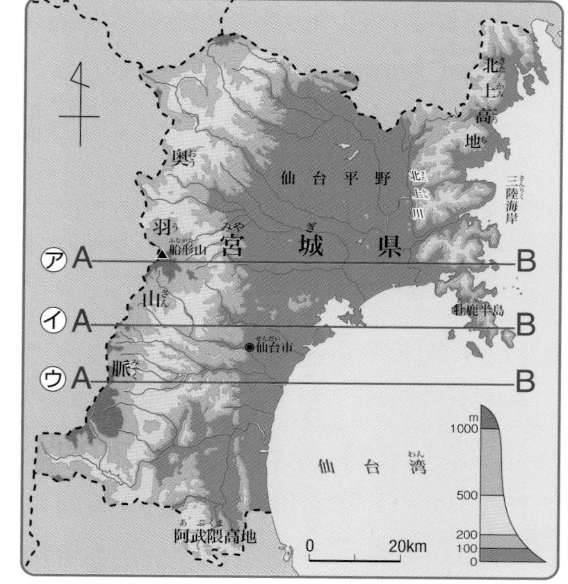

宮城県の地勢図

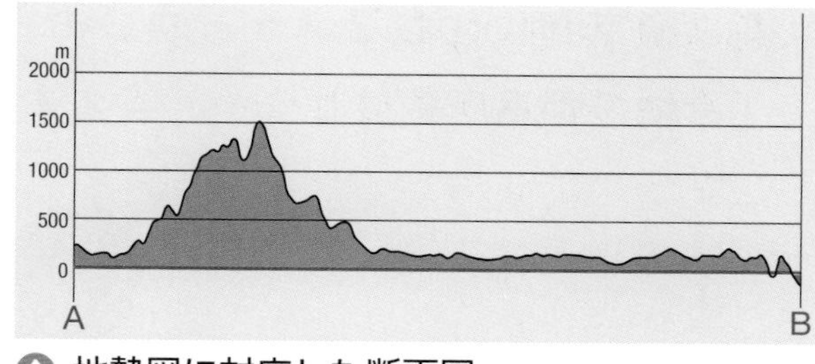

地勢図に対応した断面図

(3) 右の断面図A—Bは、地図中の㋐～㋒のどの線にあてはまりますか。
（　　　　）

(4) 宮城県では、どのくらいの高さの土地がいちばん広い範囲に見られますか。㋐～㋔から選びましょう。
（　　　　）

㋐ 0～100mのところ　㋑ 100～200mのところ
㋒ 200～500mのところ　㋓ 500～1000mのところ
㋔ 1000mよりも高いところ

ヒント 2 (3) 山や平野、海など、A—Bの線がどこを通っているかに注目してみましょう。

1．わたしたちの県

1 県の広がり

教科書 6～21ページ　答え 4ページ

1 次の問いに、答えましょう。　1つ5点（55点）

(1) よく出る 次の①～③の文にあてはまる都道府県名を答えましょう。

① 県の真ん中にある甲府盆地で、ぶどうの生産がさかんである。（　　　）

② 日本でいちばん長い信濃川が日本海に注いでいる。（　　　）

③ 四国地方でいちばん面積が広く、南側は太平洋に面している。（　　　）

(2) 宮崎県があるのは何地方ですか。地方の名前を書き、その地方にあてはまるものを右の地図中の㋐～㋖から選びましょう。

地方名（　　　）地方

記号（　　　）

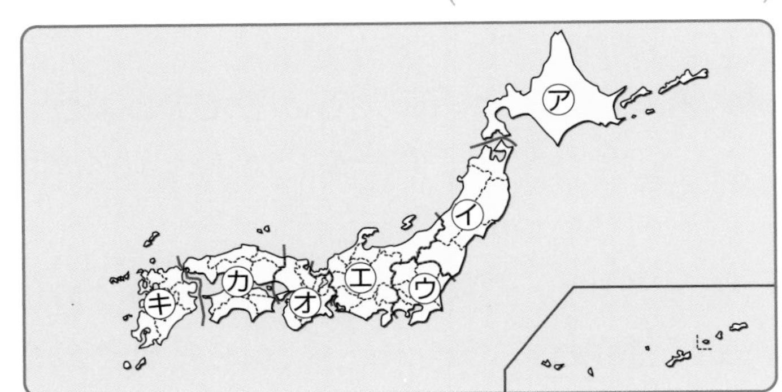

(3) 日本の都道府県や地方について説明した次の文のうち、正しいものには○を、まちがっているものには×をつけましょう。

①（　　）47都道府県の中で、いちばん面積が広いのは北海道である。

②（　　）日本を７つの地方に分けたとき、中部地方と中国･四国地方の間にある地方の名前は関西地方である。

③（　　）中国・四国地方のいちばん西にあるのは広島県である。

④（　　）中部地方は、太平洋と日本海の両方に面している。

(4) 東京都に住む２人が、自分の出身地について話をしています。それぞれの出身地の都道府県はどこか、答えましょう。

①（　　　）

わたしは寒い地いきから来ました。東北地方のいちばん北にあって、りんごの生産がさかんです。

②（　　　）

わたしの出身地は熊本県と同じ地方にあります。明太子が有名です。

学習日　　月　　日

2 次の問いに、答えましょう。

1つ5点（20点）

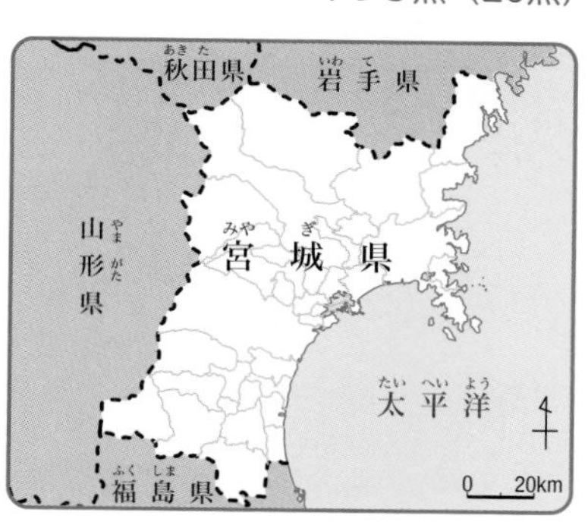

(1) よく出る 宮城県がある地方名を答えましょう。

（　　　　　　　　）地方

(2) 宮城県のまわりの様子について、正しいものには○を、まちがっているものには×をつけましょう。

①（　　　　）宮城県は、青森県、岩手県、秋田県、山形県、福島県の５県ととなりあっている。

②（　　　　）宮城県は、福島県よりも南にある。

③（　　　　）宮城県の東には太平洋が広がっている。

3 次の問いに、答えましょう。

1つ5点（25点）

記述 (1) 断面図を見ると、どのようなことがわかりますか。かん単に書きましょう。

思考・判断・表現

（　　　　　　　　　　　　　　　　）

(2) できたらスゴイ! 作図 右下の断面図は、地勢図のどこを切り取ったものですか。地勢図の㋐～㋒のうち、正しい線をなぞりましょう。

技能

(3) 地勢図の★の位置の土地の高さを、㋐～㋔から選びましょう。（　　）

㋐　0～100m　　㋑　100～200m

㋒　200～500m　㋓　500～1000m

㋔　1000m以上

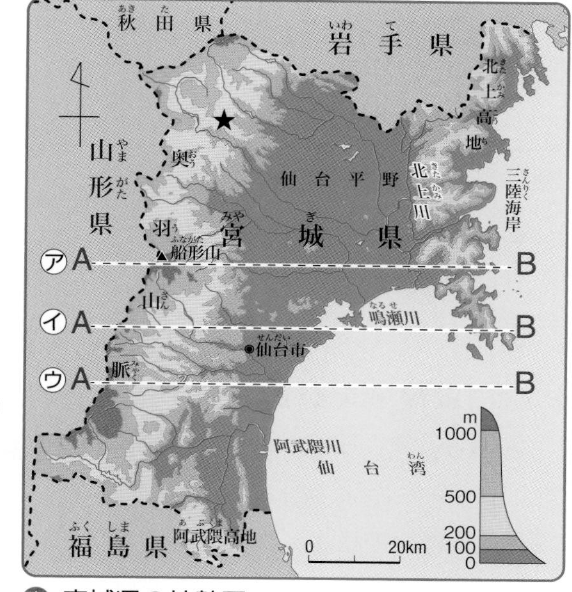

宮城県の地勢図

(4) 地勢図の北上川は、右の断面図ではどの位置にあたりますか。㋐～㋓から選びましょう。（　　）

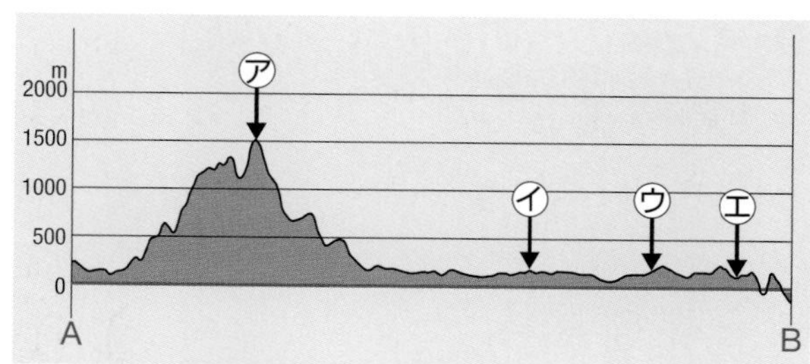

地勢図に対応した断面図

(5) 宮城県の地形の様子について説明した次の㋐～㋓から、正しいものを選びましょう。（　　）

㋐　宮城県の東には奥羽山脈、西には北上高地が広がっている。

㋑　奥羽山脈で最も高いところは、1000m以上ある。

㋒　仙台平野は、山形県まで広がっている。

㋓　仙台市は、およそ300mの高さのところにある。

ふりかえり 2(1)がわからないときは、4ページの1にもどってかくにんしてみよう。

1．わたしたちの県

1 県の広がり③

学習日　　月　　日

めあて
土地利用図の読み取りや、市町村の特ちょうについて理解しよう。

教科書 22～25ページ　答え 5ページ

次の（　　）に入る言葉を、下から選びましょう。

1 宮城県の土地利用の様子

教科書 22～23ページ

ワンポイント 土地利用

- 土地利用の様子を調べると、くらしや産業のくふうがわかる。
- （①　　　　）や気候などの自然じょうけんを生かして土地を利用することで、（②　　　　）や産業のはってんにつなげることができる。

宮城県の土地利用

- 仙台平野には（③　　　　）が多く広がっている。
- （④　　　　）は仙台市と海ぞいに広がっている。
- 県の（⑤　　　　）や、東側の三陸海岸には森林が多い。

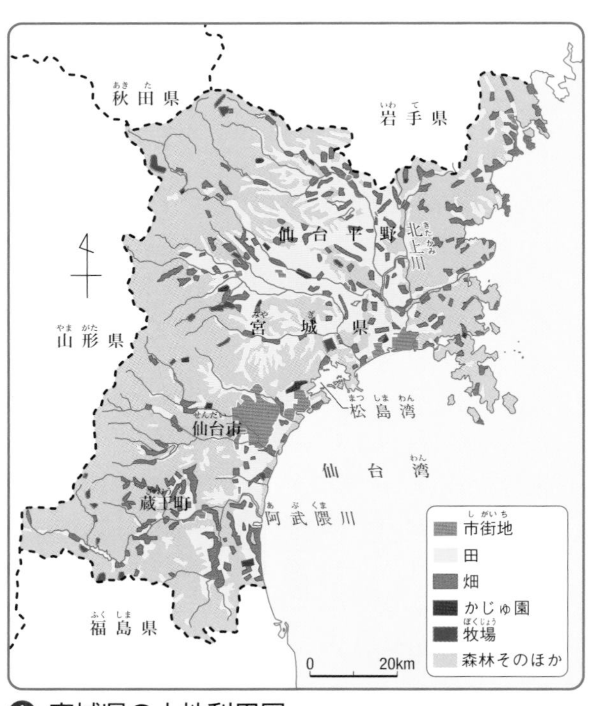

宮城県の土地利用図

2 宮城県の市や町、村

教科書 24～25ページ

宮城県の市町村

- 市町村…都道府県よりもせまい、一定のはんいの地いき。それぞれ人口、自然、れきし、（⑥　　　　）、産業などに特ちょうがある。
- 県庁所在地…県の政治を行う県庁がある都市のこと。宮城県の県庁所在地は仙台市で、県内でいちばん（⑦　　　　）が多い。
- 都市と都市のきょりを調べるには、地図中の（⑧　　　　）をかくにんする。

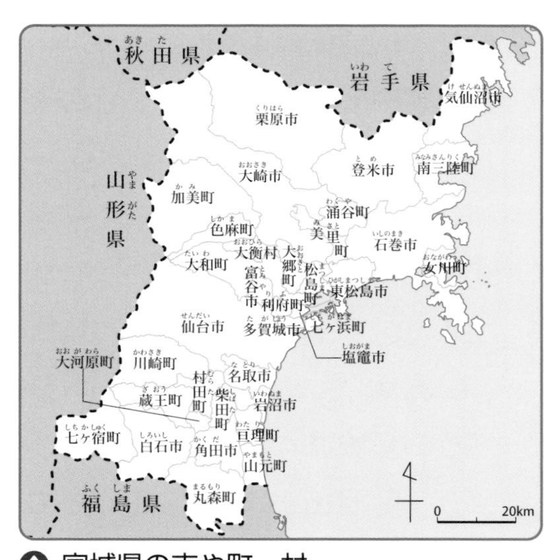

宮城県の市や町、村

選んだ言葉に ✓				
	□文化	□くらし	□田	□しゅくしゃく
	□西側	□人口	□地形	□市街地

ぴたトリビア

都道府県名と名前がちがう都道府県庁所在地は、全都道府県の中で17（埼玉県さいたま市をふくめると18）あります。

教科書 22～25ページ　答え 5ページ

1 次の地図を見て、答えましょう。

(1) 右の地図中の①～③はそれぞれどのような土地として使われていますか。あてはまるものを、あとの［　］からそれぞれ選びましょう。

①（　　　　）
②（　　　　）
③（　　　　）

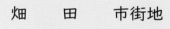

畑　田　市街地

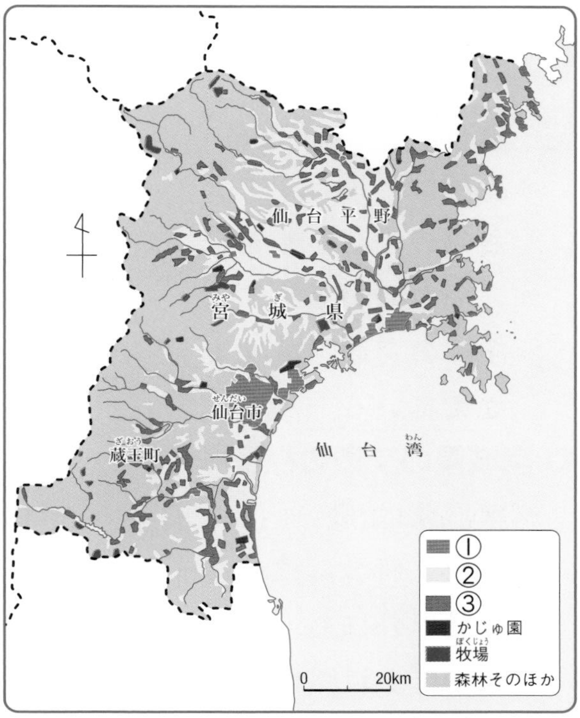

(2) 宮城県の土地利用について、正しいものには○を、まちがっているものには×をつけましょう。

①（　　）平野がせまいため、米づくりは行われていない。

②（　　）宮城県には森林はほとんどない。

③（　　）宮城県の市街地は、海ぞいの地いきや仙台市周辺に広がっている。

仙台平野　宮城県　仙台市　蔵王町　仙台湾　① ② ③ かじゅ園 牧場 森林そのほか　0 20km

宮城県の土地利用図

2 次の地図を見て、答えましょう。

(1) 自然や文化、産業などにそれぞれ特ちょうをもつ、都道府県よりもせまい、一定のはんいの地いきを何といいますか。（　　　　）

(2) 宮城県の県庁所在地名を書きましょう。（　　　　）

(3) 太平洋に面している女川町とせっしている市の名前を書きましょう。（　　　　）

(4) 右の地図中の 0 ―― 20km はこの地図の何をしめしたものですか。（　　　　）

(5) 右の地図中で、1cmは何kmをしめしていますか。（　　　　）

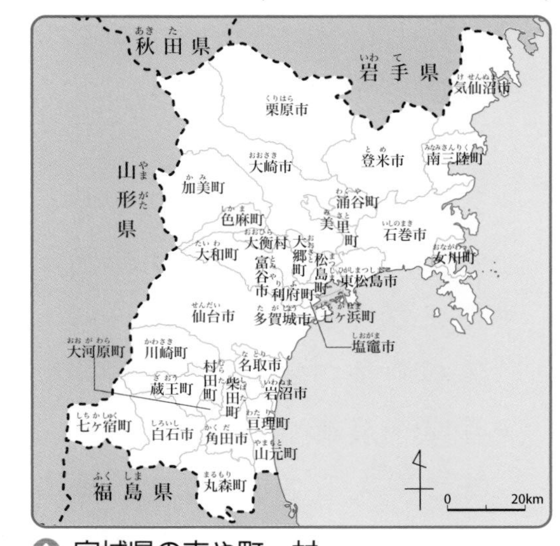

宮城県の市や町、村

ヒント ①(1) 4ページにある宮城県の地勢図をいっしょに見て、どのような地形が何に利用されているかをたしかめてみましょう。

1 県の広がり④

学習日　月　日

めあて
県の交通の広がりと地形や土地利用の関係、主な産業について理解しよう。

教科書 26～31ページ　答え 6ページ

次の（　　）に入る言葉を、下から選びましょう。

1 宮城県の交通の広がり

教科書 26～27ページ

ワンポイント 交通

- **交通**は、（①　　　　　　）やものを運ぶための大切な働きをしている。
- 人やものが集まる（②　　　　　　）には、多くの交通路が集まり、人やものの動きをささえている。

宮城県の交通の様子

- 宮城県は（③　　　　　　）に東北自動車道や東北新かん線が通っている。
- 南北以外にも、東西の（④　　　　　　）や海側にも道路や鉄道がつながっている。
- 宮城県の交通は、（⑤　　　　　　）に多くの交通路が集まっており、港や空港からほかの地いきや外国ともつながっている。

宮城県の主な道路と鉄道の広がり

2 宮城県の主な産業／宮城県の特色をまとめる

教科書 28～31ページ

宮城県の産業の特色

- 石巻市や気仙沼市など、県の東側では、（⑥　　　　　　）がさかんである。
- 大衡村や大和町は（⑦　　　　　　）がさかんである。
- 人の多い仙台市は商店が多く、テレビ局や（⑧　　　　　　）もある。
- さまざまな地形のところに、自然や交通、人口の多さを生かした**産業**が発達している。
- 産業…農業や水産業、工業、商業など社会をささえるさまざまな仕事のこと。

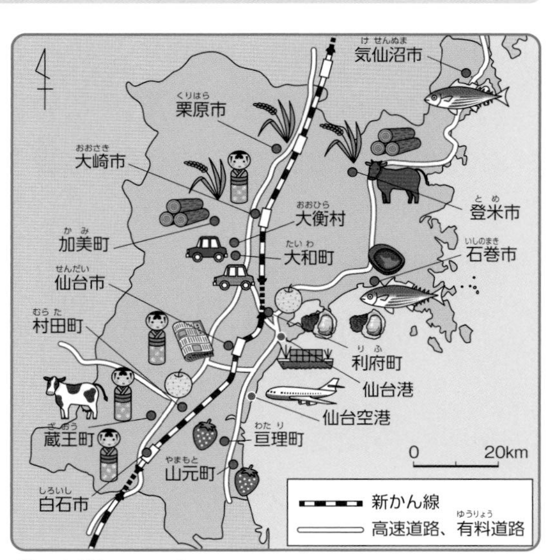

産業マップ

選んだ言葉に ☑			
□車づくり	□都市	□水産業	□山側
□仙台市	□南北	□新聞社	□人

ぴたトリビア

宮城県の大崎市や白石市ではこけしづくりがさかんです。「宮城伝統こけし」は国の伝統的工芸品の指定を受けています。

教科書 26〜31ページ　答え 6ページ

1 次の地図を見て、答えましょう。

(1) 地図中の①〜④のそれぞれの交通の様子を表した絵を㋐〜㋓から選びましょう。

①(　　)　②(　　)
③(　　)　④(　　)

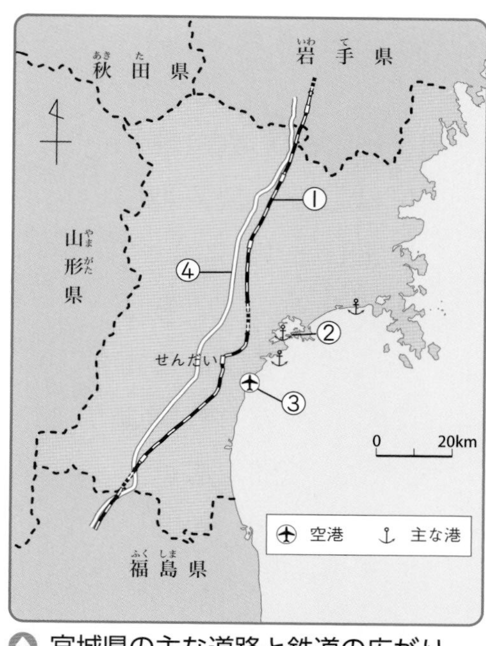

宮城県の主な道路と鉄道の広がり

(2) (1)の①や④は東西、南北のどちらの方向への移動に便利ですか。

(　　)

2 次の問いに、答えましょう。

(1) 農業や水産業、工業、商業など、社会をささえるさまざまな仕事のことを何といいますか。

(　　)

(2) 右の地図を見て、次の説明にあてはまる市町村を、㋐〜㋓から選びましょう。

① 水産業がさかんである。(　　)

② 新聞社やテレビ局がある。(　　)

③ 車づくりがさかんである。(　　)

④ いちごづくりがさかんである。(　　)

㋐ 仙台市　㋑ 気仙沼市
㋒ 大衡村　㋓ 亘理町

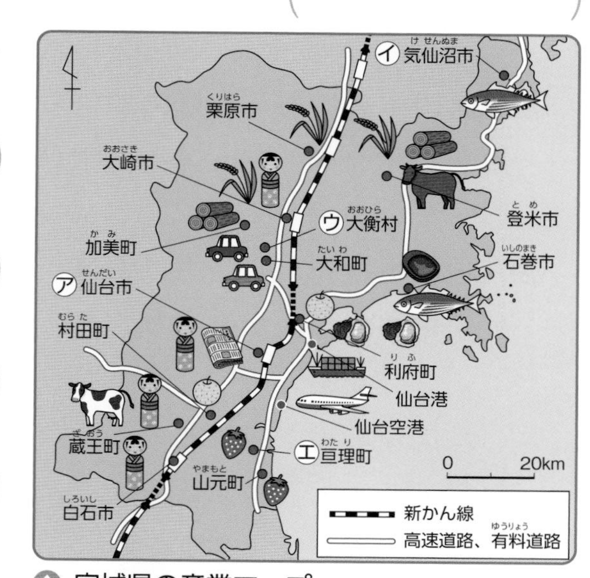

宮城県の産業マップ

ヒント ❶ (1) それぞれの交通機関が、地図でどのようにしめされているかをよく見ましょう。

1．わたしたちの県

1 県の広がり

教科書 22～31ページ　答え 7ページ

1 次の地図を見て、答えましょう。

1つ5点（25点）

(1) 右の地図は、何とよばれる地図ですか。

（　　　　）

(2) よく出る 右の地図から読み取れるものには○を、読み取れないものには×をつけましょう。

①（　　　）いちばん大きい市街地は、仙台市付近にある。

②（　　　）牧場よりも田の面積の方が広い。

③（　　　）かじゅ園は、県の南側に集中している。

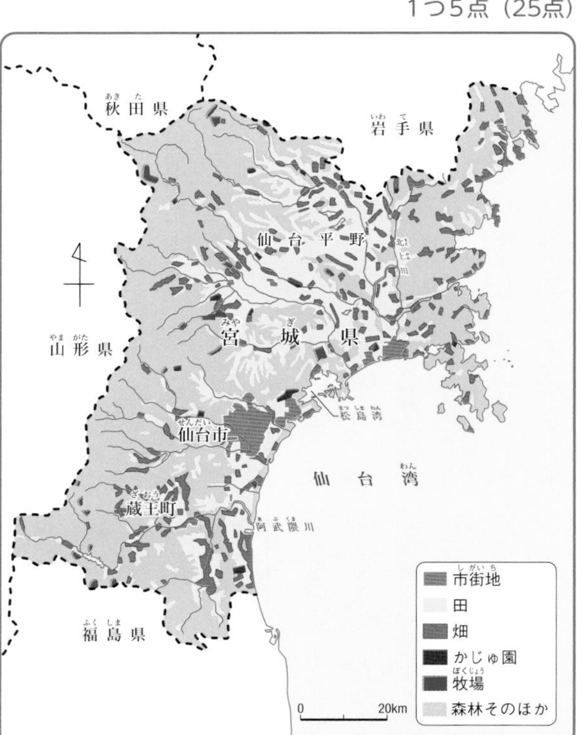

記述 (3) 県の西側は山地で、土地の高い地いきが広がっています。この土地は主にどのように使われていますか。かん単に書きましょう。

思考・判断・表現

（　　　　　　　　）

2 次の問いに、答えましょう。

1つ5点（20点）

(1) 県の政治を行う県庁がある都市のことを何といいますか。

（　　　　）

(2) 県の中央にあり、県内でいちばん人口が多い都市を、地図中の㋐～㋓から選びましょう。

（　　　）

(3) 地図中の★からいちばん遠いのはどこですか。地図中のあ～えから選びましょう。

（　　　）

(4) 地図中の★とあはどのくらいはなれていますか。実際のきょりを書きましょう。 技能

およそ（　　　　）km

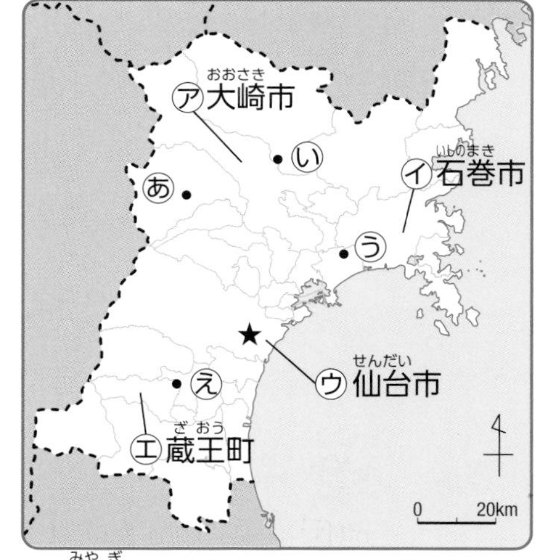

宮城県の市や町、村

3 次の地図を見て、答えましょう。

1つ5点（25点）

(1) 宮城県の交通の広がりの中心となっている都市はどこですか。（　　　　）

(2) よく出る 右の地図から読み取れるものには○を、読み取れないものには×をつけましょう。

①（　　　）新かん線や高速道路があり、交通が発達している。

②（　　　）宮城県から外国の都市に行くことはできない。

③（　　　）宮城県の東側と西側を結ぶ鉄道はあるが、高速道路はない。

④（　　　）東北自動車道は、宮城県を南北に走っている。

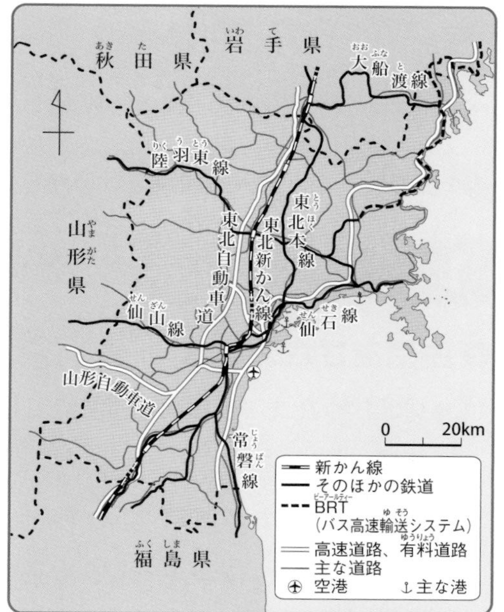

宮城県の主な道路と鉄道の広がり

4 次の地図を見て、答えましょう。

1つ5点（30点）

(1) 右の地図を見て、次の文中の①～⑤にあてはまる言葉を、あとの［　］からそれぞれ選びましょう。

（①　　　　　）の仙台平野では（②　　　　　）がさかんです。

県の（③　　　　　）にある（④　　　　　）や気仙沼市では水産業がさかんで、三陸海岸は観光にも生かされています。

（⑤　　　　　）の近くにある大衡村や大和町は、車づくりがさかんです。

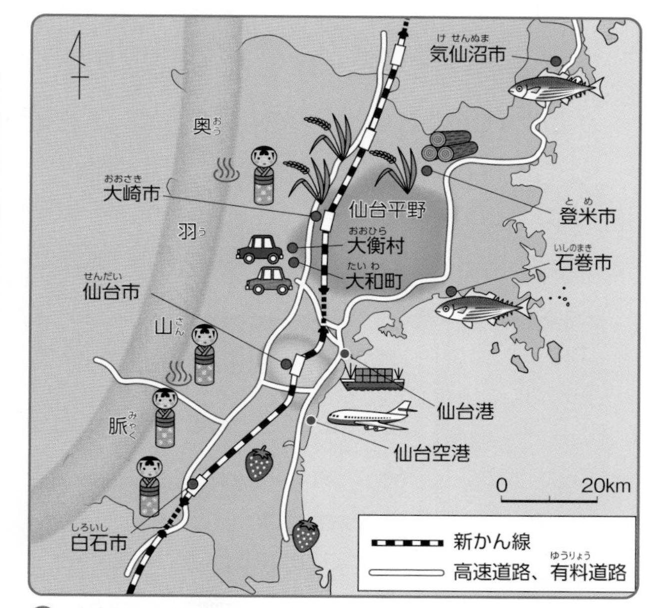

宮城県の産業マップ

東側	米づくり	高速道路	石巻市	山地
西側	いちごづくり	仙台空港	大崎市	平地

記述 (2) できたらスゴイ! こけしづくりがさかんなところには、どのような特ちょうがありますか。地図を見て、かん単に書きましょう。

思考・判断・表現

（　　　　　　　　　　　　　　　　　　）

ふりかえり ２(3)(4)がわからないときは、８ページの２にもどってかくにんしてみよう。

ぴったり1 じゅんび

3分でまとめ

2. 住みよいくらしをつくる

1 水はどこから①

学習日 月 日

めあて
1日に使う水の量や、水の通り道と、じょう水場のしくみについて理解しよう。

教科書 32〜39ページ　答え 8ページ

次の（　）に入る言葉を、下から選びましょう。

1 わたしたちが使う水の量／じゃ口の水が通る道

教科書 34〜37ページ

生活をささえる水

- 水はわたしたちの生活や（①　　　）をささえる大切な**しげん**。
- （②　　　）（m^3）…水の量などを表すときに使う単位。
- 学校の水はポンプ室から屋上のタンクへおし上げられ、（③　　　）を通ってじゃ口から出てくる。

2 きれいな水をつくる

教科書 38〜39ページ

ワンポイント じょう水場のしくみ

- （④　　　）や川を通って集められた水を、**じょう水場**で安心して飲めるきれいな水にしている。（⑤　　　）を使って、毎日24時間体せいで水のじょうたいを管理している。

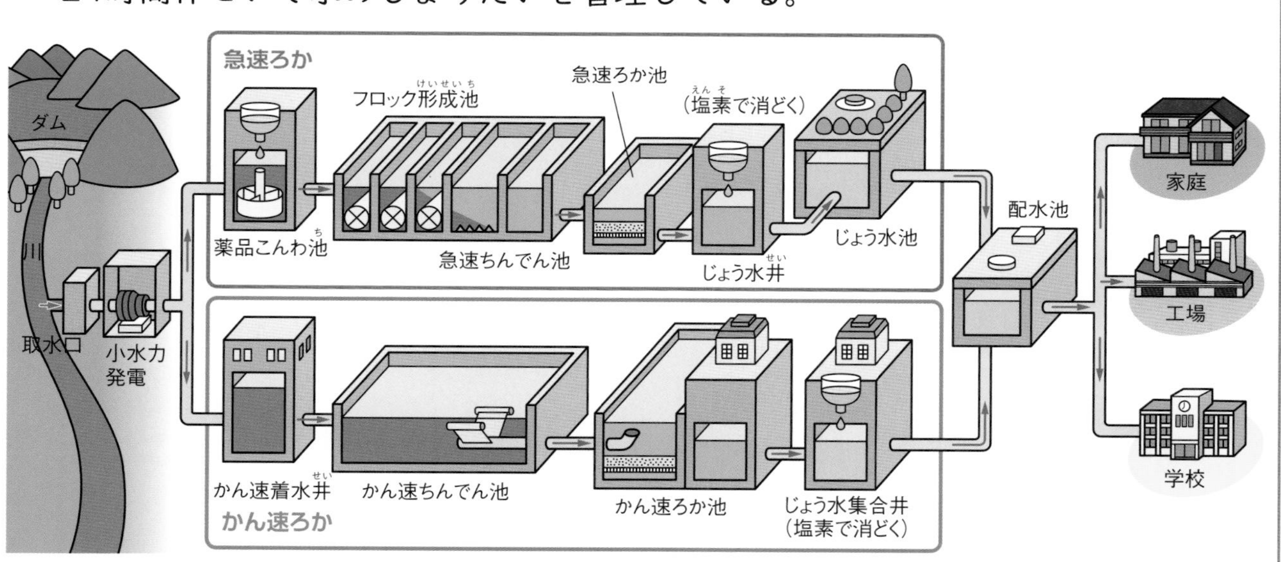

水をきれいにする方法1　急速ろか（飲み水になるまで約8時間）

- 薬品こんわ池で（⑥　　　）という薬品を入れ、フロック形成池でごみを（⑦　　　）にする。

水をきれいにする方法2　かん速ろか（飲み水になるまで約1日半）

- かん速ろか池で細かい（⑧　　　）に水を通し、よごれを取る。

選んだ言葉に ✓

□ぎょうしゅうざい　□ダム　□水道管　□産業
□コンピューター　□すな　□固まり　□立方メートル

ぴたトリビア

たて、横、高さがそれぞれ 1 mのようきに入る量を 1 m^3(立方メートル)といいます。 1 m^3には、1 Lの水が1000はい入ります。

学習日 月 日

教科書 32〜39ページ　答え 8ページ

1 次の表や図を見て、答えましょう。

(1) 右の表は、金沢市の人口と一人が使う水の量の変化を表しています。2020年の1日平均使用量は何Lですか。（　　　　）L

年	1980年	2020年
人口	約42万人	約46万人
1日平均	430L	316L

[金沢市資料]

(2) 1980年にくらべて、2020年の金沢市の人口はふえていますか、へっていますか。

（　　　　）

(3) 右の図は、学校の中の水の流れの様子です。図中の①と②をそれぞれ何といいますか。

① 水を屋上のタンクまでおし上げるためのしせつです。（　　　　）

② ここを通ってじゃ口から水が出ます。

（　　　　）

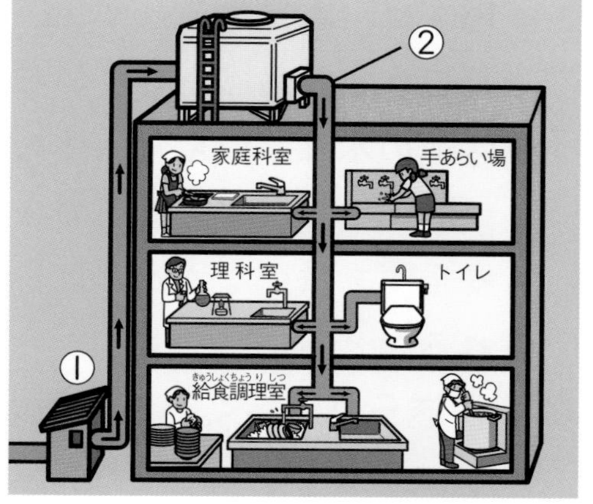

2 下の図を見て、答えましょう。

(1) 下の図は、安心して飲めるきれいな水をつくるためのしせつです。このしせつを何といいますか。（　　　　）

(2) 次の働きは、図中の㋐〜㋔のどこで行われていますか。記号で答えましょう。

①（　　）ぎょうしゅうざいという薬品を入れて、水をかきまぜる。

②（　　）水の中のすなやごみをしずめる。

③（　　）塩素を入れて消どくする。

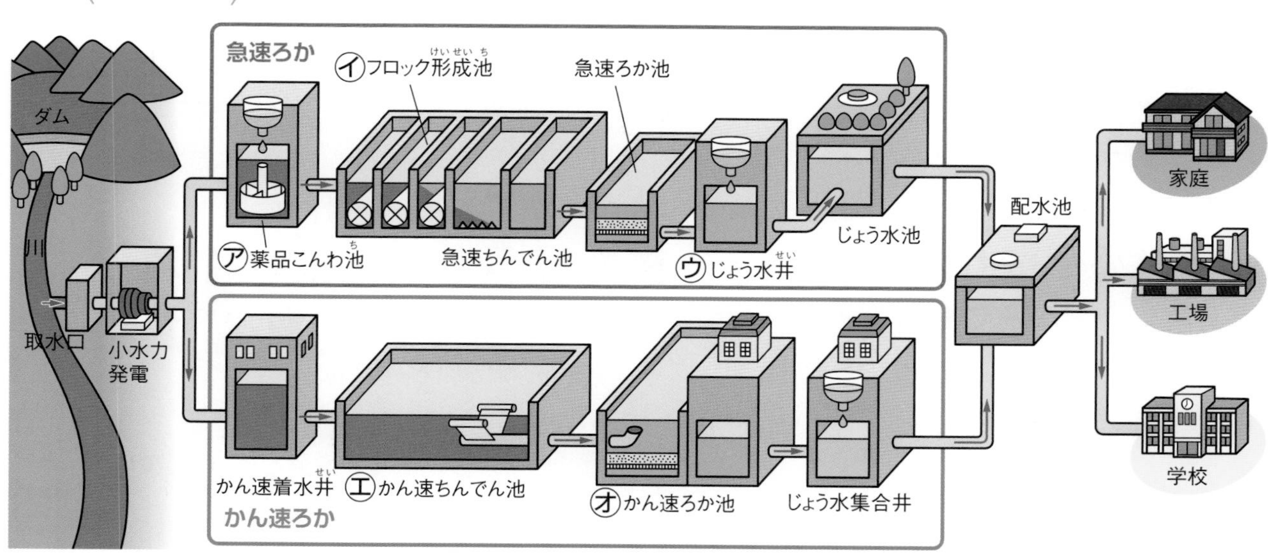

ヒント 2 (2) ぴったり1で、ここでの働きのしくみをふり返って考えてみましょう。

2．住みよいくらしをつくる

1 水はどこから②

学習日　　月　　日

めあて

安全できれいな水をつくるためのくふうと、水道のれきしについて理解しよう。

教科書 40〜43ページ　答え 9ページ

次の（　　）に入る言葉を、下から選びましょう。

1 安全できれいな水をつくるために

教科書 40〜41ページ

ワンポイント　水のけんさ

- （①　　　　）できれいな水をつくるため、じょう水場では、水ににごりや（②　　　　）がないかなど、毎日**水質けんさ**をしている。
- 水道の水は、飲んでも体に害がないように（③　　　　）のきじゅんが法りつで決められている。
- 安全できれいな水道水は、ボトルにつめて飲料水として売られることもある。

水質けんさの様子

水が送られるしくみ

- じょう水場から送られた水は（④　　　　）にためられ、そこから水道管を通って家庭や学校などに送られる。
- 水をむだにしないよう、水もれのけんさや、水道管の（⑤　　　　）も計画的に行われている。

水を送るために大切な仕事がいろいろあるんだね。

水もれのけんさ

2 金沢市の水道のうつり変わり

教科書 42〜43ページ

水道のれきし

- 昔は、川や（⑥　　　　）などからくんだ水を飲み水として使っていた。
- （⑦　　　　）がふえてきたため、水が足りなくなるおそれが出てきた。また、水質の問題から病気が起こることもあった。
- じょう水場など水道の（⑧　　　　）が整びされるようになり、安全な水道水を使える人がふえていった。

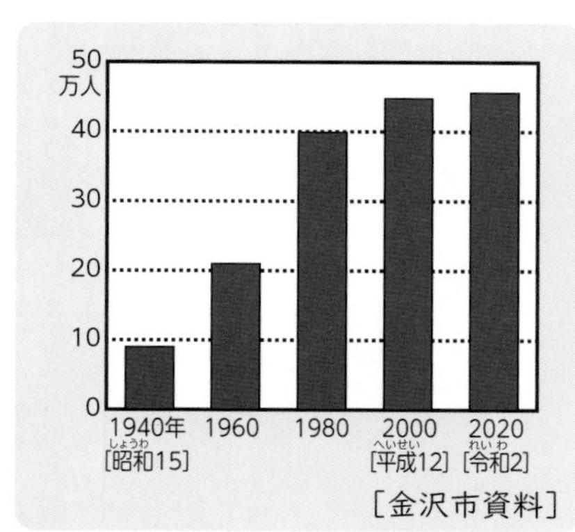

水道を使う人数の変化

選んだ言葉に✓

□しせつ	□井戸	□交かん	□配水池
□人口	□水質	□安全	□ばいきん

ぴたトリビア

日本は、水道水を飲むことができる数少ない国のうちの一つです。「水道法」により、安全できれいな水がつくられています。

教科書 40～43ページ　答え 9ページ

1 次の問いに、答えましょう。

(1) 水道の水に、にごりやばいきん、においなどがないかをかくにんするけんさを何といいますか。（　　　）

(2) (1)のけんさの説明として、正しいものには○を、まちがっているものには×をつけましょう。

①（　　）けんさはじょう水場で行われている。

②（　　）飲んでも体に害がないよう、法りつできじゅんが決められている。

③（　　）けんさは一週間に一度行われる。

④（　　）毎回、同じじゃ口から水をとってけんさをしている。

(3) 次の①～④を、水が送られる順にならべかえましょう。

①　配水池　　②　水道管　　③　家庭や学校　　④　じょう水場

（　　→　　→　　→　　）

2 次の地図を見て、答えましょう。

(1) 地図中のAとBが表しているものを、㋐～㋔からそれぞれ選びましょう。

A（　　）　B（　　）

㋐　水道管　　㋑　井戸　　㋒　じょう水場

㋓　用水　　㋔　川

(2) 右の地図について説明した次の文の①～③にあてはまる言葉や数字を、あとの［　］からそれぞれ選びましょう。

1952年の時点で水道が使えたのは（①）を中心とする地いきのみだったが、かくちょう工事により（②）年には金沢駅の北や西の地いきなどにも広がり、（③）年には日本海に面した地いきにも広がった。

①（　　）　②（　　）　③（　　）

1962　　1971　　2022　　金沢市役所　　北陸本線

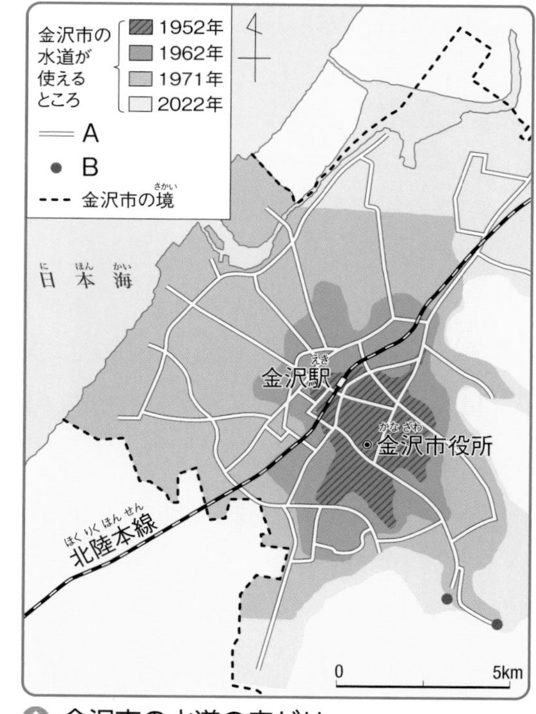

金沢市の水道の広がり

ヒント　2 (2) 地図の左上にある凡例を見て考えてみましょう。

2．住みよいくらしをつくる

1 水はどこから

時間 30分　／100　ごうかく 80点

教科書 32〜43ページ　答え 10ページ

1 次の問いに、答えましょう。

1つ5点（25点）

(1)  右の２つのグラフから読み取れるものには〇を、読み取れないものには×をつけましょう。

技能

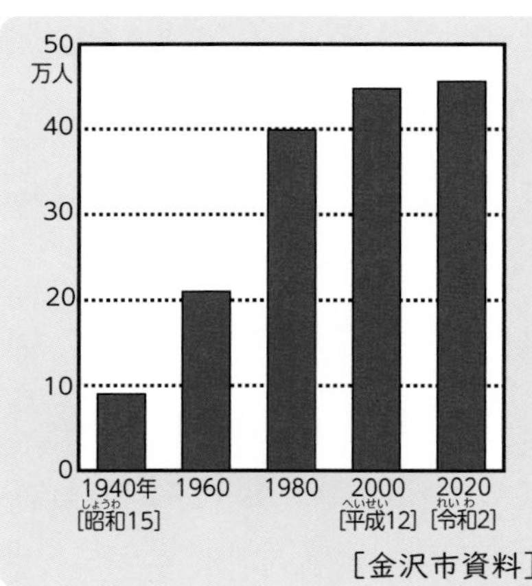

金沢市の水道を使う人数の変化

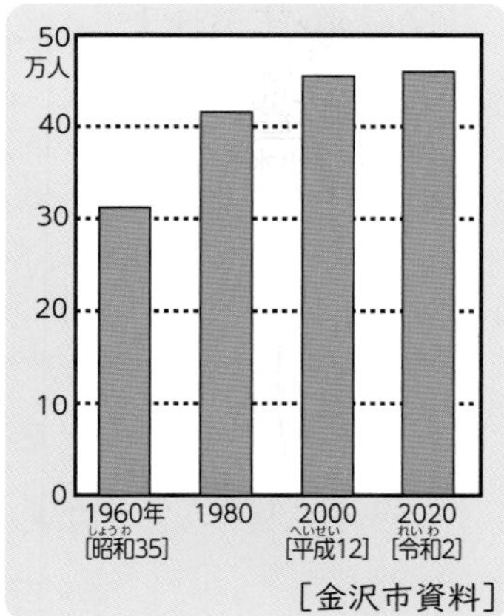

金沢市の人口の変化

①（　　　）1980年に水道を使用する人は40万人をこえていた。

②（　　　）水道を使う人数が最もふえたのは、1960年から1980年にかけてである。

③（　　　）1960年に水道を使用していたのは、市の人口の半分ほどであった。

④（　　　）2000年以降は、市内のほぼすべての人が水道を使用している。

記述 (2) できたらスゴイ！ 水道のしせつが整びされる前は、川や井戸、用水などから飲み水を入手していましたが、どのような問題がありましたか。かん単に書きましょう。

思考・判断・表現

（　　　　　　　　　　　　　　　　　　　　）

2 次の問いに、答えましょう。

1つ5点（25点）

(1) 水のように、わたしたちの生活や産業をささえる大切なもののことを何といいますか。（　　　　）

(2) 学校に水が送られてくるまでの流れについて説明した次の文のうち、①〜④にあてはまる言葉を◯で囲みましょう。

> わたしたちが使う水は、①｛ 川 ・ 海 ｝から取られ、きれいにするために②｛ ダム ・ じょう水場 ｝へ送られる。ここできれいになった水は③｛ 配水池 ・ 受水そう ｝にためられ、水道管を通って家庭や学校、工場などに送られる。学校に送られた水は④｛ ポンプ室 ・ 取水口 ｝から屋上のタンクへおし上げられ、水道管を通ってじゃ口へ送られていく。

学習日　　月　　日

3 次の問いに、答えましょう。

1つ5点（20点）

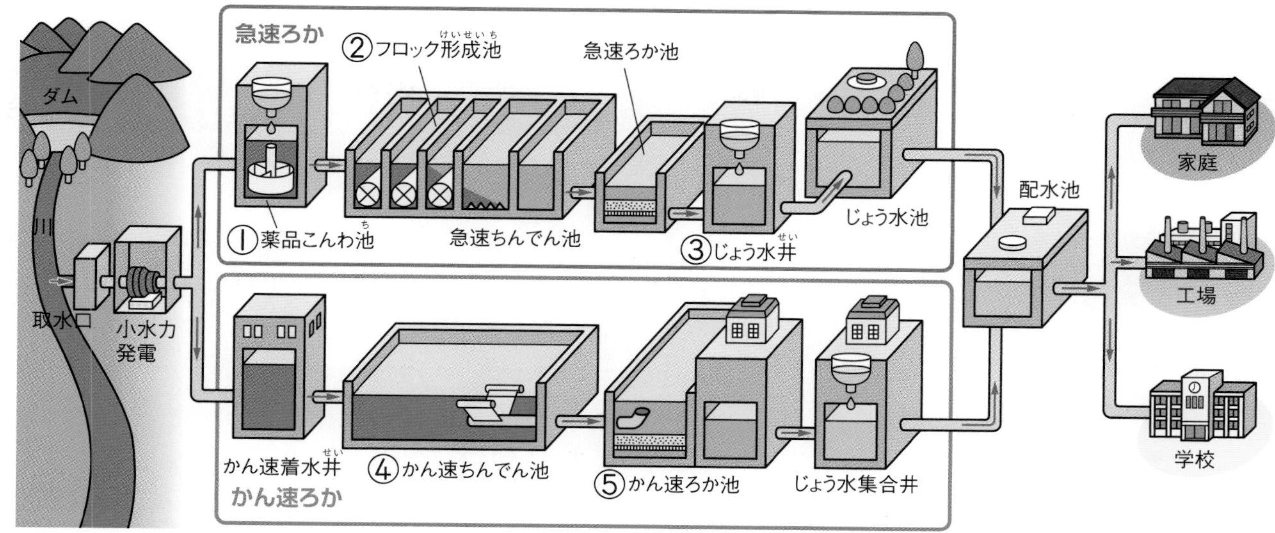

(1) よく出る 上の図中の①～⑤の場所で行われることについて説明した㋐～㋔から、正しいものを３つ選びましょう。 (　　) (　　) (　　)

㋐ ①では、塩素を入れて消どくをしている。

㋑ ②では、ぎょうしゅうざいで固まりになったごみをしずめている。

㋒ ③では、ぎょうしゅうざいを入れて水をかきまぜている。

㋓ ④では、水の中のすなやごみをしずめている。

㋔ ⑤では、水を細かいすなに通し、目に見えないよごれを取りのぞいている。

記述 (2) じょう水場の中央管理室では、安全できれいな水をつくるために、どのようなことが行われていますか。かん単に書きましょう。 思考・判断・表現

(　　　　　　　　　　)

4 次の問いに、答えましょう。

1つ5点（30点）

(1) 次の文の①～⑤にあてはまる言葉を、㋐～㋗から選びましょう。

水道の水質は(①　　　)という法りつをもとに、きじゅんが決められています。(②　　　)では、このきじゅんをもとに毎日(③　　　)けんさを行い、にごりやさいきん、(④　　　)、有害物質などをけんさしています。問題が見つかったときは、(⑤　　　)機械を止めてけんさします。

㋐ じょう水場　㋑ 水道法　㋒ 後日　㋓ ダム　㋔ すぐに
㋕ 河川法　㋖ 水質　㋗ におい

(2) 右の絵が表している仕事を、㋐～㋓から選びましょう。

㋐ 水もれのけんさ　㋑ じょう水場の管理
㋒ 水質けんさ　㋓ 水道管の交かん　(　　)

ふりかえり ❶(2)がわからないときは、16ページの❷にもどってかくにんしてみよう。

2．住みよいくらしをつくる

1 水はどこから③

学習日　　月　　日

めあて
ダムと水げんの森や、水のじゅんかんについて理解しよう。

教科書 44～49ページ　答え 11ページ

次の（　　）に入る言葉を、下から選びましょう。

1 ダムや水げんの森の働きを調べる　教科書 44～45ページ

ワンポイント　ダムと水げんの森

- **ダム**は（①　　　　）の水量を調節したり、**水力発電**に利用されたりしている。ダムの建せつは、行政と住民が話し合い、計画的に進められる。
- ダムのまわりの**水げんの森**は、雨水をたくわえる働きがあるため、「（②　　　　）」ともよばれている。
- 日本は、ゆたかな（③　　　　）にめぐまれているため、水が手に入りやすい国といわれている。
- 水げんの森を守ることは（④　　　　）を守ることにもつながっている。
- 水げんの森を守るために、（⑤　　　　）を植える活動も行われている。

「緑のダム」のしくみ

2 水の流れをまとめる／大切な水のために　教科書 46～49ページ

水のじゅんかん

- わたしたちが使った水は、（⑥　　　　）（水再生センター）できれいにされ、川や（⑦　　　　）に流される。川や海など地球上の水はじょう発して雲になり、雨としてふたたび地上にふる。

地いきのかんきょう調査

- **ビオトープ**…たくさんの生き物がくらすことができる自然をそなえたところ。
- 川のかんきょうを大切にすることが、きれいな水を守ることにもつながる。

自分たちにできること

- 水を出しっぱなしにしないなど、（⑧　　　　）に取り組む。
- おふろの残り湯をせんたくに使うなど、水を（⑨　　　　）する。

選んだ言葉に ✓					
	□下水しょり場	□再利用	□海	□川	□節水
	□緑のダム	□くらし	□木	□森	

学習日　　月　　日

ぴたトリビア

地球の表面の約3分の2が水でおおわれており、そのうちの97.5%が海水であると言われています。

教科書　44〜49ページ　答え　11ページ

1 次の問いに、答えましょう。

(1) 川の水量を調節し、水力発電にも利用されているしせつを何といいますか。（　　　　）

(2) 右の図について説明した次の文の①〜④にあてはまる言葉を、あとのア〜カから選びましょう。

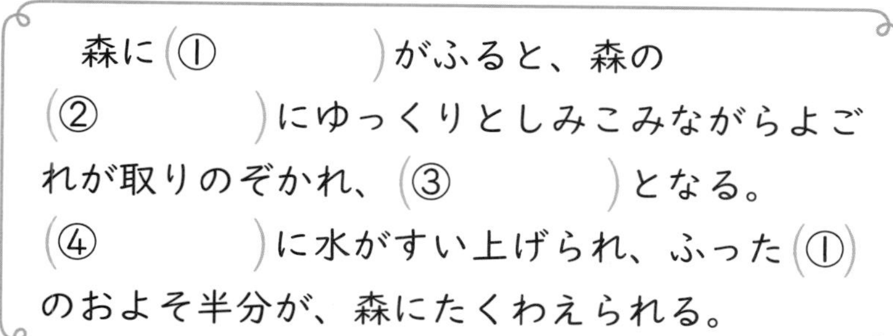

森に（①　　）がふると、森の（②　　）にゆっくりとしみこみながらよごれが取りのぞかれ、（③　　）となる。（④　　）に水がすい上げられ、ふった（①）のおよそ半分が、森にたくわえられる。

ア 木　イ 海　ウ 雨　エ 地下水
オ 川　カ 土

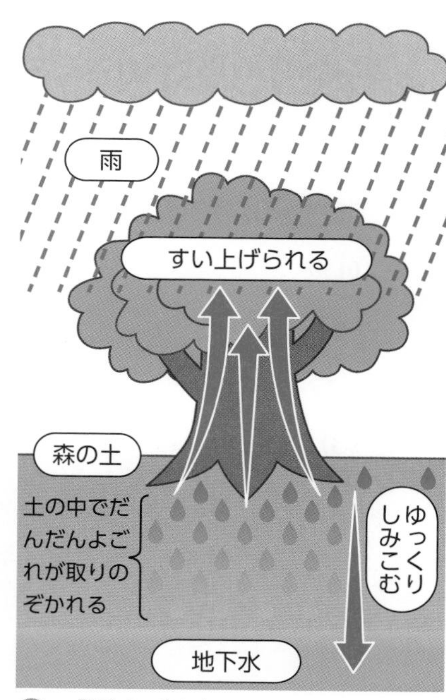

「緑のダム」のしくみ

2 次の問いに、答えましょう。

(1) 右の図中の①〜③にあてはまる言葉を、あとの［　］からそれぞれ選びましょう。

①（　　　　）
②（　　　　）
③（　　　　）

海　水じょう気　雨

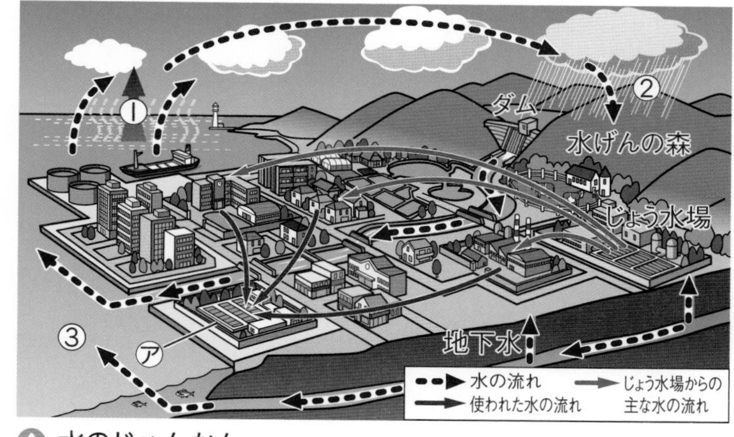

水のじゅんかん

(2) 使った水をきれいにする、図中のアのしせつを何といいますか。
（　　　　）

(3) 大切な水のためにわたしたちができる取り組みとして、正しいものには○を、まちがっているものには×をつけましょう。

①（　　）歯をみがくときは、水を出しっぱなしにしてみがく。
②（　　）せんたくのときに、おふろの残り湯を使う。
③（　　）シャワーを使うときは、体のよごれを流すときだけ水を出し、それ以外は止めるようにする。

ヒント 2 (3) 水をどのように使うことが、大切に使うことになるのか、「節水」や「再利用」をキーワードにして考えてみましょう。

ひろげる
2．住みよいくらしをつくる
1 水はどこから④

学習日　　月　　日

めあて
くらしをささえる電気やガスが、どのように送られてくるのか理解しよう。

教科書 50〜53ページ　答え 12ページ

次の（　　）に入る言葉を、下から選びましょう。

1 くらしをささえる電気　教科書 50〜51ページ

さまざまな発電

- （①　　　　　）発電…日本の発電の中心。燃料のほとんどを輸入している。地球温だん化の原いんの一つとされる（②　　　　　）を多く出す。
- （③　　　　　）発電…水が流れる力を利用して発電する。二酸化炭素などを出さない。
- （④　　　　　）発電…ウラン燃料を使い、発生する熱で発電する。事故が起きると長く大きなひがいが出る。

［2021年度 日本国勢図会2023/24］

日本の発電量

ワンポイント　**自然の力を利用する発電**

- しげんの少ない日本では、燃料を使わず**再生可能エネルギー**での発電を進めることが大切。
- 再生可能エネルギーには、（⑤　　　　　）や風力、地熱やバイオマスなどがある。

再生可能エネルギー
太陽や風など、ずっと利用できるエネルギーのこと。二酸化炭素を出さず、大きなしせつも必要ない。

2 くらしをささえるガス　教科書 52〜53ページ

ガスがとどくしくみ

1. 液体にした天然ガスをLNGタンカーで外国から運び、LNGタンクにためる。
2. 気化器で、液体の天然ガスを気体にもどす。
3. ガスがもれたときに気づくよう、ふしゅう室で（⑥　　　　　）をつける。
4. ガスホルダーからガス導管を通って、各家庭へ送られる。

ガスの種類

- （⑦　　　　　）…天然ガスからつくられ、ガス管を通ってとどけられる。
- **LPガス**…プロパンガスなどからつくられ、ボンベに入れてとどけられる。

安全に使うためのくふう

- （⑧　　　　　）を感知して自動でガスを止めるガスメーターや、ゆれに強くこわれにくい管が使われている。

選んだ言葉に✓				
	□二酸化炭素	□におい	□太陽光	□地震
	□都市ガス	□原子力	□水力	□火力

学習日　月　日

ぴたトリビア

発電所でつくられた電気は、工場や家庭などで使えるように、変電所(へんでん)というところで電圧(でんあつ)を変(か)えてから、わたしたちのもとに送られます。

教科書 50〜53ページ　答え 12ページ

1 次の問いに、答えましょう。

(1) 次の①〜③の発電方法について説明(せつめい)している人を、㋐〜㋒から選んで線で結(むす)びましょう。

① 原子力発電　•　•

㋐水が流れる力を利用して発電し、二酸化炭素を出しません。

② 火力発電　•　•

㋑ウラン燃料を使い、発生した熱で発電しています。

③ 水力発電　•　•

㋒燃料のほとんどを輸入し、二酸化炭素を多く出します。

(2) 太陽や風など、ずっと利用できるエネルギーのことを何といいますか。

（　　　　　　　　）

(3) 日本でいちばん発電量が多い発電方法を、㋐〜㋓から選びましょう。

㋐ 火力発電　　㋑ 原子力発電

㋒ 太陽光発電　　㋓ バイオマス発電

（　　　）

2 次の問いに、答えましょう。

(1) ガスがわたしたちのもとへとどくまでに行われる①〜④の作業を、正しい順(じゅん)にならべかえましょう。

① 気化器でガスを液体から気体にもどす。

② ふしゅう室でガスににおいをつける。

③ 液体にしたガスをLNGタンカーで外国から運び、LNGタンクにためる。

④ ガスホルダーにためる。　（　　→　　→　　→　　）

(2) ガスについての説明のうち、都市ガスに関(かん)するものには㋐を、LPガスに関するものには㋑を書きましょう。

①（　　）道路の下のガス管を通ってとどけられる。

②（　　）プロパンガスなどからつくられる。

③（　　）ボンベに入れてとどけられ、家ののき下などに置(お)かれる。

④（　　）天然ガスからつくられ、石油・石炭より二酸化炭素を出さない。

ヒント　1 (1) 何を利用して発電しているかに注目してみましょう。

2．住みよいくらしをつくる

1 水はどこから

教科書 44～53ページ　答え 13ページ

1 ダムについての説明として、正しいものには○を、まちがっているものには×をつけましょう。

1つ5点（25点）

①（　　　）ダムは川の水量を調節したり、火力発電に利用されたりしている。

②（　　　）ダムの建せつは、国や市などの行政と、地いきの住民がよく話し合って、計画的に進められている。

③（　　　）ダムのまわりにある森林は、ふった雨水をたくわえる働きがあるため、「緑のダム」とよばれている。

④（　　　）ダムや森林がたくさんの水をたくわえているため、雨がふらなくても水不足になることはない。

⑤（　　　）ダムでは、必要な水の量を計算して、じょう水場に流している。

2 水の流れを表した下の図を見て、答えましょう。

1つ5点（25点）

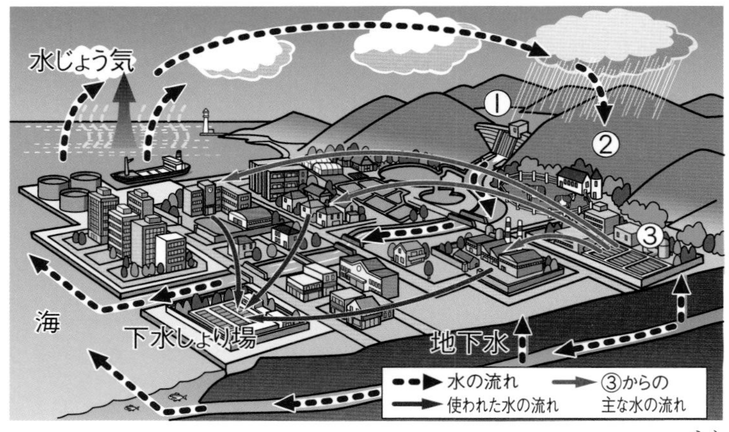

(1) よく出る 上の図について説明した次の文から正しい言葉を選び、それぞれ◯で囲みましょう。

海や地上の水が㋐｛ 水じょう気 ・ 地下水 ｝になって雨としてふり、ふった水は水げんの森やダムに集まって、川の上流を通り、わたしたちの元へ来る。このように水が地上と空をまわっていることを、水の㋑｛ じゅんかん ・ 再利用 ｝という。

(2) 上の図の中で、じょう水場、ダム、水げんの森の場所はどこですか。①～③から選びましょう。

じょう水場（　　　）　ダム（　　　）　水げんの森（　　　）

3 次の問いに、答えましょう。

1つ5点（20点）

(1) よく出る 右の２つのグラフについて説明した㋐～㋔の文のうち、正しいものを２つ選びましょう。 技能

（　　）（　　）

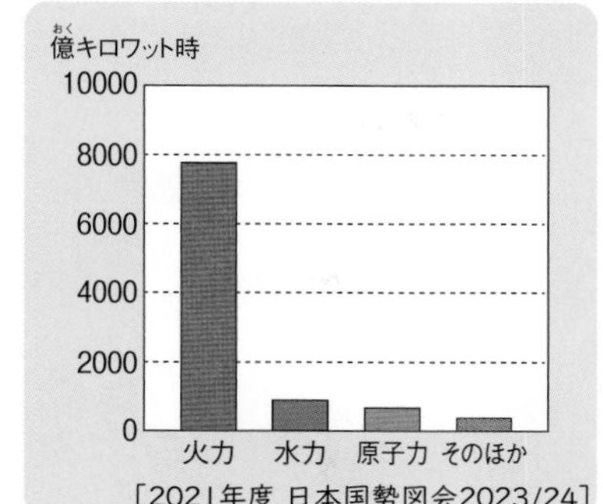

日本の発電量

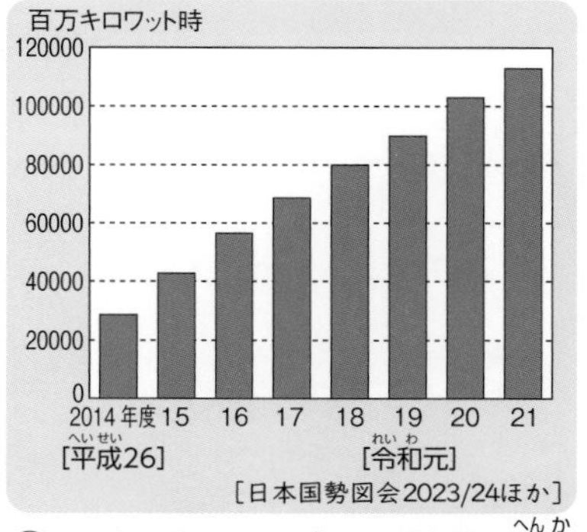

再生可能エネルギーの電力量の変化

㋐ 日本の発電量で２番目に多いのは、水力発電である。

㋑ 2021年度の再生可能エネルギーの電力量は、2017年度とくらべると２倍以上になっている。

㋒ 日本の発電量は火力発電が最も多く、2021年度の発電量はおよそ8500億キロワット時である。

㋓ 水力発電の発電量は、火力発電のおよそ３分の１である。

㋔ 再生可能エネルギーの電力量は、2014年度以降、ふえ続けている。

(2) 再生可能エネルギーにあてはまるものを、㋐～㋓から２つ選びましょう。

㋐ バイオマス　㋑ 原子力　㋒ 風力　㋓ 火力

（　　）（　　）

4 次の問いに、答えましょう。

1つ5点（30点）

(1) ガスについて説明した次の文の①～⑤にあてはまる言葉を、あとの［　］からそれぞれ選びましょう。

天然ガスは体積が大きいため、液体にして（①　　）で運ばれます。その後、気化器で（②　　）にもどし、ガス導管を通じて送られます。天然ガスからつくられる（③　　）は、もやしたときに出る（④　　）が石炭や（⑤　　）より少ない、クリーンなエネルギーとして注目されています。

気体　液体　石油　LNGタンク　LNGタンカー
二酸化炭素　都市ガス　LPガス　プロパンガス

記述 (2) できたらスゴイ！ ガスは家庭に送られる前に、ふしゅう室でにおいがつけられます。においがつけられる理由を、かん単に書きましょう。 思考・判断・表現

（　　）

ふりかえり ❷(1)がわからないときは、20ページの❷にもどってかくにんしてみよう。

学習日　　月　　日

2 ごみのしょりと利用①

めあて
ごみの分別とゆくえ、せいそう工場のしくみについて理解しよう。

教科書 54〜59ページ　答え 14ページ

次の（　　）に入る言葉を、下から選びましょう。

1 ごみの種類と分別／ごみのゆくえ

教科書 54〜57ページ

ワンポイント ごみの分別

- **分別**…ごみを種類ごとに分けて出すこと。分別するとごみの（①　　　　）がしやすくなる。
- ごみの（②　　　　）によって、出す曜日や出し方がちがう。

岡山市のごみの分け方（一部）

ごみのゆくえ

- **しゅう集**…種類ごとに分別して出されたごみを集めること。
- 集められたごみは、しゅう集車とトラックで、（③　　　　）と**リサイクルプラザ**へ運ばれる。

2 もえるごみのゆくえ

教科書 58〜59ページ

せいそう工場のしくみ

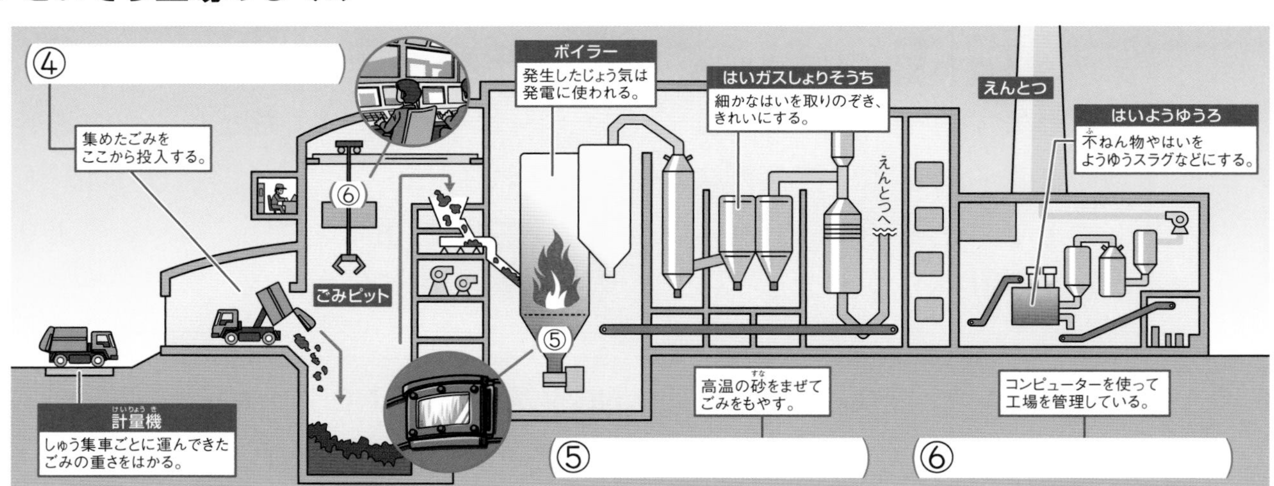

- **せいそう工場**では、しゅう集した（⑦　　　　）をもやしている。
- ごみをもやしたときに出る熱を利用して、工場で使う（⑧　　　　）もつくっている。

選んだ言葉に☑				
	□せいそう工場	□中央そうさ室	□もえるごみ	□電気
	□しょうきゃくろ	□プラットホーム	□しょり	□種類

学習日　　月　　日

ぴたトリビア
ごみをもやすと、かさがへり、においや病気の原いんを取りのぞくことができます。

教科書 54～59ページ　答え 14ページ

1 次の問いに、答えましょう。

(1) 岡山市で㋐～㋓の人がごみの分別をしようとしています。それぞれどの種類に分別するべきか、線で結(むす)びましょう。

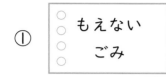

① もえないごみ　・　・  ㋐料理(りょうり)をしたときに出た、台所ごみをすてます。

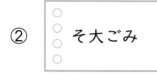

② そ大ごみ　・　・  ㋑読み終わった新聞紙がたまったので、しょ分したいです。

③ しげん化物　・　・  ㋒ガラスのコップがわれたので、しょ分しようと思います。

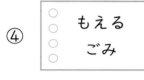

④ もえるごみ　・　・  ㋓自転車がこわれてしまったので、しょ分したいです。

(2) ごみの分別としゅう集について、正しいものには○を、まちがっているものには×をつけましょう。

①(　　　)ごみを分別すると、しょりがしやすくなる。
②(　　　)ごみを分別すれば、いつ出してもよい。
③(　　　)ごみは種類ごとに運ぶ先がちがう。

2 次の問いに、答えましょう。

(1) しゅう集したごみをもやす工場を、何といいますか。(　　　　　)

(2) ごみをもやすときに行われる①～④の作業は、(1)の工場のどこで行われますか。㋐～㋓から選びましょう。

①(　　　)コンピューターを使って工場を管理(かんり)する。
②(　　　)高温の砂(すな)をまぜてごみをもやす。
③(　　　)しゅう集車ごとに運んできたごみの重さをはかる。
④(　　　)細かなはいを取りのぞき、きれいにする。

㋐ 計量機(けいりょうき)　㋑ はいガスしょりそうち
㋒ しょうきゃくろ　㋓ 中央さうさ室

ヒント 1 (1) ぴったり1の図をふり返りながら、分別してみましょう。

ぴったり1 じゅんび

2．住みよいくらしをつくる

2 ごみのしょりと利用②

学習日　月　日

めあて
ごみしょりのくふうやリサイクル、これからの課題について理解しよう。

教科書 60～65ページ　答え 15ページ

次の（　）に入る言葉を、下から選びましょう。

1 もやすときやもやした後のくふう 人々の協力でごみが生まれ変わる

教科書 60～63ページ

ごみしょりのくふう

- ごみをもやすときの熱は、温水プールや（①　　　）に利用している。
- もやした後の（②　　　）は、アスファルトなどの材料に生まれ変わる。
- **しょぶん場**…（③　　　）できないごみをうめるところ。いっぱいになったしょぶん場は、市民のためのしせつに生まれ変わる。

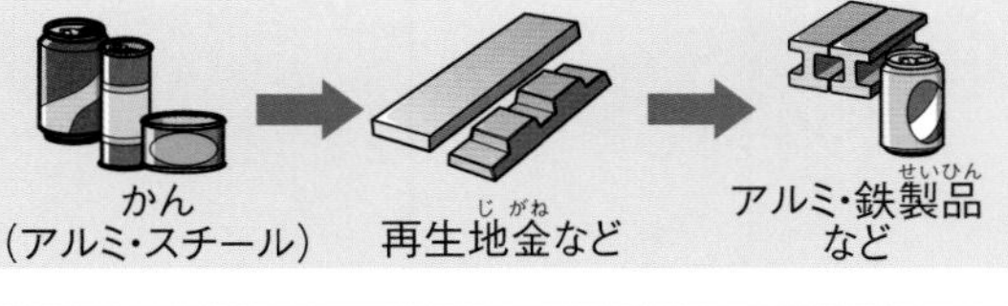

ごみのリサイクル

- **リサイクル**…分別して出されたごみをつくり直したり、（④　　　）にもどしたりして、再び使えるようにすること。しげんの節約にもつながる。
- そ大ごみ、もえないごみ、しげん化物は、（⑤　　　）に運ばれる。その後、再生工場に送られ、新しいものに生まれ変わる。

リサイクルマーク

2 ごみしょりのうつり変わりと課題

教科書 64～65ページ

えいせい的なごみしょりへの変化と新しい課題

- 昔はごみを（⑥　　　）せず、まとめてしゅう集していたが、しだいに分別やリサイクルが行われるようになった。
- 最近はコンピューターなど（⑦　　　）がむずかしいごみがふえている。

ワンポイント　4R（フォーアール）

- **リフューズ**…ごみになるものをことわる。
- **リデュース**…ごみそのものをへらす。
- （⑧　　　）…何回もくり返し使う。
- **リサイクル**…分別して再びしげんとして利用する。

ごみをへらすためにできることを考えてみよう。

選んだ言葉に☑

□リサイクルプラザ　□しょり　□発電　□はい
□リユース　□再利用　□分別　□原料

学習日　　月　　日

ぴたトリビア

買い物をするときに、いずれごみになってしまうレジぶくろを買わないことや、わりばしをもらわないことなどが、リフューズにあたります。

教科書 60〜65ページ　答え 15ページ

1 次の問いに、答えましょう。

(1) ごみをもやすときや、もやした後のしょりについて、正しいものには○を、まちがっているものには×をつけましょう。

①(　　　)もやした後のはいは、道路のアスファルトなどの材料として再利用される。

②(　　　)ごみをもやすときの熱は、温度が高すぎるため、ほかのことへ利用できない。

③(　　　)再利用できないごみは、しょぶん場にうめられる。

④(　　　)しょぶん場にうめたごみは、時間がたつと自然(しぜん)に消えていくため、1カ所のしょぶん場にうめ続(つづ)けている。

(2) 分別して出されたごみをつくり直したり、原料にもどしたりして、再び使えるようにすることを何といいますか。(　　　　)

(3) 次のびん、かん、ペットボトルは、どのような材料に変えられますか。㋐〜㋒から選んで線で結(むす)びましょう。

びん

かん(アルミ・スチール)

ペットボトル

㋐
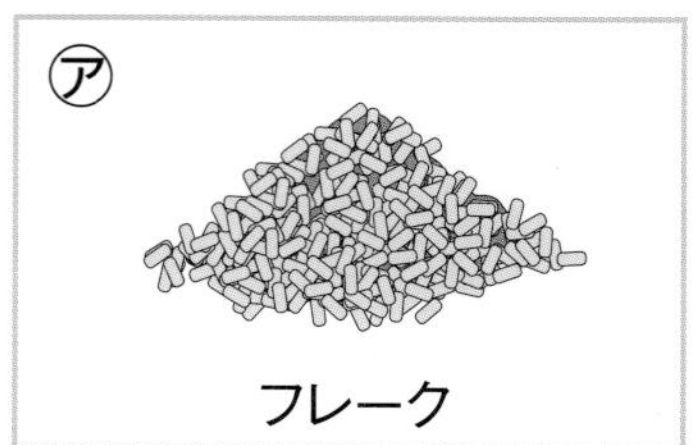
フレーク

㋑
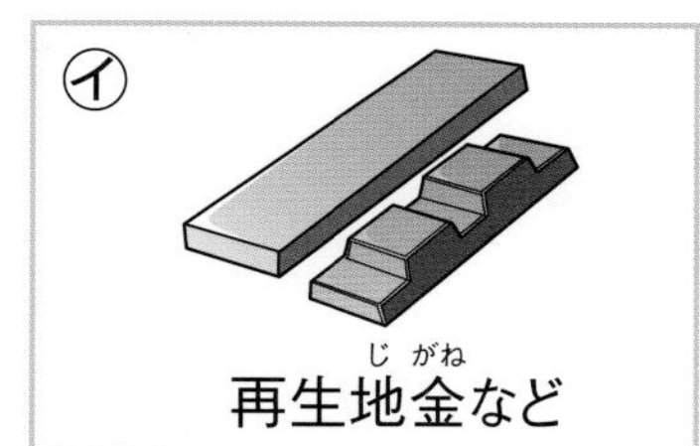
再生地金(じがね)など

㋒
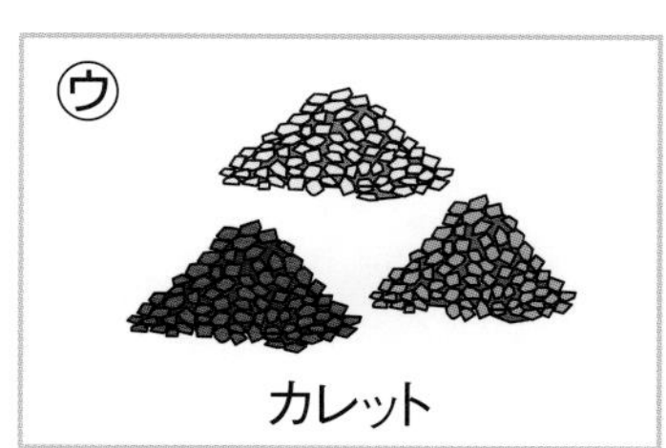
カレット

2 4Rについて、次の文にあてはまるものを、㋐〜㋓から選びましょう。

①(　　　)ごみになるものをことわる。

②(　　　)何回もくり返し使う。

㋐ リフューズ　㋑ リデュース　㋒ リユース　㋓ リサイクル

ヒント　1 (3) 種類ごとに集められたしげん化物がどのように生まれ変わるのか、ぴったり1をふり返って考えてみましょう。

ぴったり1
じゅんび

2．住みよいくらしをつくる

2 ごみのしょりと利用③

学習日　　月　　日

めあて
ごみをへらすために自分たちが取り組めることや、下水しょりについて理解しよう。

教科書 66～71ページ　答え 16ページ

次の（　　）に入る言葉を、下から選びましょう。

1 ごみのしょりについてまとめる／自分たちにできることを考える　教科書 66～69ページ

ごみをへらすためにわたしたちにできること

家庭での取り組み	学校での取り組み
●ごみを（①　　　　）する。 ●（②　　　　）をせず、生ごみの量をへらす。	●落ち葉を（③　　　　）にする。 ●コピーをする紙は、できるだけ両面を使うようにする。
お店での取り組み	**地いきでの取り組み**
●入口に（④　　　　）の回しゅうボックスを置く。 ●（⑤　　　　）の利用をすすめる。	●ごみの分別のちらしをつくる。 ●古紙を（⑥　　　　）して、せん門の業者に売る。

2 下水のしょりと利用　ひろげる　教科書 70～71ページ

ワンポイント

下水しょりのしくみ

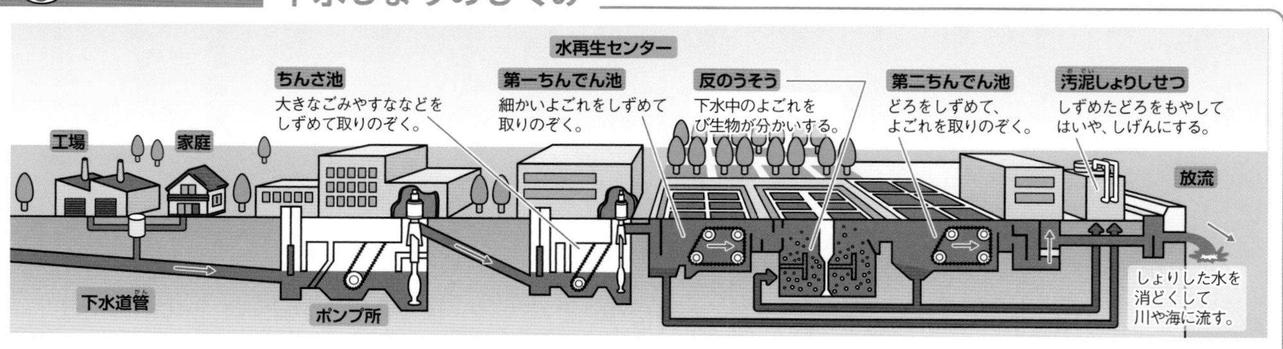

水再生センター
ちんさ池
大きなごみやすなをしずめて取りのぞく。
第一ちんでん池
細かいよごれをしずめて取りのぞく。
反のうそう
下水中のよごれをび生物が分かいする。
第二ちんでん池
どろをしずめて、よごれを取りのぞく。
汚泥しょりしせつ
しずめたどろをもやしてはいや、しげんにする。
工場
家庭
放流
下水道管
ポンプ所
しょりした水を消どくして川や海に流す。

●下水は水再生センターでしょりし、（⑦　　　　）や海に流すほか、ビルの冷だんぼうの熱源にしたり（⑧　　　　）の水に再利用したりする。

選んだ言葉に ✓				
	□エコバッグ	□回しゅう	□たいひ	□川
	□食べ残し	□トイレ	□分別	□トレイ

ぴったり２

練習

学習日　　月　　日

ぴたトリビア

下水しょりでたまったどろは、農作物のひりょうや、コンクリート、レンガなどの原料（げんりょう）にも利用されています。

教科書 66～71ページ　答え 16ページ

1 次の問いに、答えましょう。

(1) ごみをへらすための取り組みとして、正しいものには○を、まちがっているものには×をつけましょう。

①(　　　)コピーをする紙は、できるだけ両面を使うようにする。

②(　　　)ごみの分別を自治会（じちかい）の人たちにまかせる。

③(　　　)買い物をするときは、できるだけお店のビニールぶくろを使う。

④(　　　)食べ残しをしないように心がけ、生ごみをへらす。

(2) 学校のそうじなどで集めた落ち葉は、何に利用することができますか。

(　　　　　)

2 下の図は、下水しょりのしくみを表したものです。これを見て、答えましょう。

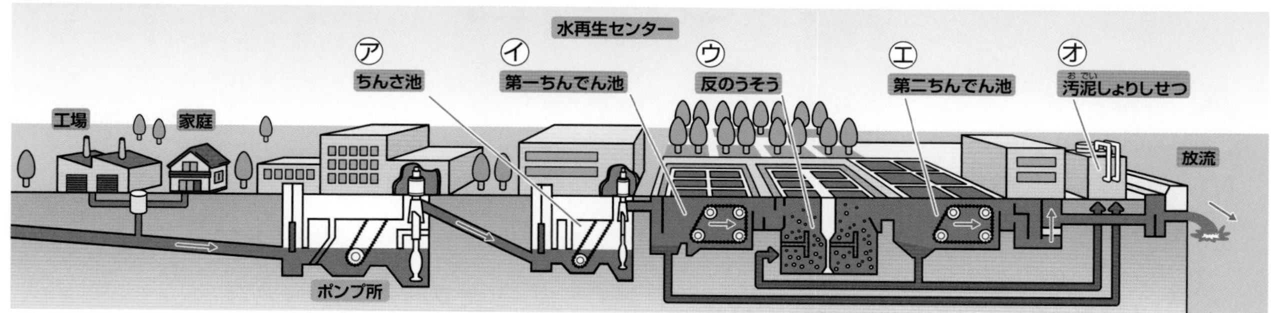

(1) 家庭で使われた水は、どこを通ってポンプ所まで流れていきますか。

(　　　　　)

(2) 次の①～③は図中の㋐～㋔のどこで行われますか。それぞれ選びましょう。

①(　　　)下水の中のよごれをび生物が分かいする。

②(　　　)しずめたどろをもやしてはいにしたり、しげんにしたりする。

③(　　　)下水の中にある大きなごみやすななどをしずめて取りのぞく。

(3) 下水道の役わりや、水をよごさないための取り組みとして正しいものを、㋐～㋔から２つ選びましょう。　(　　　)(　　　)

㋐　下水道には、しん水からまちを守る役わりがある。

㋑　使った油はそのまま流さず、水でうすめてから台所へ流す。

㋒　下水をしょりすることで、川や海の水質（すいしつ）を守っている。

㋓　紙は水にとけるので、トイレットペーパー以外（いがい）の紙もトイレに流してよい。

㋔　きれいにしょりされた水は、すべて川や海に流している。

ヒント　1 (1) ごみをへらすためには、すてずに再利用していくことが大事です。

2．住みよいくらしをつくる

2 ごみのしょりと利用

教科書 54～71ページ　答え 17ページ

1 次の問いに、答えましょう。

1つ5点（25点）

(1) よく出る 右のごみの出し方の表を見て、正しく説明しているものには○を、まちがっているものには×をつけましょう。

①（　　　）ダンボールはもえるごみとして出す。

②（　　　）新聞はしげん化物として出す。

③（　　　）かさはもえないごみとして出す。

④（　　　）自転車はもえないごみとして出す。

(2) しげんとなるものを分別し、再利用するためにつけられる右のマークを何といいますか。

（　　　　　　　）マーク

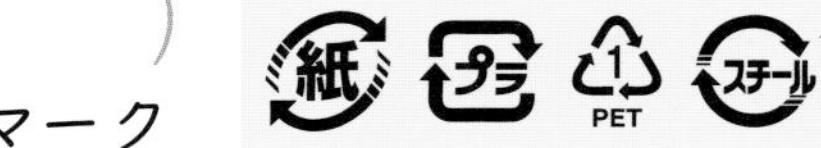

2 次の問いに、答えましょう。

1つ5点（25点）

(1) よく出る ごみをへらすための取り組みである4Rの一つ「リデュース」の説明として正しいものを、㋐～㋓から選びましょう。（　　　）

㋐ ごみになるものをことわる。　㋑ ごみそのものをへらす。

㋒ 何回もくり返し使う。　㋓ 分別して再びしげんとして利用する。

(2) ごみしょりに関する課題や取り組みについて説明した次の文の①～④にあてはまる言葉を、あとの［　　］からそれぞれ選びましょう。

ゴミ出しは、ルールを守ることが重要なため、（①　　　　）の人にもルールがわかるよう、さまざまな国の言葉で分別表をつくっている。最近は（②　　　　）など、しょりがむずかしいごみもふえている。また、ごみの量がふえると、（③　　　　）もいっぱいになってしまうため、ごみをへらす取り組みが必要である。その取り組みの一つとして、2020年7月からレジぶくろが（④　　　　）になった。

無料　しょぶん場　外国　プラスチック製品
有料　多目的広場　高れい　スマートフォン

学習日　　月　　日

3 次の問いに、答えましょう。

1つ5点（25点）

(1) 次の①～④のごみしょりに関するしせつについての説明を、㋐～㋓から選んで、線で結びましょう。

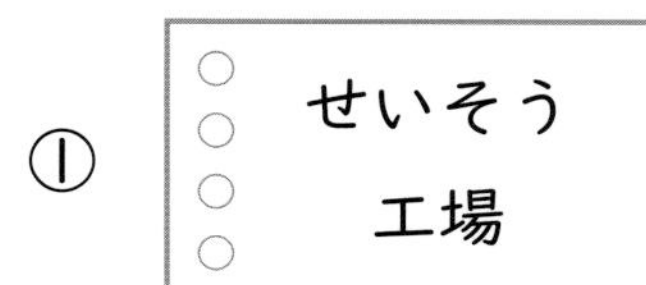

①	せいそう工場	・	・		㋐しゅう集したもえるごみをもやしています。
②	再生工場	・	・		㋑再利用できないごみをうめるところです。
③	リサイクルプラザ	・	・		㋒しょりされたしげん化物をリサイクル製品にします。
④	しょぶん場	・	・		㋓しげん化物を細かくくだいたり、固めたりします。

記述 (2) リサイクルは、ごみをへらす以外にどのようなことにつながりますか。「節約」という言葉を使ってかん単に書きましょう。　思考・判断・表現

（　　　　　　　　　　　　　　　　　　）

4 次の問いに、答えましょう。

1つ5点（25点）

(1) 下水しょりの進め方について説明した次の文のうち、①～④にあてはまる言葉を◯で囲みましょう。

家庭や工場などから出たよごれた水は、①｛ 下水道管 ・ 川 ｝を通って水再生センターに集められる。水再生センターでは、細かいよごれをしずめた後、②｛ び生物 ・ はい ｝を使ってよごれを分かいする。その後、時間をかけてゆっくりどろをしずめてよごれを取りのぞき、しょりした水を③｛ 冷きゃく ・ 消どく ｝して川や海に流している。きれいにした水を放流する以外にも、ビルの冷ぼうやだんぼうの熱源にしたり、④｛ トイレ ・ おふろ ｝の水などに再利用したりしている。

記述 (2) できたらスゴイ！ 水をよごさないために、家庭の台所ではどのようなくふうができますか。「生ごみ」「油」という言葉を使って書きましょう。　思考・判断・表現

（　　　　　　　　　　　　　　　　　　）

ふりかえり　3(2)がわからないときは、28ページの1にもどってかくにんしてみよう。

この本の終わりにある「夏のチャレンジテスト」をやってみよう！

3分でまとめ

学習日　月　日

3. 自然災害からくらしを守る

1 風水害からくらしを守る①

めあて
自然災害からくらしを守るために、どのようなことをしてきたのか理解しよう。

教科書 72〜77ページ　答え 18ページ

次の（　　）に入る言葉を、下から選びましょう。

1 県内のさまざまな自然災害／風水害から人々を守る

教科書 72〜75ページ

さまざまな自然災害

ワンポイント 自然災害

- 自然災害とは、ぼう風、ごう雨、ごう雪、こう水、高潮、（①　　　　）、津波、ふん火などのいじょうな自然げんしょうによって起こるひがいのこと。自然災害がどのような場所で起きるかは、土地の（②　　　　）や土地の使われ方などとも関係がある。

風水害からくらしを守るための取り組み

- 風水害が起きると、広いはんいで長期間（③　　　　）が続いたり、こう水やがけくずれが起きたりする。
- （④　　　　）やけいさつ、自衛隊が出動して救助活動を行う。
- 市では、災害対さく本部をせっちし、ひなん者のしえんを行う。
- 調べること…これまでの風水害への取り組み。県や市、地いきや家庭での風水害への（⑤　　　　）。
- 調べ方…本や、県や市の（⑥　　　　）で調べる。県庁や市役所で働く人に、（⑦　　　　）やインタビューで話を聞く。

2 くり返し起きてきた風水害

教科書 76〜77ページ

風水害とのたたかい

- 風水害からくらしを守るために、人々がどのようなことをしてきたのかを、県の（⑧　　　　）などで調べる。
- 国や県が、こう水をふせぐために、ていぼうや水を川の外にくみ出すポンプ場などの整びを進めた。
- **ていぼう**…大雨や高潮のときに、川や海の水があふれないよう、土砂などをもり上げてつくられる。
- 地下に（⑨　　　　）をほって、一時的に雨水をためるしせつをつくった。

雨水をためるトンネル

選んだ言葉に✓

□ウェブサイト　□メール　□そなえ　□消防　□様子
□トンネル　□防災誌　□てい電　□地震

学習日　　月　　日

ぴたトリビア
防災誌は、これまでに大きなひがいをもたらした地いきの災害についてまとめたもので、そなえの大切さを伝えるためにつくられています。

教科書 72〜77ページ　答え 18ページ

1 次の問いに、答えましょう。

(1) 自然災害にあてはまるものを、㋐〜㋔から３つ選びましょう。

㋐ 地震　㋑ 交通事故（じこ）　㋒ ごう雨
㋓ 火事　㋔ 津波　（　　）（　　）（　　）

(2) 次の①〜③の風水害の様子の説明（せつめい）について、正しいものには○を、まちがっているものには×をつけましょう。

①（　　）台風のときは、大雨でこう水や土砂くずれなどの災害が起こる。
②（　　）市役所で働く人は、災害が起こった現場（げんば）に行き、救助活動を行う。
③（　　）風水害が起こると、広いはんいで長期間てい電が続くことがある。

(3) 次の学習問題についてのメモの①〜③にあてはまる言葉を、㋐〜㋓から選びましょう。

学習問題　風水害からくらしを守るために、だれが、どのような取り組みをしているのでしょうか。

【調べること】●これまでの風水害への（①　　）。
●県や市、地いきや（②　　）での風水害へのそなえ。
【調　べ　方】●本や、県や市のウェブサイトで調べる。
●県庁や（③　　）で働く人に、メールやインタビューで話を聞く。

㋐ 家庭　㋑ 外国　㋒ 取り組み　㋓ 市役所

2 次の問いに、答えましょう。

(1) 大雨や高潮のときに川や海の水があふれないよう、土砂などをもり上げてつくったものを何といいますか。（　　）

(2) 右の写真は何のためにつくられたものですか。㋐〜㋓から選びましょう。

㋐ 災害のときに人々がひなんするための場所。
㋑ 雨水を川の外にくみ出すためのしせつ。
㋒ 災害にそなえて、食料（しょくりょう）などをほかんしておくためのしせつ。
㋓ 雨水を一時的にためておくためのしせつ。
（　　）

1 (1) 自然災害は、いじょうな自然げんしょうによって起こるひがいのことです。

3．自然災害からくらしを守る

1 風水害からくらしを守る②

学習日　月　日

めあて
風水害にそなえた都道府県や市区町村の取り組みについて理解しよう。

教科書 78～81ページ　答え 19ページ

次の（　　）に入る言葉を、下から選びましょう。

1 県の取り組み

教科書 78～79ページ

風水害にそなえた取り組み

- **公助**…国や都道府県、市区町村により行われる、自然災害からくらしを守るための取り組み。
- こう水にそなえて、川はばを広げ、（①　　　　　　）を整びしている。
- 土石流やがけくずれをふせぐための工事を行っている。
- 災害時に市や町、村でびちくしている（②　　　　　　）や毛布などが足りなくなったときのために、県でもびちくをしている。

ワンポイント　防災いしきを高めるための取り組み

- 土砂災害にそなえて、（③　　　　　　）を行う。
- 千葉県では「じぶん防災」という防災じょうほうを伝えるウェブサイトをつくり、災害へのそなえや防災に関する（④　　　　　　）を学べるようにしている。
- ひとりひとりの防災いしきを高めることが、いちばんのそなえになる。

「じぶん防災」のウェブサイト

2 市の取り組み

教科書 80～81ページ

災害時の市の対応

- **地いき防災計画**…災害のときに、どのように対応するのかをあらかじめ決めているもの。（⑤　　　　　　）や消火、じょうほうの伝達などの方法や、住民の（⑥　　　　　　）などを定めている。
- 防災訓練のじっしや、防災びちく倉庫をせっちする。
- （⑦　　　　　　）やてい電にそなえて、水道や電気、ガスなどの企業と災害時の協力内容を決めておく。
- 防災じょうほうの発信の強化や、（⑧　　　　　　）のふきゅうに取り組む。
- 大きな災害時は、国や自衛隊、県などと連けいして対応する。

ひなん場所をしめすひょうしき

選んだ言葉に✓

□ハザードマップ　□ひなん訓練　□知しき　□断水
□ひなん場所　□ていぼう　□食料　□救助

学習日　　月　　日

ぴたトリビア

地いきの防災センターには、防災に関するてんじや災害の体験コーナーなどがあります。また、災害のときは救えん活動のきょてんとして使われます。

教科書 78〜81ページ　答え 19ページ

1 次の問いに、答えましょう。

(1) 国や都道府県、市区町村により行われる、自然災害からくらしを守るための取り組みを何といいますか。（　　　　）

(2) 次の①〜④の風水害にそなえた取り組みの説明について、正しいものには○を、まちがっているものには×をつけましょう。

①（　　　）がけくずれの対さくとして、くずれてくる土砂を受け止めるためのしせつをつくっている。

②（　　　）食料や毛布などは市町村でびちくしているため、県ではびちくしていない。

③（　　　）川はばを広げたり、ていぼうを高くしたりする工事を計画的に行っている。

④（　　　）土砂災害にそなえたひなん訓練を行ったり、防災じょうほうを伝えるウェブサイトをつくったりしている。

2 次の問いに、答えましょう。

(1) 右の図は、大きな災害時の連けいの様子を表しています。図の中の①〜④にあてはまる言葉を、㋐〜㋓から選びましょう。

㋐ 市町村　　㋑ 国
㋒ けいさつ　　㋓ 連けい

①（　　　）　②（　　　）
③（　　　）　④（　　　）

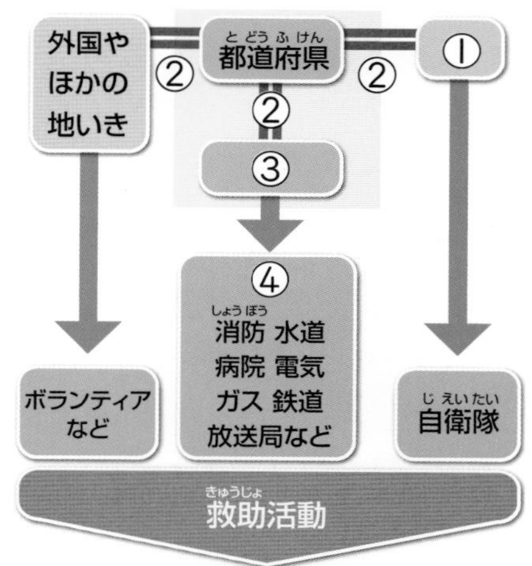

(2) 災害のときに、どのように対応するのかを、あらかじめ定めたものを何といいますか。

（　　　　）

(3) 右の写真は、ひなん場所をしめすひょうしきです。このひょうしきについて説明した文として、まちがっているものを、㋐〜㋒から選びましょう。（　　　）

㋐ さまざまな国の言葉で書かれている。
㋑ 海ばつ（地面の高さ）が書かれている。
㋒ 津波のときのひなんにはてきしていない。

ヒント 1 (2) 風水害への対さくとして、ひとりひとりの防災いしきを高めるための取り組みも大切です。

3．自然災害からくらしを守る

1 風水害からくらしを守る

時間 30 分

／100

ごうかく 80 点

1 次の問いに、答えましょう。

1つ5点（25点）

(1) よく出る 次の絵は自然災害の様子です。絵にあてはまる説明を㋐〜㋓から選びましょう。

①（　　） ②（　　） ③（　　） ④（　　）

㋐ ふん火によってはいが空にふき出ている。

㋑ 大雨によってがけくずれが起きている。

㋒ 道路に雪がふり積もり、交通じゅうたいが起こっている。

㋓ 地震によって、家などの建物がとうかいしている。

(2) 台風が引き起こす災害のうち、特に山地の近くで起こりやすいのはどのひがいですか。□から選びましょう。（　　　）

ふん火　高潮　津波　がけくずれ

2 風水害からくらしを守るために行われてきた取り組みについて、正しいものには○を、まちがっているものには×をつけましょう。

1つ5点（25点）

①（　　）災害が起きたときに防災のきょてんとなる場所として、防災公園が整びされた。

②（　　）ていぼうは、大雨や高潮のときに、川や海の水があふれないよう、木を組み合わせてつくられる。

③（　　）昔の人たちの、災害にそなえたくふうの一つに、石がきや土をもった上につくられた災害時のひなん場所である水塚がある。

④（　　）こう水のひがいが続いたため、水を川の外にくみ出すダムの整びが進められた。

⑤（　　）大雨のときにまちに水があふれないよう、一時的に雨水をためておくトンネルが地下につくられた。

3 次の問いに、答えましょう。

1つ5点（25点）

(1) よく出る 右のような、自然災害によるひがいをへらしたり、防災対さくに使用したりする目的でつくられた地図を何といいますか。

（　　　　　）

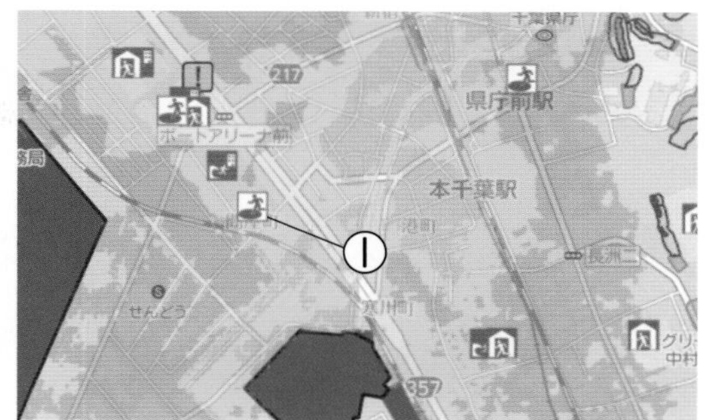

(2) 地図中の①のマークが表しているものを、㋐～㋓から選びましょう。（　　）

㋐ 防災びちく倉庫　㋑ 防災センター

㋒ ひなん場所　㋓ ていぼう

(3) 大きな災害時の市の取り組みについて説明した次の文のうち、㋐、㋑にあてはまる言葉をそれぞれ選び、◯で囲みましょう。

> 市では、災害が起きたときの対応を㋐｛ 地いき防災計画 ・ 災害伝言ダイヤル ｝に定めている。大きな災害が起こった場合は、国や自衛隊、㋑｛ 都道府県 ・町内会 ｝とも連けいして対応している。

記述 (4) 水道や電気、ガスなどの企業と、災害時に協力する内容を決めておくのはなぜですか。かん単に書きましょう。 思考・判断・表現

（　　　　　　　　　　　　　　）

4 次の問いに、答えましょう。

1つ5点（25点）

(1) 風水害にそなえた県の取り組みについて説明した次の文の①～④にあてはまる言葉を、㋐～㋖から選びましょう。

> 県では、水害が起こった川などで、ていぼうを（①　　）したり、川はばを広げたりする工事を行っている。また、流れてくる土砂や流木を受け止めるためのしせつである（②　　）も整びしている。このような、国や都道府県、市区町村により行われる、（③　　）からくらしを守るための取り組みを（④　　）という。

㋐ 自然災害　㋑ 事故　㋒ 高く　㋓ 低く

㋔ 公助　㋕ 砂防ダム　㋖ ポンプ場

記述 (2) できたらスゴイ! 県がひなん訓練を行ったり、防災じょうほうを伝えるウェブサイトをつくったりするのはなぜですか。かん単に書きましょう。 思考・判断・表現

（　　　　　　　　　　　　　　）

ふりかえり ３(4)がわからないときは、36ページの２にもどってかくにんしてみよう。

3. 自然災害からくらしを守る

1 風水害からくらしを守る③

学習日　　月　　日

めあて
風水害にそなえた地いきと家庭の取り組みについて理解しよう。

教科書 82～85ページ　答え 21ページ

次の（　　）に入る言葉を、下から選びましょう。

1 地いきの人々の取り組み

教科書 82～83ページ

住民どうしの協力

ワンポイント 共助

- 共助は、自分や家族の安全をかくほした後、近所や（①　　　　　）の人々と助け合うこと。災害時に助け合えるよう、日ごろから考えておくことが大切。

ひなん所運えい委員会の取り組み

- **ひなん所運えい委員会**の主な活動は以下の三つである。

1. ひなん所運えい訓練…災害時にスムーズに（②　　　　　）を開せつ、運えいできるよう、日ごろから訓練をしている。
2. 地いきの人へのじょうほう発信…きけんな場所や、ひなん所に関するじょうほうを（③　　　　　）を通して伝え、災害にそなえられるようにしている。
3. 食料や生活用品のびちく…市や県から（④　　　　　）が来るまで、地いきでささえ合えるようにしている。

2 自助の取り組み

教科書 84～85ページ

家庭でのそなえ

- 自助…（⑤　　　　　）や家族の命を守るために、それぞれが防災に取り組むこと。
- まどや雨戸はかぎをかけ、必要におうじてほきょうする。
- 断水にそなえて飲料水や生活用水をかくほしておく。

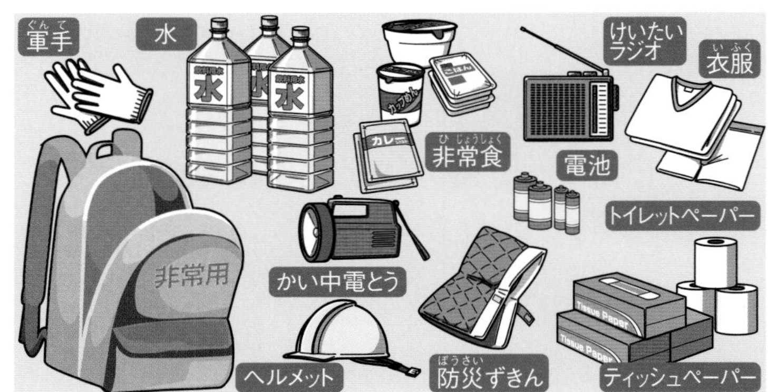

家でそなえているもの

- ハザードマップや地いき防災マップなどで（⑥　　　　　）をかくにんし、家族で（⑦　　　　　）方法などを話し合っておく。
- 水道や電気が止まったときのために、ひなん用の（⑧　　　　　）を用意しておく。

選んだ言葉に✔

□ひなんけいろ	□連らく	□しえん	□自分
□ひなん所	□リュック	□自治会	□地いき

学習日　月　日

ぴたトリビア

大きな災害が起こった場合、ひがいにあった地いきの人たちが安心してじょうほうを得られるよう、公衆無線LANが無料で開放されます。

教科書 82～85ページ　答え 21ページ

1 次の問いに、答えましょう。

(1) 自分や家族の安全をかくほした後、近所や地いきの人々と助け合うことを何といいますか。（　　　）

(2) ひなん所運えい委員会の取り組みについて、正しいものには○を、まちがっているものには×をつけましょう。

①（　　）ひなん所運えい訓練には、市や地いきの人も参加している。

②（　　）地いきでは防災びちく倉庫をせっちしていないため、食料や生活用品のびちくはしていない。

③（　　）事前にひなん所の食料配ふ場所や、きょ住スペースを定めている。

④（　　）災害時は各家庭への配りょがむずかしいため、だれもが同じきょ住スペースを使うように定めている。

2 次の問いに、答えましょう。

(1) 自分や家族の命を守るために、自分や家族で防災に取り組むことを何といいますか。（　　　）

(2) 家庭でのそなえについて、家の人へインタビューすることをまとめました。次の文の①～⑤にあてはまる言葉を、㋐～㋕から選びましょう。

<家の外のそなえについて>	<家の中のそなえについて>
●まどや雨戸にかぎをかけ、必要におうじてほきょうする。 ●側こうや（①　　）をそうじして水はけをよくしておく。	●かい中電とう、ラジオ、着がえなどの（②　　）を用意しておく。 ●断水にそなえて（③　　）や生活用水をかくほしておく。
<ひなん場所のかくにん>	**<非常持ち出し品の用意>**
●ひなん場所へのひなんけいろをかくにんしておく。 ●（④　　）でひなん場所や連らく方法などを話し合っておく。	●水道や（⑤　　）が止まったときのためにひなん用のリュックをじゅんびしておく。

㋐ 飲料水　㋑ 電気　㋒ はい水口
㋓ 非常用品　㋔ 家族　㋕ ハザードマップ

ヒント
1 (2)④ だれもが安心してひなんできるようにするには、どうしたらよいかを考えてみましょう。

1 風水害からくらしを守る④

学習日　　月　　日

めあて
風水害からくらしを守る取り組みや、マイ・タイムラインについて理解しよう。

教科書 86〜93ページ　答え 22ページ

次の（　　）に入る言葉を、下から選びましょう。

1 ノートにまとめる／マイ・タイムラインでそなえを点けん　教科書 86〜89ページ

風水害からくらしを守る取り組み

- 市区町村…地いき防災計画でそなえをまとめ、（①　　　　）などで人々の防災いしきを高めようとしている。
- 都道府県や国…ひがいをへらすために川の（②　　　　）をしたり、関係機関が協力できるようにそなえたりしている。
- 地いきの人々…住民どうしが（③　　　　）して災害を乗りこえられるように（④　　　　）などをしてそなえている。
- わたしたち…ふだんから（⑤　　　　）を高める必要がある。

ワンポイント　マイ・タイムライン

- **マイ・タイムライン**…住民ひとりひとりの（⑥　　　　）のこと。

ひなんじょうほうなど		自主ひなんなど	高れい者等ひなん	ひなんしじ
災害じょうほうなど	早期注意	はんらん注意	はんらんけいかい	はんらんきけん
行動計画	●天気予ほうをたしかめる。 ●家の点けん・ほきょうをする。	●きちょう品やびちく品などを、しん水しない場所にうつす。	●ひなん開始 →	●ひなんかんりょう

マイ・タイムラインの例

2 地震からくらしを守る／火山災害からくらしを守る　ひろげる　教科書 90〜93ページ

地震への対さく

- 防災マップをつくって配布したり、津波ひなんビルを指定したりしている。
- 家具や住たくを補強するための（⑦　　　　）を出す。

火山災害への対さく

- 火山防災マップの作成や、山小屋の補強を行い、登山者に（⑧　　　　）をてい出してもらう。
- 県や市町村、消防やけいさつ、国の機関などが協力して取り組んでいる。

選んだ言葉に✓

- □防災行動計画　□防災いしき　□補助金　□工事
- □ハザードマップ　□登山計画書　□訓練　□協力

学習日　　月　　日

ぴたトリビア

まちの電柱などに、その土地の海ばつがしめされているところが多くあります。これは日ごろから津波へのけいかいを高めるために置かれています。

教科書 86〜93ページ　答え 22ページ

1 次の図を見て、答えましょう。

(1) 図の中の①〜④の説明を、㋐〜㋓から選びましょう。

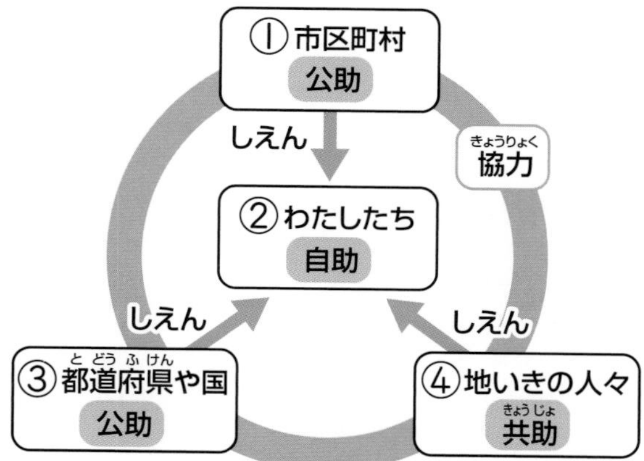

風水害からくらしを守る取り組み

㋐ 地いき防災計画でそなえをまとめ、ハザードマップで人々の防災いしきを高めようとしている。

㋑ 住民どうしが協力して災害を乗りこえられるように訓練をしてそなえている。

㋒ ひとりひとりがふだんから防災いしきを高める必要がある。

㋓ ひがいをへらすために川の工事をしたり、ふだんから関係機関が協力できるようにそなえたりしている。

①(　　) ②(　　) ③(　　) ④(　　)

(2) いざというときにあわてることがないよう、ひなんにそなえた行動をあらかじめ決めた、住民ひとりひとりの防災行動計画を何といいますか。

(　　　　)

(3) (2)のつくり方を、正しい順にならべかえましょう。

① ひなん先・ひなんけいろを決める。

② ひなん開始とひなんかんりょうのタイミングを決める。

③ ハザードマップで、自分の家の近くで起こるかのうせいがある災害をかくにんする。

④ 自分や家族がひなんするまでにじゅんびすることや、じゅんびするものを考えて書きこむ。

(　→　→　→　)

2 地震と火山災害の対さくの説明として、正しいものには○を、まちがっているものには×をつけましょう。

①(　　)地震のときにひなんできる高い場所を、津波ひなんビルに指定している。

②(　　)地震にそなえて家具や住たくを補強するための補助金を出している。

③(　　)火山が県をまたぐ場合も、連けいせず県ごとに対応している。

④(　　)ふん石対さくとして、山小屋の補強を行っている。

ヒント　1 (1) 「公助」「共助」「自助」という言葉から考えてみましょう。

3. 自然災害からくらしを守る

1 風水害からくらしを守る

時間 30 分

／100

ごうかく 80 点

教科書 82～93ページ　答え 23ページ

1 次の問いに、答えましょう。

1つ5点（30点）

(1) 次の図は、Aさんのマイ・タイムラインです。下の①～⑤の行動はそれぞれ、図の中のどこに書きこむとよいですか。㋐～㋓から選びましょう。 技能

けいかいレベル	レベル1	レベル2	レベル3	レベル4
ひなんじょうほうなど		自主ひなんなど	高れい者等ひなん	ひなんしじ
災害じょうほうなど	早期注意	はんらん注意	はんらんけいかい	はんらんきけん
行動計画	㋐	㋑	㋒	㋓

①（　　　）きちょう品やびちく品などを、しん水しない場所にうつす。

②（　　　）びちく品のかくにんや、家の点けん・補強をする。

③（　　　）早めのひなんを開始する。

④（　　　）天気予ほうをたしかめる。

⑤（　　　）ひなんをかんりょうする。

記述 (2) できたらスゴイ！ マイ・タイムラインの作成がすすめられている理由をかん単に書きましょう。 思考・判断・表現

（　　　　　　　　　　　　　　　　　　　　　　）

2 地震や火山災害への対さくについて説明した次の文中の①～④に入る言葉を、㋐～㋗から選びましょう。

1つ5点（20点）

（①）に面している地いきでは、大きな地震が起きると津波が来るおそれがあるため、津波ひなんビルを指定して、地震のときにひなんできる（②）場所をかくほしている。また、家具や住たくを補強するための補助金を出し、各家庭に地震へのそなえをうながしている。

長野県や岐阜県では、御嶽山など指定された山に登る場合、登山者は（③）をてい出するきまりになっている。これは、火山災害が起こったときに、すみやかに（④）活動ができるようにするためである。

㋐ 高い　㋑ 低い　㋒ 登山計画書　㋓ 火山防災マップ

㋔ 山　㋕ 海　㋖ 救助　㋗ 訓練

①（　　　）　②（　　　）　③（　　　）　④（　　　）

③ 次の問いに、答えましょう。

1つ5点（30点）

(1) よく出る 災害のときの次の①～④のような場合にそなえて、じゅんびしておくとよいものを、㋐～㋓から選んで線で結びましょう。

①  調理ができなくなったり、食料をえるのがむずかしくなったりすることがあります。 •　　• ㋐ 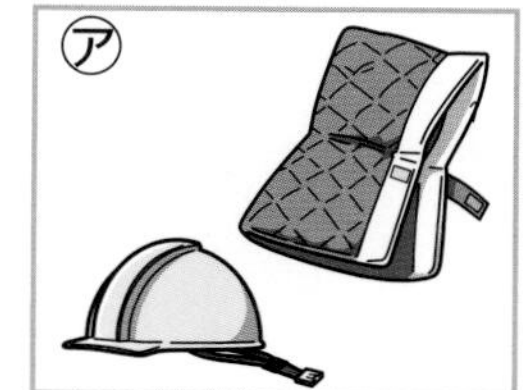

② 電気が止まってしまうと、ひがいのじょうほうを知ることがむずかしくなります。 •　　• ㋑ 

③ 外に出てひなん所へ行くとき、ガラスやブロックのはへんが落ちてくることがあります。 •　　• ㋒ 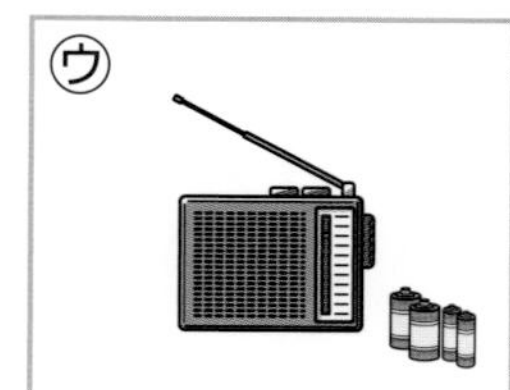

④ 水道が止まって、水が使えなくなってしまうことがあります。 •　　• ㋓ 

(2) ひなん所での感染症対さくにゆうこうなものはどれですか。次の㋐～㋔から2つ選びましょう。（　　）（　　）

㋐ 電池　㋑ 消どくえき　㋒ ヘルメット
㋓ マスク　㋔ かい中電とう

④ よく出る 風水害からくらしを守るための取り組みについて説明した、次の①～④の文にあてはまるものを、㋐～㋒から選びましょう。

1つ5点（20点）

①（　　）市は地いき防災計画を作成して、救助や消火、住民のひなん場所などをあらかじめ定めている。

②（　　）いざというときにスムーズにひなん所を開せつできるよう、ひなん所運えい訓練をし、地いきの人にも参加してもらう。

③（　　）県は近年水害が起こった川などで、川はばを広げたり、ていぼうを整びしたりする工事を計画的に進めている。

④（　　）ハザードマップなどを見てひなん場所やひなんけいろをかくにんし、家族で連らく方法などを話し合っておく。

㋐ 公助　㋑ 共助　㋒ 自助

ふりかえり ❶(1)がわからないときは、42ページの❶にもどってかくにんしてみよう。

学習日　　月　　日

4. きょう土の伝統・文化と先人たち

1 残したいもの 伝えたいもの①

めあて
地いきに残る古いものが、どのように残されてきたのかを理解しよう。

教科書 94〜99ページ　答え 24ページ

次の（　　）に入る言葉を、下から選びましょう。

1 古くから残るもの／愛媛県に古くから残るもの

教科書 94〜97ページ

愛媛県の伝統・文化

- 愛媛県を三つに分けると（①　　　）では祭り、中予ではみこしやししまい、南予では（②　　　）がさかんである。
- （③　　　）には、道後温泉本館という130年も前の建物がある。
- （④　　　）では、八ツ鹿おどりという芸のうが受けつがれている。
- 古くから残るものが、どのように受けつがれてきたのかを調べる。

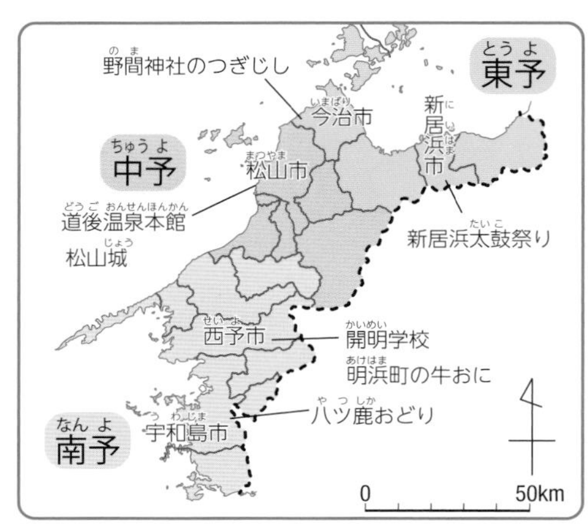

愛媛県に残る古いもの

2 (1)道後温泉本館

教科書 98〜99ページ

古い建物を守る

- 道後温泉本館は、130年ほど前、当時の町長がまちの（⑤　　　）にするため、改ちくを行った。
- 市民や国内外の（⑥　　　）にささえられて、今日まで残されてきた。
- これからも受けついでいくため、れきし的な建物のよさを残しながら、（⑦　　　）に強い建物にするほぞん修理工事を行う。

道後温泉本館

坊っちゃんの間

ワンポイント　文化ざい

- 地いきには、古い建物や美術品、習わしなど人々が大切に伝えてきた**文化ざい**が残されており、（⑧　　　）や県、市などがしっかりとほぞんしていくことを決めたものもある。

選んだ言葉に ✔			
□シンボル	□観光客	□芸のう	□東予
□宇和島市	□松山市	□地震	□国

学習日　　月　　日

ぴたトリビア

日本最古の歌集である『万葉集』には、道後温泉が登場する歌もよまれています。

教科書 94〜99ページ　答え 24ページ

1 次の地図を見て、答えましょう。

(1) 次の①〜④は、それぞれどの地いきで行われたり、残されたりしていますか。㋐〜㋓から選びましょう。

①(　　　)野間神社のつぎじし
②(　　　)松山城
③(　　　)太鼓祭り
④(　　　)明浜町の牛おに

㋐ 西予市　㋑ 新居浜市
㋒ 松山市　㋓ 今治市

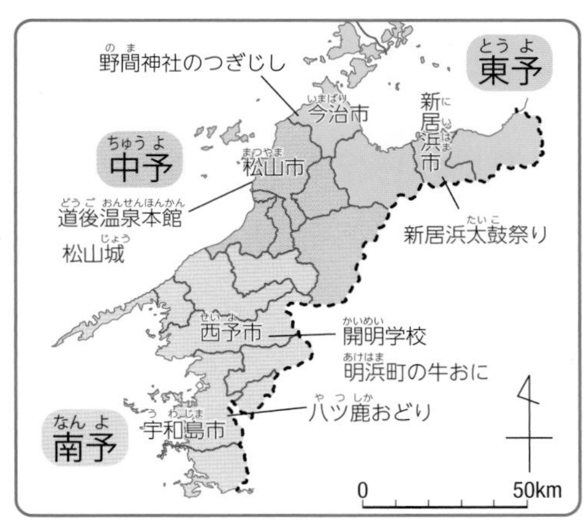

愛媛県に残る古いもの

(2) 次の①〜③の地いきに古くから残るものの説明として正しいものを、㋐〜㋒から選んで線で結びましょう。

① 東予 ・　・ ㋐みこしやしまいが有名だよ。
② 中予 ・　・ ㋑いろいろな祭りがさかんだよ。
③ 南予 ・　・ ㋒芸のうが多いのが特ちょうだよ。

2 次の問いに、答えましょう。

(1) 地いきで人々が大切に伝えてきた、古い建物や美術品、習わしなどを何といいますか。(　　　　)

(2) 道後温泉本館について正しく説明しているものには○を、まちがっているものには×をつけましょう。

①(　　　)30年ほど前に、当時の町長が本館の改ちくに取り組んだ。
②(　　　)ほぞん修理工事により、近代的で地震に強い建物へと生まれ変わる予定である。
③(　　　)ほぞん修理工事をおうえんするために、ぼきん箱がせっちされた。

ヒント 2 (2)① 本館の改ちくが行われたのは明治時代です。

4．きょう土の伝統・文化と先人たち

1 残したいもの 伝えたいもの②

学習日　月　日

めあて
地いきに古くから伝わる芸のうや、昔から続く祭りについて理解しよう。

教科書 100〜103ページ　答え 25ページ

次の（　）に入る言葉を、下から選びましょう。

1 (2)宇和島市の八ツ鹿おどり

教科書 100〜101ページ

古くから伝わる芸のう

- 八ツ鹿おどりは、約380年前に仙台から伝わった**きょう土芸のう**である。
- 1922年に八ツ鹿（①　　　　）がつくられ、今日まで受けつがれてきた。
- おどり手は（②　　　　）たちで、ほぞん会の人たちが（③　　　　）おどりを教える。
- 子どもの数がへっているので、おどり手をどのように集めるのかが課題である。
- 市の無形民俗文化ざいに指定されたことで、国から補助金が出ている。

宇和島市の八ツ鹿おどり

ワンポイント　きょう土芸のう

- きょう土芸のうとは、地いきの人々が、さまざまな願いをこめて自分たちでえんじ、受けついできた、おどりや歌、えんげきなどのこと。

2 (3)新居浜太鼓祭り

教科書 102〜103ページ

昔から続く祭り

- 新居浜太鼓祭りは、大きな太鼓台を150人ほどでかつぎ上げてねり歩く**祭り**である。
- 地いきには人々が受けついできた祭りがある。祭りにはさまざまな願いがこめられており、祭りを通して人々の（④　　　　）も強くなる。
- 川西地区は（⑤　　　　）がさかんな漁師まちであったことから、海に感しゃする船御幸を行ってきた。
- 各地区の太鼓台には、その地いきの（⑥　　　　）や思いに関連したかざりがつけられており、地区の（⑦　　　　）のシンボルとなっている。
- 子ども太鼓台は、しょうらい祭りをになう子どもたちに（⑧　　　　）ために始まった。

新居浜太鼓祭り

選んだ言葉に☑				
	□受けつぐ	□れきし	□直せつ	□漁業
	□結びつき	□ほぞん会	□子ども	□団結

ぴったり2

練習

学習日　月　日

ぴたトリビア

新居浜太鼓祭りは、徳島県徳島市の阿波おどり、高知県高知市のよさこい祭りとともに、四国三大祭りの一つといわれています。

教科書 100～103ページ　答え 25ページ

1 次の問いに、答えましょう。

(1) 地いきの人々が、さまざまな願いをこめて自分たちでえんじ、受けついできた、おどりや歌、えんげきなどを何といいますか。（　　　　　　）

(2) 宇和島市のハツ鹿おどりの説明として、正しいものには○を、まちがっているものには×をつけましょう。

①（　　）おどり手の中心は大人である。
②（　　）もともとは東北地方のおどりだった。
③（　　）約100年前に、宇和島に伝わった。
④（　　）このおどりには「よいことがたくさん起こりますように。」という願いがこめられている。
⑤（　　）ハツ鹿ほぞん会の人たちは、おどりを直せつ教えることを大切にしている。

2 次の資料は、Aさんが新居浜太鼓祭りについてまとめたものです。資料の①～④にあてはまる文を、㋐～㋓から選びましょう。

●こんなお祭りです
- 大きくて重い太鼓台を150人ほどでかつぎ上げます。
- ①（　　）

●はじまり
- ②（　　）

●ごうかになった太鼓台
- 明治時代中ごろから、太鼓台が大きくごうかになりはじめました。
その理由は、③（　　）

●これからも続けていくために
- ④（　　）

㋐ しょうらい祭りをになう子どもたちに受けつぐため、子ども太鼓台の運行が1967年にはじまりました。
㋑ 約千年前に、お祭りの山車の一種としてはじまったと伝えられています。
㋒ 別子銅山でとれる銅により産業がはってんし、ゆたかになったからです。
㋓ 太鼓台には、各地区のれきしや思いに関連したかざりがつけられています。

ヒント　1 (2)③　宇和島市のハツ鹿おどりは、約380年前に伝わりました。

4．きょう土の伝統・文化と先人たち

1 残したいもの 伝えたいもの③

学習日　月　日

めあて　表に整理する方法や、地いきに残る古いものについて、できることを考えてみよう。

教科書 104～107ページ　答え 26ページ

次の（　）に入る言葉を、下から選びましょう。

1 受けつがれてきた古いもの　教科書 104～105ページ

まとめ表の作成

- それぞれが調べた、文化ざいやきょう土芸のう、祭りについてクラスで伝え合い、一つの（①　　　）に整理する。
- 整理した表をもとに、自分の（②　　　）をまとめる。

ワンポイント　まとめ表のつくり方

- 共通点やちがいを一つの表に整理する。

1 くらべる（③　　　）を表に書く。
2 調べたことについて、それぞれくらべるこうもくごとに表に書き入れる。
3 調べたことの共通点やちがいを読み取る。

表に整理すると、共通点やちがいがわかりやすくなるね。

2 身近な地いきを見直そう　教科書 106～107ページ

自分たちにできること

- 地いきに残る古いものについて、自分たちにできることを考えるため、伊予万歳ほぞん会の人にインタビューする。
- （④　　　）をおさえてインタビューをする。
- （⑤　　　）になっていることや、やりがい、新しい人に伝えるくふうなどを聞き取る。

受けつがれる伊予万歳

- 伊予万歳は350年以上前から続くきょう土芸のう。
- 最近は（⑥　　　）人がなかなか参加してくれないのが課題。
- 小学校のクラブ活動でも教えている。

伊予万歳の様子

多くの子どもが参加するためのくふう

- 実際に（⑦　　　）してみて、楽しいところややりがいを伝える。
- （⑧　　　）をつくって、学校や地いきでせんでんする。

選んだ言葉に ✓				
	□こうもく	□わかい	□考え	□体験
	□ポイント	□ポスター	□課題	□表

ぴたトリビア

文化ざいのうち、建物や絵など、形のあるものを有形文化ざい、えんげきや音楽など、形のない古くから伝わるぎじゅつを無形文化ざいといいます。

学習日　月　日

教科書 104～107ページ　答え 26ページ

1 愛媛県に古くから残るものについてまとめた次の表を見て、答えましょう。

くらべること	道後温泉本館	八ツ鹿おどり	新居浜太鼓祭り
はじまり	約130年前	約380年前	約千年前
①	初代町長が町のシンボルにするため本館を改ちく。国の重要文化ざいに指定された。	仙台から来たおとの様が伝えた。宇和島市の無形民俗文化ざいに指定された。	近くの銅山で銅がとれるようになり、産業のはってんに合わせて祭りがさかんになった。
②	市民だけでなく観光客や国もささえてきた。	ほぞん会の人が、地いきの小学生に直せつおどりを教えてきた。	地いきの人々が地いきのシンボルとして太鼓台を受けついできた。
③	これからもきちょうな文化ざいを受けつぐため協力して守っていきたい。	地いきの人々の幸せを願って、一年一年つないでいきたい。	地いきの団結を願い、無事故で明るい平和の祭典にしたい。

(1) 表の①～③にあてはまるこうもくを、㋐～㋒から選びましょう。

㋐ 人々の願い　㋑ はじまりやこれまでのできごと

㋒ だれがどのように受けついできたか

(2) 次の①～③の説明のうち、表の内容として正しいものには○を、まちがっているものは×をつけましょう。

①（　　）3つとも、300年以上のれきしがある。

②（　　）新居浜太鼓祭りは、市の無形民俗文化ざいに指定されている。

③（　　）道後温泉本館は、地いきの市民だけでなく、観光客にもささえられているという特ちょうがある。

2 伊予万歳の説明として、正しいものを3つ選びましょう。

㋐ もともと万歳は、お盆に家をほうもんして、その家が栄えるように歌ったりおどったりするきょう土芸のうである。

㋑ 伊予万歳は、みこしをかついでねり歩くお祭りである。

㋒ 最近は、わかい人の参加が少ないことが課題である。

㋓ 小学校のクラブ活動で教えるなど、新しい人に伝えるくふうをしている。

㋔ 多くの子どもに参加してもらうには、実際に体験して感じた楽しさや、やりがいを伝えていくことが大切である。（　　）（　　）（　　）

ヒント　1 (1) 何について説明した文なのか、共通点を考えてみましょう。

4．きょう土の伝統・文化と先人たち

1 残したいもの 伝えたいもの

教科書 94〜107ページ　答え 27ページ

1 次の年表と写真を見て、答えましょう。

1つ5点（25点）

年	主なできごと
1894	本館が改ちくされる。
1935	建物の改ぞうを行う。
1994	国の重要文化ざいに指定。
2019	ほぞん修理工事を開始。

道後温泉本館に関する年表

昭和の道後温泉本館

平成の道後温泉本館

(1) 年表から読み取れることには○を、読み取れないことには×をつけましょう。

①（　　）1894年以降、工事は行われていない。

②（　　）本館を改ちくしたのは、130年ほど前である。

③（　　）道後温泉本館は、無形民俗文化ざいに指定されている。

(2) 上の２つの写真から読み取れることを、㋐、㋑から選びましょう。　技能

㋐ 昔から建物の様子は大きく変わっていない。

㋑ 昔と今では建物の様子が大きく変わっている。　（　　）

記述 (3) できたらスゴイ！ 建物が(2)のじょうたいで残されてきたのには、どのような理由が考えられますか。かん単に書きましょう。　思考・判断・表現

（　　）

2 次の問いに、答えましょう。

1つ5点（25点）

(1) 古くから残るものについてまとめた次の文から、正しい言葉を選び、◯で囲みましょう。

古くから残るものはどれも長い間㋐｛ そまつ ・ 大切 ｝にされ、受けついできた人々の㋑｛ 思い ・ 悲しみ ｝や願いがこめられている。これからも受けついでいくために、㋒｛ わかい人 ・ お年寄り ｝の参加を㋓｛ ふやす ・ へらす ｝取り組みが必要である。

記述 (2) よく出る 地いきに古くから残るものを受けついでいくために、自分たちにできることを考え、かん単に書きましょう。　思考・判断・表現

（　　）

学習日　　月　　日

3 次の問いに、答えましょう。

1つ5点（25点）

(1) よく出る 次の①～③は何について説明したものですか。あてはまる言葉を、㋐～㋒から選びましょう。

①（　　　）

地いきの人々が、自分たちでえんじ、受けついできた、おどりや歌、えんげきなどのことだよ。

②（　　　）

地いきの人々が願いをこめて受けついできたもので、人々の結びつきを強くしてきたよ。

③（　　　）

地いきの人々が大切に伝えてきたもので、国や県、市がほぞんしていくことを決めたものもあるよ。

㋐ 文化ざい　㋑ きょう土芸のう　㋒ 祭り

(2) きょう土芸のうにあてはまるものを、㋐～㋓から2つ選びましょう。

㋐ 道後温泉本館　㋑ 八ツ鹿おどり　㋒ 新居浜太鼓祭り

㋓ 伊予万歳　（　　　）（　　　）

4 次の①～⑤の文は、下のどの写真から読み取ったものですか。㋐～㋓から選びましょう。

1つ5点（25点）

①（　　　）八ツ鹿おどりは、むねの小太鼓を打ちながらおどる。

②（　　　）八ツ鹿おどりのおどり手は、子どもである。

③（　　　）新居浜太鼓祭りを見るために、おおぜいの人がおとずれる。

④（　　　）八ツ鹿おどりは鹿の面を頭につけておどる。

⑤（　　　）新居浜太鼓祭りでは、子どもがかつぐ太鼓台がある。

㋐

㋑

㋒

㋓

ふりかえり 1(3)がわからないときは、46ページの2にもどってかくにんしてみよう。

学習日　　月　　日

4. きょう土の伝統・文化と先人たち

2 谷に囲まれた台地に水を引く①

めあて
通潤橋がつくられた理由と、用水について理解しよう。

教科書 108～113ページ　答え 28ページ

次の（　　）に入る言葉を、下から選びましょう。

1 石でできた橋／昔の人々の願い

教科書 108～111ページ

通潤橋

通潤橋（放水の様子）

- 熊本県山都町にあり、約170年前につくられた橋。
- （①　　　　）を組んでつくられており、白糸台地の田や畑に（②　　　　）を送りとどけている。
- **台地**…表面が平らでまわりより高くなっている土地。

橋がつくられた理由

橋がつくられる前の人々のくらし

- 白糸台地は深い（③　　　　）に囲まれているため、近くの川から水を引くことがむずかしかった。
- 水不足で飲み水にもこまり、（④　　　　）ではなく、あわやひえしかつくれなかった。
- 日照りになるとわずかな作物さえだめになってしまうため、（⑤　　　　）が成り立たず、村を出ていく人が何人もいた。
- 通潤橋は、（⑥　　　　）に水を引くためにつくられた。

2 用水路としての通潤橋

教科書 112～113ページ

くらしをささえる用水

- 右の図から、通潤橋は（⑦　　　　）の一部であることがわかる。

通潤橋と白糸台地

ワンポイント　用水

- **用水**とは、人々の生活や農業・工場などに使うための水や水路のこと。
- 水が少ない地いきは、遠くから水を引く必要がある。
- 用水を開くには、しっかりとした計画と地いきの（⑧　　　　）が大切である。

選んだ言葉に ✓

□用水路　□くらし　□協力　□米
□白糸台地　□水　□谷　□石

ぴったり2 練習

ぴたトリビア

あわやひえは、米などの作物が育たないやせた土地でもつくることができるため、古くから食べられてきました。

学習日　　月　　日

教科書 108～113ページ　答え 28ページ

1 次の問いに、答えましょう。

(1) 通潤橋の説明として正しいものを、次の①～④からすべて選んで○をつけましょう。

①(　　　)白糸台地のゆたかな水を、水不足の谷に送る役割をしている。

②(　　　)石を積み上げてつくられている。

③(　　　)通潤橋は、田や畑に水を送りとどけている。

通潤橋

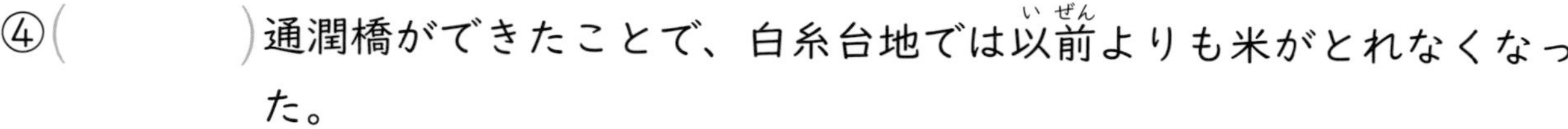

④(　　　)通潤橋ができたことで、白糸台地では以前よりも米がとれなくなった。

(2) 表面が平らでまわりより高くなっていて、台のようになっている土地のことを何といいますか。

(　　　　　)

2 次の図と年表を見て、答えましょう。

(1) 図の中の①と②にあてはまるものを、㋐～㋔から選びましょう。

㋐ 川　㋑ 田　㋒ 用水路

㋓ 白糸台地　㋔ 取り入れ口

①(　　　)　②(　　　)

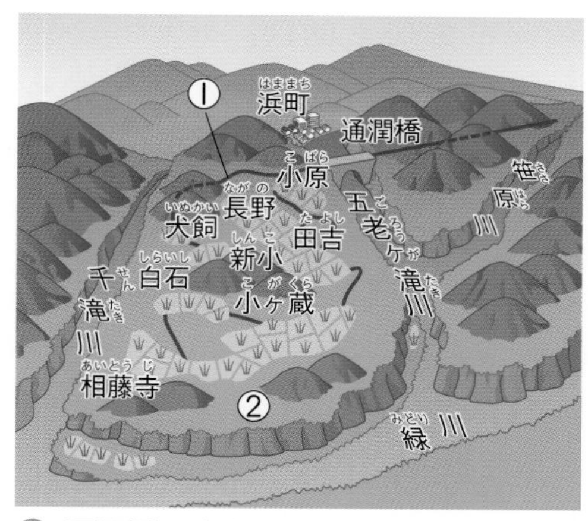

通潤橋と白糸台地

(2) 右の年表は、通潤橋をつくる中心となった布田保之助に関するものです。この年表から読み取れることには○を、読み取れないことには×をつけましょう。

年	主なできごと
1801	布田保之助が生まれる。
1833	惣庄屋になる。
1852	通潤橋をつくり始める。
1854	通潤橋が完成する。
1873	なくなる。

布田保之助に関する年表

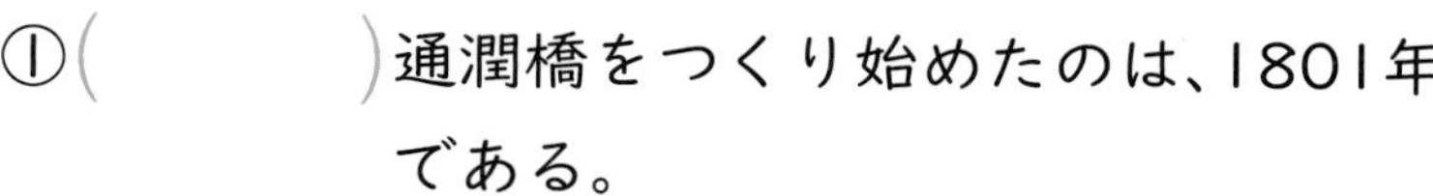

①(　　　)通潤橋をつくり始めたのは、1801年である。

②(　　　)通潤橋は約170年前にできた。

③(　　　)通潤橋をつくり始めてから、完成までには5年かかった。

④(　　　)布田保之助は1873年まで生きた。

(3) 人々の生活や農業・工業などに使うための水や水路のことを何といいますか。

(　　　　　)

ヒント 1 (1) どのような場所で、なぜ水を引く必要があったのかを考えてみましょう。

2 谷に囲まれた台地に水を引く②

学習日　　月　　日

めあて
等高線の読み取り方や、水を送るためのさまざまなくふうについて理解しよう。

教科書 114～117ページ　答え 29ページ

次の（　　）に入る言葉を、下から選びましょう。

1 水を送るくふう／石の管をつなげて水を送るくふう　教科書 114～117ページ

土地の高さ

- **等高線**…地図上で同じ高さのところを結んだ線。土地の（①　　　　）を地図に表すために考えられた。

ワンポイント　等高線の読み取り方

- 等高線と等高線の間かくがせまいと土地のかたむきが（②　　　　）で、間かくが（③　　　　）とかたむきがゆるやかになる。

白糸台地に水を送る方法

- 布田保之助は、水が（④　　　　）力を利用し、橋の中に水を通す管をつくって、橋より高い白糸台地側に水をふき上げようとした。
- 木の管は水のいきおいでこわれてしまうため（⑤　　　　）の管を使ったが、管をつなぐ（⑥　　　　）から水がもれるという問題があった。

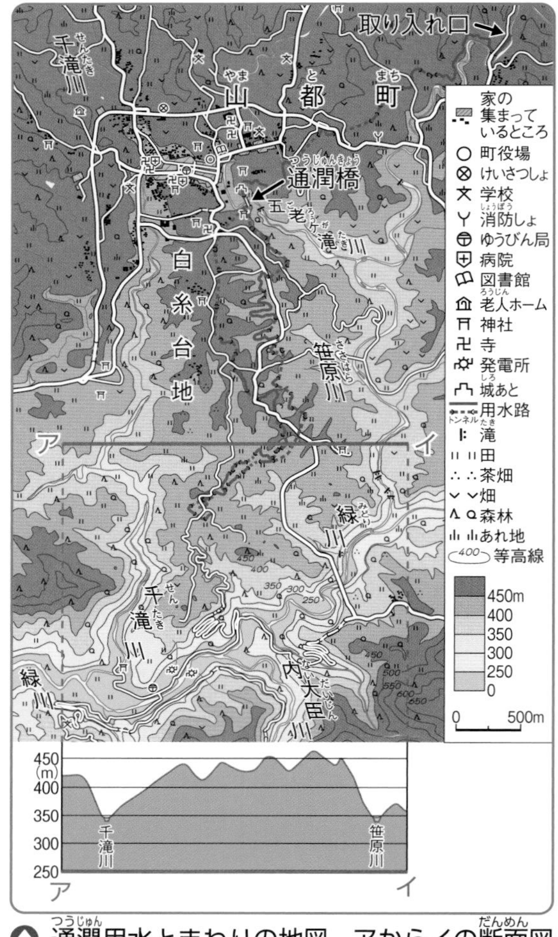

通潤用水とまわりの地図、アからイの断面図

さまざまなくふう

- 石の管のすきまから水がもれないよう、赤土や砂などをまぜた特別な（⑦　　　　）をつくった。
- **しっくい**…かべをぬったり、石やれんがなどをつなぎ合わせたりするときに使われる。石かいが主な成分。
- 何度も実験を重ね、（⑧　　　　）にたえられる通水管をつくることができた。

石と石をつなぐためにみぞを2本つけた。
約90cm
約30cm
しっくいをつめるみぞ

石の管

- 石の重さや水のいきおいにたえられるように、じょうぶな（⑨　　　　）型の橋にした。

選んだ言葉に ✓

□しっくい	□落ちる	□広い	□水圧	□急
□すきま	□アーチ	□高さ	□石	

学習日　　月　　日

ぴたトリビア
地図には、等高線といっしょに地図記号がのっているものもあります。どの高さにどのようなものがあるのかを知ることができます。

教科書 114〜117ページ　答え 29ページ

1 次の問いに、答えましょう。

(1) 右の図を見て、通潤橋の水の流れるしくみについて説明した次の文中の、①と②に入る言葉をそれぞれ選んで〇で囲みましょう。

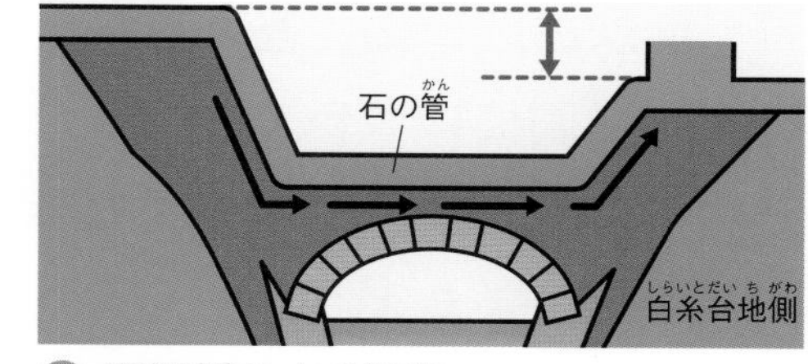

通潤橋の水の流れ

左側と右側で①｛ かたさ ・ 高さ ｝がちがうように橋をつくり、水が②｛ ふえる ・ ふき上がる ｝原理を使って水を送る。

(2) 右の地図中の凡例にある①の線を何といいますか。（　　　　）

(3) 通潤橋をつくる上で、白糸台地にはどのような問題点がありましたか。正しく説明しているものを、右の地図と断面図を参考にして、1つ選び〇をつけましょう。

①（　　）家がたくさん集まっている。
②（　　）台地のまわりが、深い谷に囲まれている。
③（　　）土地が平地となっている。

(4) 右の断面図は、どこを切り取ったものですか。地図中のあ〜うから選びましょう。（　　　　）

(5) 白糸台地で、土地の高さが最も高いところはどれくらいの高さですか。□から選びましょう。（　　　　）

約300m　約400m　450m以上

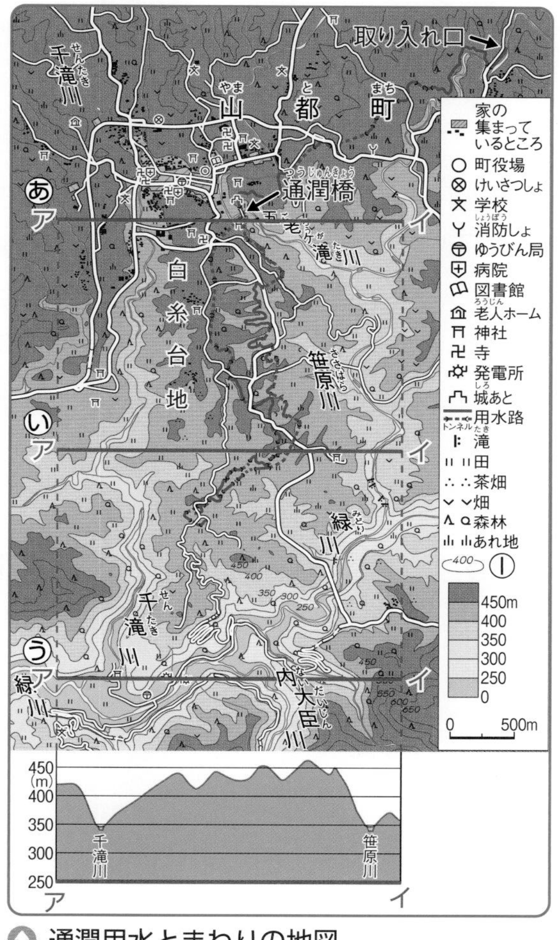

通潤用水とまわりの地図

(6) 通潤橋に見られるくふうとして、正しいものには〇を、まちがっているものには×をつけましょう。

①（　　）木の管をつなぐ特別なしっくいをつくり、水もれをふせいだ。
②（　　）水のいきおいでくずれないよう、じょうぶなアーチ型にした。
③（　　）すきまから水がもれないよう、赤土と砂をつめた。

ヒント　1 (5) 地図に書かれた、同じ高さのところを結んだ線を読み取ってみましょう。

4. きょう土の伝統・文化と先人たち

2 谷に囲まれた台地に水を引く

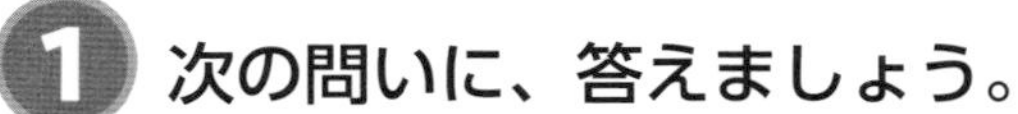

1 次の問いに、答えましょう。

1つ5点（35点）

(1) 通潤橋について説明した次の文中の①〜③にあてはまる言葉を、右の図も参考にしながら、□から選びましょう。

（①）から取り入れられた水は通潤橋を通り、（②）まで運ばれます。通潤橋は（③）の一部です。

布田　笹原川　白糸台地
緑川　用水路

①（　　　）　②（　　　）　③（　　　）

(2) 通潤橋ができる前の村の人々のくらしについて、正しいものには○を、まちがっているものには×をつけましょう。

①（　　）主に、米をつくっていた。
②（　　）日照りになると、わずかにつくっていた作物もだめになっていた。
③（　　）くらしが成り立たず、村を出て行く人もいた。
④（　　）飲み水はじゅうぶんにあり、こまることはなかった。

2 通潤橋をつくるときのくふうについて、正しいものには○を、まちがっているものには×をつけましょう。

1つ5点（25点）

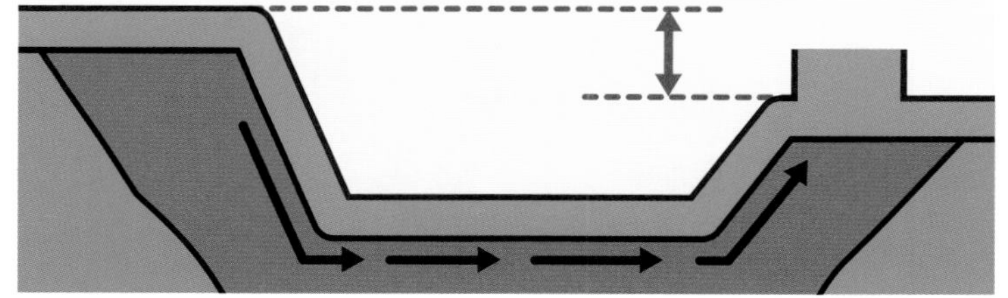
通潤橋の水の流れ

①（　　）橋が重くなりすぎないように、水を通す管には木が使われている。
②（　　）水の落ちる力を利用して、橋よりも高いところに水をふき上げている。
③（　　）たくさんの石工や村人たちも協力して橋をつくった。
④（　　）白糸台地よりも高いところから水を運んでいる。
⑤（　　）水のいきおいや石の重みにたえられるように何度も実験を重ねてつくった。

❸ 次の地図を見て、答えましょう。

1つ5点（30点）

(1) よく出る 右の地図の①の土地の高さを、㋐～㋓から選びましょう。 技能

㋐ 300m　㋑ 350m　㋒ 400m
㋓ 450m　（　　）

(2) よく出る 等高線について説明した次の文から正しい言葉を選び、それぞれ◯で囲みましょう。

> 等高線は、土地の㋐｛ 使われ方 ・ 高さ ｝を表すために考えられたもので、同じ高さのところを線で結んでいる。
> 地図から土地のかたむきを読み取るには、等高線の間かくに注目する。等高線と等高線の間かくが㋑｛ せまい ・ 広い ｝と土地のかたむきが急で、間かくが㋒｛ せまい ・ 広い ｝と土地のかたむきがゆるやかになる。

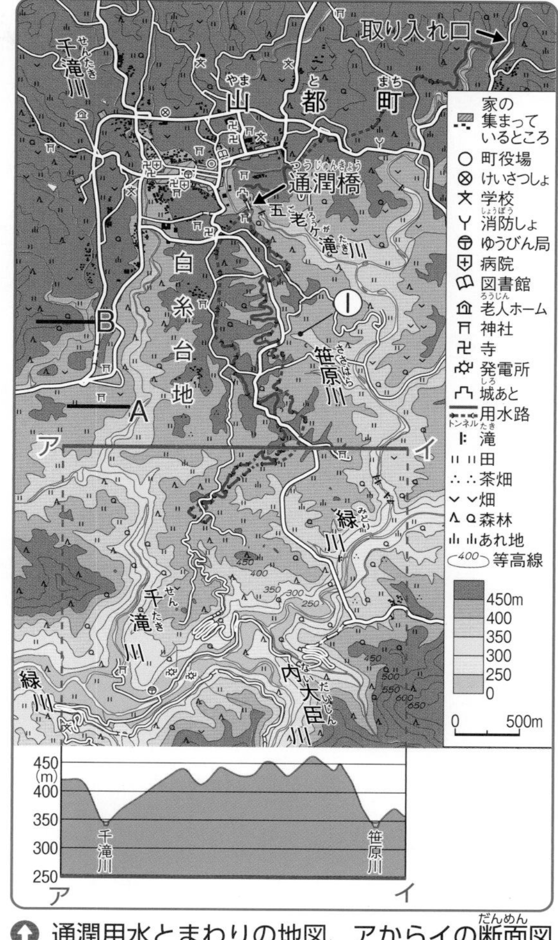

通潤用水とまわりの地図、アからイの断面図

(3) 地図のA、Bから、土地のかたむきがゆるやかな方を選びましょう。 技能

（　　）

記述 (4) できたらスゴイ! 白糸台地に水を送るには、地形的な問題がありました。地図を参考にして、その問題をかん単に書きましょう。 思考・判断・表現

（　　）

❹ 次の問いに、答えましょう。

1つ5点（10点）

記述 (1) 通潤橋をアーチ型にしたのはなぜですか。理由をかん単に書きましょう。 思考・判断・表現

（　　）

(2) 作図 アーチ型はどのような形ですか。右の図にかき入れましょう。 技能

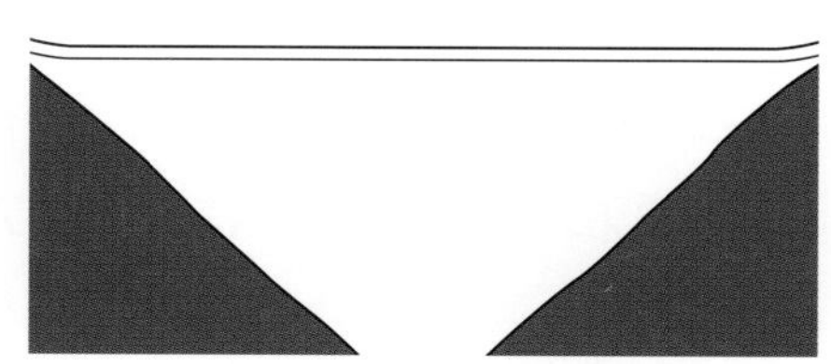

ふりかえり ❸(2)がわからないときは、56ページの❶にもどってかくにんしてみよう。

4．きょう土の伝統・文化と先人たち

2 谷に囲まれた台地に水を引く③

学習日　　月　　日

めあて
通潤橋づくりのくふうと、人々のくらしの変化について理解しよう。

教科書 118〜123ページ　答え 31ページ

次の（　　）に入る言葉を、下から選びましょう。

1 じょうぶな橋にするために

教科書 118〜119ページ

橋をつくった人たち

- 布田保之助のたのみを受け、通潤橋づくりに取り組んだのは、橋本勘五郎を中心とした（①　　　　）とよばれた集団である。
- じょうぶな橋にするため（②　　　　）の石がきのぎじゅつを取り入れた。
- **石工**や村人たちの努力により、１年８か月という短い期間で完成した。

ワンポイント　橋づくりの流れ

1 石の橋をのせるための（③　　　　）のわくを組み立てる。
2 木のわくの上に（④　　　　）となる石を下から積み上げる。
3 土台となる石の上に、さらに石を積み上げる。
4 最後に、下からささえていた木のわくをはずす。

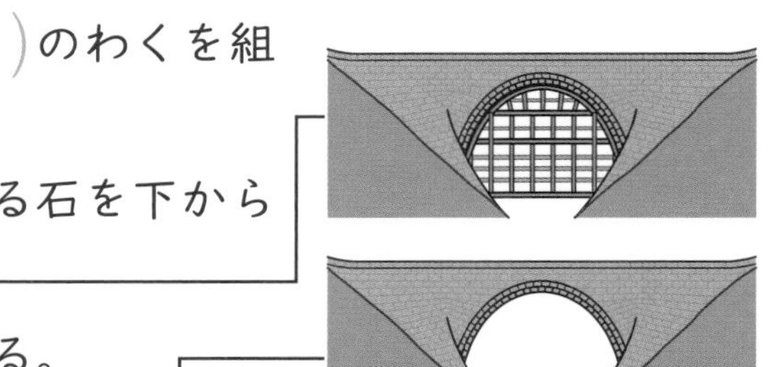

2 人々のくらしの変化／通潤橋物語を紙しばいにまとめよう

教科書 120〜123ページ

くらしの変化

- 通潤用水ができたことで（⑤　　　　）に水を引いて、たくさんの（⑥　　　　）をつくることができるようになり、飲み水にもこまらなくなった。
- 通潤橋は用水路の一部として、また（⑦　　　　）として守られ、（⑧　　　　）にも大切にされている。

200 ha
100
0
1826年　1882年
［山都町資料］

通潤橋ができた前後の田の広がり方

熊本地震と通潤橋

- 熊本地震や大雨で、橋や用水が大きなひがいを受けた。
- 地いきの若者がふっこうのしえんをよびかけ、**ボランティア**の活動も行われた。
- 橋の修理には、布田保之助らが考えた特別なしっくいが使われた。

世界かんがいしせつ遺産

- 通潤用水のように価値の高い用水は「世界かんがいしせつ遺産」に登録されている。

選んだ言葉に✓				
	□白糸台地	□種山石工	□観光客	□土台
	□木	□文化ざい	□熊本城	□米

練習

通潤橋では、管につまった堆積物を取りのぞくために、定期的に放水が行われています。

学習日　　月　　日

教科書 118～123ページ　答え 31ページ

1 次の問いに、答えましょう。

(1) 石を加工するすぐれたぎじゅつをもち、各地で地いきのはってんにつくした集団を何といいますか。（　　　　）

(2) 次の①～④の作業を正しい順にならべかえましょう。

①

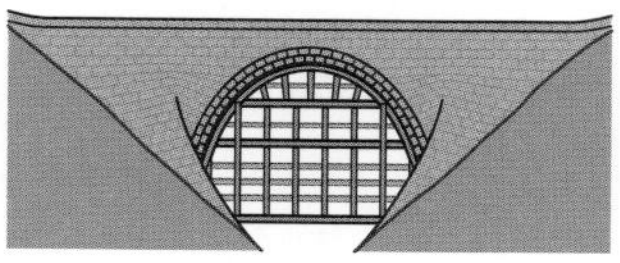

②

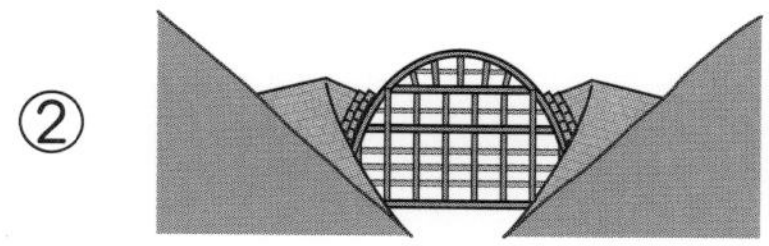

③

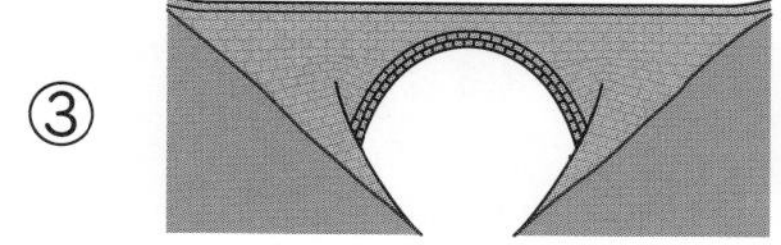

④

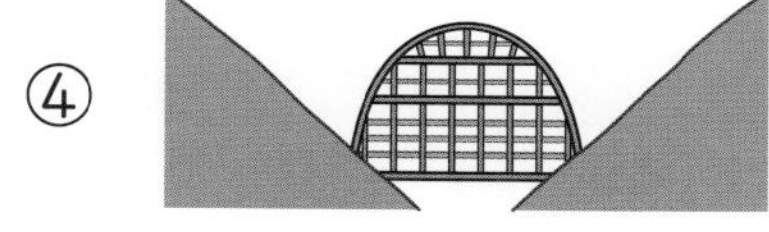

（　　→　　→　　→　　）

2 次の問いに、答えましょう。

(1) 用水路ができた後の田の変化にあてはまるものを、㋐～㋒から選びましょう。（　　）

㋐ 田がふえた　㋑ 田がへった　㋒ 変わらない

(2) 白糸台地に水が送られるようになったことで、それまでとくらべて何をたくさんつくれるようになりましたか。㋐～㋓から選びましょう。（　　）

㋐ あわ　㋑ いも　㋒ 米　㋓ ひえ

(3) 熊本地震のひがいを受けた通潤橋の修理について、正しいものには○を、まちがっているものには×をつけましょう。

①（　　）最新のぎじゅつが使われた。

②（　　）布田保之助が考えた特別なしっくいを使った。

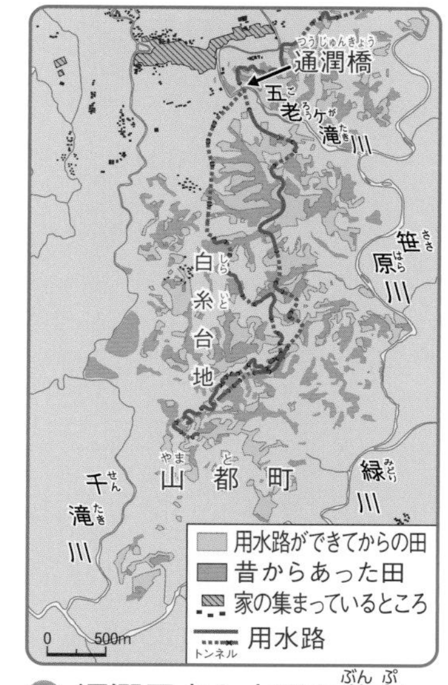

通潤用水と水田の分布

ヒント　1 (2) 通潤橋は下から上に石を積み上げてつくられました。

ぴったり1 じゅんび

ひろげる

4. きょう土の伝統・文化と先人たち

2 谷に囲まれた台地に水を引く④

学習日 月 日

めあて
地いきの教育や産業、医りょう、文化ざいのほごなどへの取り組みを調べてみよう。

教科書 124〜129ページ 答え 32ページ

次の(　　)に入る言葉を、下から選びましょう。

1 地いきで学校をつくる／地いきの産業をおこす　教科書 124〜125ページ

学区制の小学校

- 明治時代に東京が政治の中心となったあと、これからも京都が栄えていくためには、子どもの(①　　　　)が大切だと考えられた。
- 1869年、京都のまちに64の番組小学校という日本初の学区制の小学校ができた。
- 番組小学校はまちの人々が出し合った(②　　　　)でささえられていた。

のりの養しょくへの取り組み

- 魚や貝の不足で生活にこまった有明海の漁師たちが、のりの**養しょく**にいどんだ。
- 人工採苗や、機械化、(③　　　　)の改良などにより、佐賀県がのりのはん売量全国1位となった。

養しょく場が広がる有明海

ワンポイント　養しょく
- 魚や貝、(④　　　　)などを、人の手で育ててとる仕事のこと。

2 地いきの医りょうにつくす／地いきの文化を受けつぐ　教科書 126〜129ページ

緒方洪庵と天然痘

- 江戸時代に「天然痘」という病気がはやり、多くの人がなくなった。
- オランダ語の本で西洋の学問を学んだ(⑤　　　　)の緒方洪庵が、予防接種を広めた。
- 予防接種は**幕府**からもみとめられ、多くの人の命を救った。

緒方洪庵

松江城を受けつぐ

- 松江城を守るため、取りこわしの決まった城を地いきの有力者が買いもどしたり、人々がお金を出し合って修理を行ったりしてきた。
- 市民と市の取り組みで、2015年にふたたび(⑥　　　　)に指定された。
- 各地に残る城は文化遺産の一つで、地いきの(⑦　　　　)になっている。
- 地いきの(⑧　　　　)を活用したまちづくりが進められている。

選んだ言葉に✔

□ぎじゅつ　□シンボル　□海そう　□教育
□らん学者　□文化ざい　□国宝　□お金

学習日　月　日

ぴたトリビア
番組小学校は、屋根には火の見やぐらがあり、消防しょの役目も果たしていました。また、交番や役所、ほけん所の役目もありました。

教科書 124〜129ページ　答え 32ページ

1 次の①〜④の地いきに関することがらについて説明しているものを、㋐〜㋓から選んで線で結びましょう。

① 島根県 松江市　・　・  ㋐日本で初めての学区制の小学校である番組小学校がつくられたまちです。

② 京都府 京都市　・　・  ㋑緒方洪庵が、天然痘の予防接種を広めた地です。

③ 佐賀県 佐賀市　・　・  ㋒全国有数ののりの産地で、全国1位のはん売量をほこっています。

④ 大阪府 大阪市　・　・  ㋓みんなの協力で守られ、現在は国宝に指定されている天守があります。

2 次の問いに、答えましょう。

(1) 魚や貝、海そうなどを、人の手で育ててとる仕事を何といいますか。

（　　　　）

(2) 次の①〜③について、正しいものには○を、まちがっているものには×をつけましょう。

①（　　）1875年に松江城の取りこわしが決まったことに心をいためた高城権八などが、天守を買いもどした。

②（　　）江頭杉太郎らがのりの養しょくを始めた次の年には、佐賀県ののりの生産量が全国1位になった。

③（　　）日本で初めての学区制の小学校は、政治の中心が東京にうつっても、まちが今までのように栄えるためには子どもたちの教育が必要だという考えからつくられた。

ヒント　**2** (2)② のりの養しょくがうまくいくまでには、さまざまな苦労がありました。

2 谷に囲まれた台地に水を引く

時間 30 分

／100

ごうかく 80 点

教科書 118〜129ページ　答え 33ページ

1 次の㋐〜㋓の絵は、通潤橋をつくるときの①〜④のどの様子を表したものですか。記号で答えましょう。

1つ5点（20点）

①（　　　）下からささえている木のわくをはずす。

②（　　　）木のわくの上に、土台となる石を下から積み上げる。

③（　　　）木のわくを組み立てる。

④（　　　）土台となる石の上に、さらに石を積み上げる。

㋐
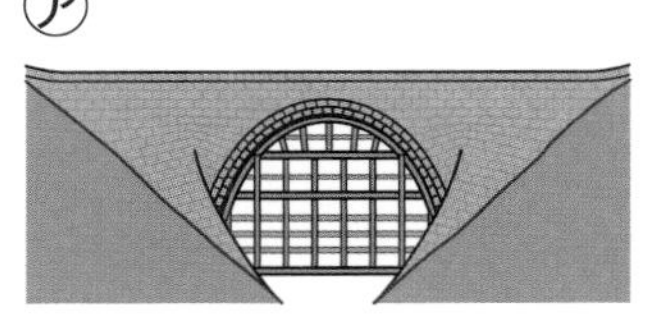

㋑
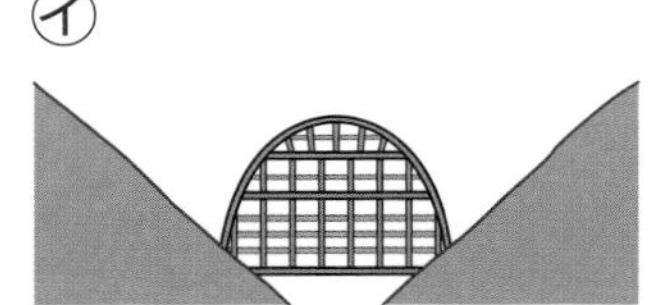

㋒
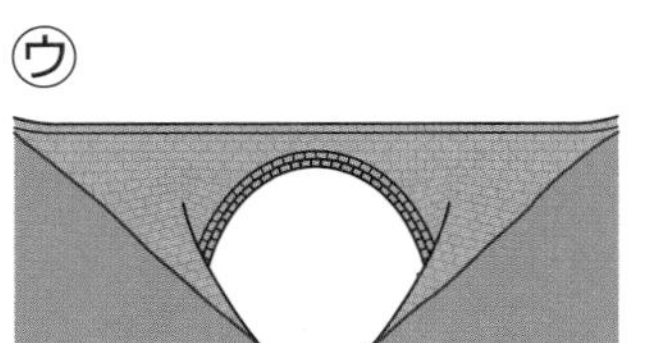

㋓
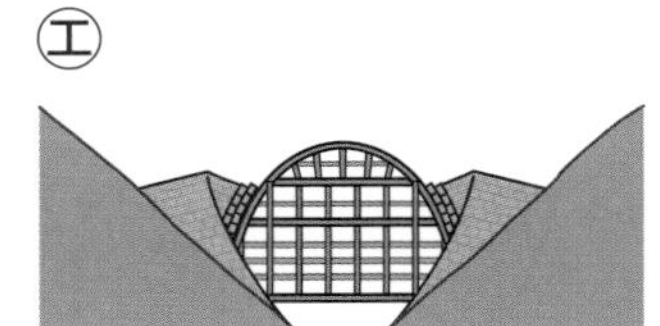

2 次の年表を見て、答えましょう。

1つ5点（25点）

(1) 右の年表の説明として正しいものを、㋐〜㋔から3つ選びましょう。

（　　　）（　　　）（　　　）

㋐ 通潤橋は、これまでに地震のひがいを2回受けている。

㋑ 通潤用水は、1855年ごろにほぼ完成した。

㋒ 通潤橋は、国の重要文化ざいに指定されている。

㋓ 通潤用水は、これまでに大雨によるひがいを受けたことがある。

㋔ 通潤用水は、世界遺産に登録されている。

年	主なできごと
1854	通潤橋が完成する。
1855ごろ	通潤用水がほぼ完成する。
1960	通潤橋が国の重要文化ざいに指定される。
1988	大雨で通潤用水がひがいを受ける。
2014	世界かんがいしせつ遺産に登録される。
2016	熊本地震が起こり、通潤橋がひがいを受ける。

通潤用水と白糸台地に関する年表

(2) 通潤用水のせいそう活動など、地いきをよりよくし、こまっている人や社会の役に立ちたいという願いから行われる活動を何といいますか。

（　　　　　）

記述 (3) 2016年の熊本地震のひがいを受けて行われた通潤橋の修復作業で、現代的なぎじゅつが使われなかった理由を、かん単に書きましょう。　思考・判断・表現

（　　　　　　　　　　　　　　　　　　　　）

3 次の地図を見て、答えましょう。

1つ5点（25点）

(1) よく出る 右の地図から読み取れることには○を、読み取れないことには×をつけましょう。

①（　　　）通潤用水ができた後は、田がふえている。

②（　　　）通潤用水ができた後は、いろいろな場所に、家が集まるところがふえた。

③（　　　）通潤用水ができる前後で、川の場所や形は変わっていない。

④（　　　）通潤用水ができて、昔から田があった場所は家になった。

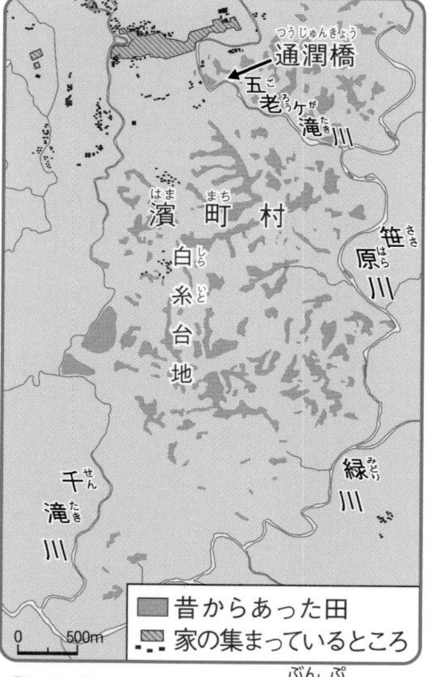

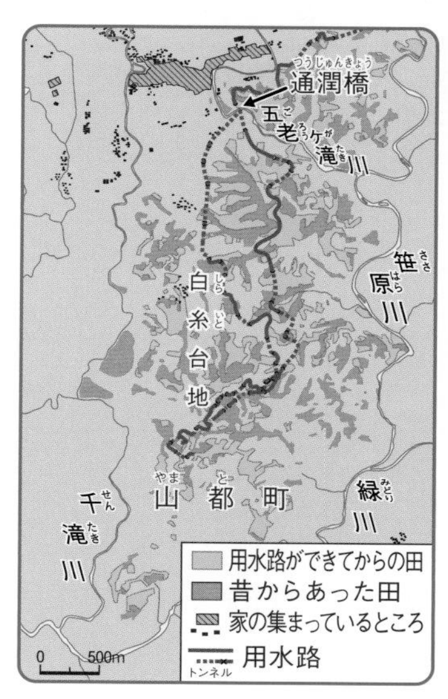

通潤用水と田の分布　＊左は用水ができる前、右は用水ができた後。

記述 (2) できたらスゴイ！ 通潤用水ができて、人々のくらしはどのように変わりましたか。かんたんに書きましょう。 思考・判断・表現

（　　　　　　　　　　　　　　　　　　）

4 通潤橋づくりについて説明した次の文中の①～⑥にあてはまる言葉を、□から選びましょう。

1つ5点（30点）

通潤橋は、橋本勘五郎を中心とした（①　　　）とよばれた集団によってつくられた。今の（②　　　）八代市を中心に活やくした（①）は、すぐれたぎじゅつをもった集団で、通潤橋のほかにも、霊台橋など多くの（③　　　）をつくった。

通潤橋をじょうぶな橋にするためのくふうとして、上にいくほど角度が（④　　　）になる熊本城の（⑤　　　）のぎじゅつが取り入れられた。

地いきを中心に5万人以上が参加した橋づくりは、多くの人の努力により、当時ではとても（⑥　　　）期間で完成した。

長い	ゆるやか	石橋	天守	大分県	熊本県
急	種山石工	木橋	大工	石がき	短い

この本の終わりにある「冬のチャレンジテスト」をやってみよう！

ふりかえり 3(2)がわからないときは、60ページの2にもどってかくにんしてみよう。

1 こけしをつくるまち・蔵王町①

めあて
地いきによる特色のちがいや、伝統的な産業について理解しよう。

教科書 130～135ページ　答え 34ページ

次の(　　)に入る言葉を、下から選びましょう。

1 県内の特色ある地いき／こけしづくりの伝統を守る蔵王町

教科書 130～133ページ

地いきの特色とくらし

- 松島町のような(①　　　　)や、古い建物がある登米市登米町など、同じ県内でも地いきによって(②　　　　)がちがう。

こけしづくりがさかんな蔵王町

- 蔵王町では**伝統的な産業**であるこけしづくりが受けつがれており、国の(③　　　　)に指定されている。

伝統マーク

ワンポイント　伝統的な産業

- 地いきの自然や古くから伝わるぎじゅつを生かして、長く受けつがれてきた産業のこと。地いきの人々の(④　　　　)をささえ、特産品として親しまれている。

2 古くからつくられてきたこけし

教科書 134～135ページ

こけしづくりのれきし

- こけしは今から200年以上前の(⑤　　　　)に、木からおわんやおぼんをつくっていた木地師たちがつくり始めた。
- 子どものおもちゃとしてつくられていたが、しだいに温泉地の(⑥　　　　)として広まっていった。
- 地いきによって、こけしの特ちょうにちがいがある。

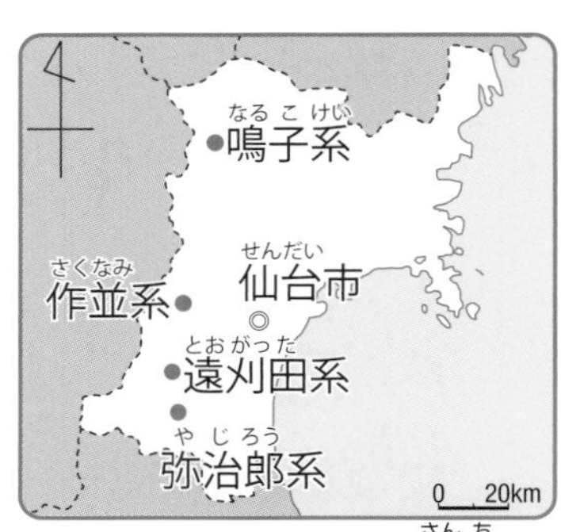

宮城伝統こけしの産地

こけしの原料

- ミズキやイタヤカエデの木の皮をむいて、自然かんそうさせたものを使う。
- **原料**に使う木がとれやすいため、(⑦　　　　)でつくられていた。
- ものをつくるには、原料を手に入れやすいことが大切である。
- 伝統的な産業では(⑧　　　　)で手に入る原料を生かしてものづくりをしていることが多い。

蔵王町には、こけしのかん板やこけしがデザインされたトロフィーもあるよ。

選んだ言葉に✓

□伝統的工芸品　□おみやげ　□観光地　□くらし
□江戸時代　□地いき　□山村　□特色

学習日　　月　　日

ぴたトリビア
伝統的工芸品はおよそ100年以上つくられてきたもので、材料(ざいりょう)やつくり方が変(か)わらず、人々の生活に深く関(かか)わり、家庭で使われているものが選ばれます。

教科書 130～135ページ　答え 34ページ

1 次の問いに、答えましょう。

(1) 地いきの自然や古くから伝わるぎじゅつを生かして、長く受けつがれてきた産業のことを何といいますか。（　　　）

(2) 国の伝統的工芸品のシンボルとなっている、右の写真のマークの名前を、㋐～㋓から選びましょう。（　　　）

㋐ 国産マーク　㋑ 特産品マーク
㋒ 名品マーク　㋓ 伝統マーク

(3) こけしづくりがさかんな蔵王町の説明(せつめい)として正しいものを、㋐～㋔から2つ選びましょう。（　　　）（　　　）

㋐ 海に面した地いきで、美しい景観(けいかん)で知られる。
㋑ まわりを山に囲(かこ)まれた地いきである。
㋒ 国際(こくさい)交流に力をいれており、外国人住民(じゅうみん)の数がふえている。
㋓ 教育資料館(しりょうかん)などの古い建物が多く残(のこ)されている。
㋔ 遠刈田(とおがった)温泉があり、遠くからおとずれる人も多い。

2 次の年表を見て、答えましょう。

(1) 右の年表の説明として正しいものには○を、まちがっているものには×をつけましょう。

①（　　　）こけしがつくられるようになったのは、約(やく)400年前である。
②（　　　）こけしはもともと、子どものおもちゃとしてつくられ始めた。
③（　　　）こけしをつくり始めたのは、木地師とよばれる、おわんやおぼんなどをつくる仕事をしていた人たちである。
④（　　　）こけしは江戸時代末期に、温泉地のおみやげとして有名になった。
⑤（　　　）みやぎ蔵王こけし館が開館したのは、平成(へいせい)に入ってからである。

年	主なできごと
約400年前	木地師がおわんやおぼんをつくり始める。
江戸時代末期(まっき)	木地師が、子どものおもちゃとしてこけしをつくり始める。
約100年前	温泉地のおみやげとして、こけしが有名になる。
1984（昭和(しょうわ)59）	みやぎ蔵王こけし館が開館する。

蔵王町のこけしづくりに関する年表

(2) こけしの原料を、㋐～㋓から選びましょう。（　　　）

㋐ 木の皮　㋑ ねん土　㋒ 石　㋓ 木

ヒント 2 (2) こけしは、蔵王町でとれやすい原料からつくられています。

学習日　　月　　日

5．特色ある地いきと人々のくらし

1 こけしをつくるまち・蔵王町②

めあて　こけしづくりの伝統的なぎじゅつや、未来につなげる取り組みを理解しよう。

教科書 136～139ページ　答え 35ページ

次の（　　）に入る言葉を、下から選びましょう。

1 遠刈田こけしづくり　教科書 136～137ページ

こけしができるまで

1 玉切り…こけしの大きさに合わせて（①　　　　）の木を切る。
2 木取り…よぶんな部分を切り取る。
3 あらびき…ろくろを回転させ、頭の部分と胴の部分をかんなでけずる。
4 みがき…紙やすりや、と草という草でみがく。
5 びょうさい（絵付け）…頭や胴に絵がらをえがく。
6 仕上げ・さしこみ…仕上げにロウをひき、胴に頭をさしこむ。

これからの課題

- 以前にくらべ、（②　　　　）の数がへってきている。
- ほかの地いきから工人を（③　　　　）して育てる取り組みにより、蔵王町に移住して工人になる人もあらわれた。

ワンポイント　伝統的なぎじゅつ

- 伝統的な産業は、（④　　　　）で行われることが多く、昔から受けつがれてきた（⑤　　　　）をもった職人にささえられている。
- 伝統的なぎじゅつをわかい職人に伝えていくことが大切である。

2 未来へつなげるこけしづくり／4コマCMをつくる　教科書 138～139ページ

未来へつなげるための取り組み

- こけしを（⑥　　　　）でもはん売するようになり、外国からも注文がくるようになった。
- こけしに関する（⑦　　　　）を開き、ほかの地いきの工人や（⑧　　　　）と交流し、こけしのみりょくを広めている。
- （⑨　　　　）なこけしのほかにも、新しいデザインの創作こけしをつくっている。
- 伝統を守りながら、新しいみりょくを生みだそうとしている。

↑ 創作こけし

選んだ言葉に ✓					
	□インターネット	□手づくり	□ぼしゅう	□伝統的	□工人
	□ぎじゅつ	□イベント	□観光客	□原料	

ぴたトリビア

いろいろな系統(けいとう)がある伝統こけしの中で、遠刈田系がいちばん古いと考えられており、大きめの頭と細めの胴が特ちょうです。

教科書 136〜139ページ　答え 35ページ

1 次の①〜④のこけしづくりの写真にあてはまる説明を、㋐〜㋓から選んで線で結(むす)びましょう。

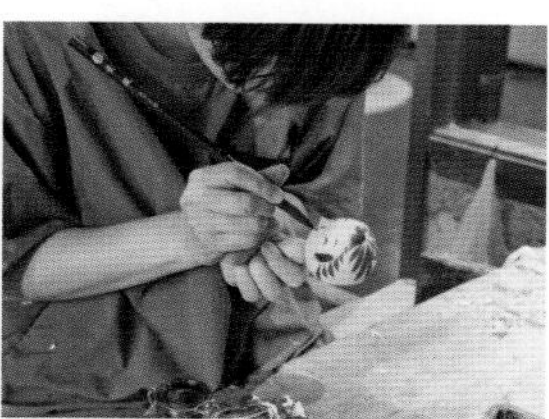

①　・　・　㋐ロウをひいて、胴に頭をさしこんでいく、さしこみという作業だよ。

②　・　・　㋑ろくろを回転させて、頭と胴の部分をかんなでけずる、あらびきという作業だよ。

③　・　・　㋒こけしの大きさに合わせて、原料の木を切る、玉切りという作業だよ。

④　・　・　㋓頭や胴の部分に絵がらをえがいていく、びょうさいという作業だよ。

2 こけしづくりを未来へつなげるための取り組みについて、正しいものには○を、まちがっているものには×をつけましょう。

①(　　)創作こけしとよばれる、さまざまな新しいデザインのこけしづくりにもちょうせんしている。

②(　　)蔵王町の伝統を守るため、こけしづくりのぎじゅつは、地いきの人だけに教えている。

③(　　)全国の人や外国の人も注文できるよう、インターネットを活用したはん売も行っている。

④(　　)こけしのみりょくを広めるために、イベントを開いたり、ほかの地いきの工人や観光客との交流を行ったりしている。

⑤(　　)遠刈田こけしのきまりを守った、伝統的なこけしのみをつくるようにしている。

ヒント　2 ②　以前にくらべて、工人の数がだんだんへってきているのが課題になっています。

5. 特色ある地いきと人々のくらし

2 国際交流に取り組むまち・仙台市①

学習日　月　日

めあて
仙台市に住む外国人住民数の変化や、国際交流の取り組みについて理解しよう。

教科書 140～143ページ　答え 36ページ

次の(　　)に入る言葉や数字を、下から選びましょう。

1 外国とのつながりが深い仙台市

教科書 140～141ページ

仙台市で開かれる国際大会

- 仙台市では、マラソンや音楽の国際大会が開かれ、参加者と(①　　　　)との交流が行われている。

仙台市に住む外国人住民数の変化

- 仙台市に住む外国人住民の数はふえつづけており、仙台市の人口の約80人に1人が(②　　　　)の人である。

仙台国際音楽コンクールの出場者による市内の学校でのコンサート

2 国際交流の取り組み

教科書 142～143ページ

仙台市の国際交流

- 仙台市は、世界の(③　　　　)つの都市と交流している。
- **国旗**は国を表す(④　　　　)で、その国の人の願いや気持ちがこめられている。
- 国と国が交流するときには、おたがいの国旗をそんちょうすることが大切である。
- 東北地方でいちばん(⑤　　　　)の多い仙台市には、(⑥　　　　)など研究する場所や大きな会社がたくさんあり、昔から外国の人も多く住んでいる。
- 仙台市の交流の相手には、国際姉妹都市や、(⑦　　　　)などがある。

仙台国際ハーフマラソン大会

ワンポイント　国際交流

- 仙台市は、外国の都市と親しくつき合う姉妹都市関係などを結び、文化やスポーツなどを通した**国際交流**を行っている。
- 子どもたちがおたがいの国をおとずれ、直せつ外国の(⑧　　　　)にふれ合う活動も行っている。

選んだ言葉に ✓

□友好都市　□外国　□文化　□人口
□市民　□大学　□目印　□9

学習日　月　日

ぴたトリビア

2021年に日本で生活する外国人住民の数は約276万人で、そのうちの4分の1以上にあたる72万人が中国から来た人たちです。

教科書 140〜143ページ　答え 36ページ

1 次のグラフを見て、答えましょう。

(1) 2023年の仙台市の外国人住民はおよそ何人ですか。㋐〜㋒から選びましょう。

㋐ 12000人
㋑ 13000人
㋒ 14000人

(　　)

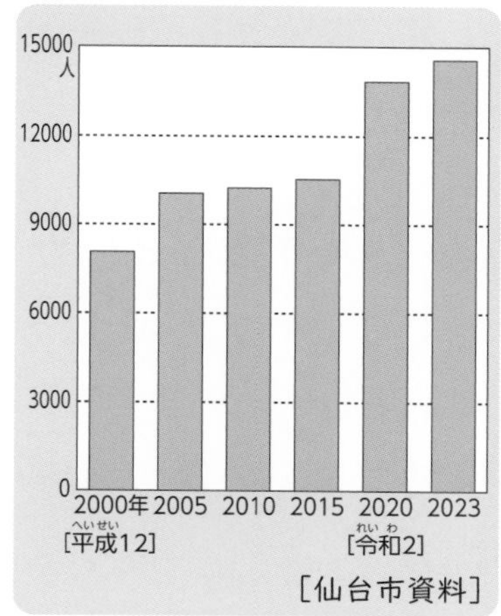

市の外国人住民数の変化

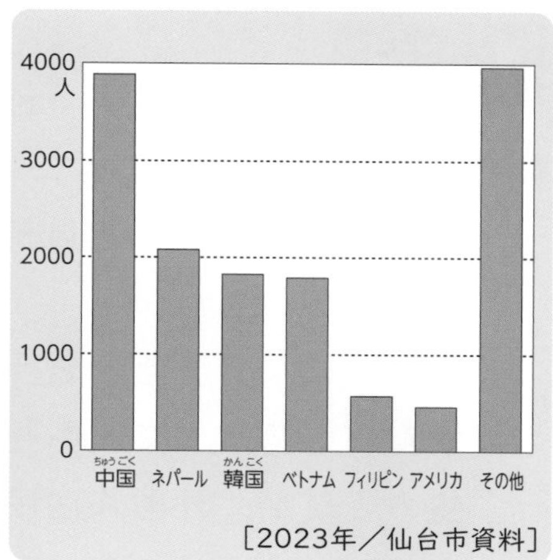

市の外国人住民の国別人数

(2) 2005年から2023年にかけて、外国人住民数はおよそ何人ふえましたか。　およそ(　　)人

(3) 外国人住民数の国別人数で、最も多い国はどこですか。(　　)

2 次の地図と年表を見て、答えましょう。

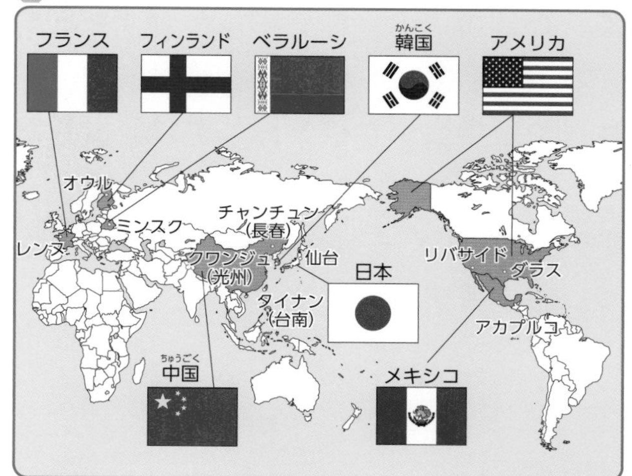

仙台市と交流している都市と、その国・国旗

年	主なできごと
1957(昭和32)	リバサイド市と国際姉妹都市になる。
1967	レンヌ市と国際姉妹都市になる。
1973	ミンスク市、アカプルコ市と国際姉妹都市になる。
1989(平成元)	市に国際交流のたんとう課ができる。
1990	仙台国際交流協会(SIRA)ができる。
1991	仙台国際ハーフマラソン大会が始まる。
2002	光州広域市と国際姉妹都市になる。
2015	SIRAが仙台観光国際協会(SenTIA)に変わる。

仙台市の国際交流に関する年表

(1) 仙台市と最初に国際姉妹都市になったのはどこですか。また、その都市はどこの国にありますか。　都市(　　)　国(　　)

(2) 仙台国際ハーフマラソンは何年に始まりましたか。(　　)年

(3) 外国の人と、文化やスポーツなどを通して、おたがいに理解を深めることを何といいますか。(　　)

ヒント ❶ グラフの読み取りは、こうもくと目もりに注意します。

5．特色ある地いきと人々のくらし

2 国際交流に取り組むまち・仙台市②

学習日　月　日

めあて
だれもが安心してくらせるまちをつくるための取り組みについて理解しよう。

教科書 144～147ページ　答え 37ページ

次の（　）に入る言葉を、下から選びましょう。

1 共にくらしやすいまちづくり

教科書 144～145ページ

外国人住民との共生

- 仙台市は、仙台観光国際協会（SenTIA）と協力して（①　　　）がくらしやすいよう、さまざまな交流活動を行っている。
- せんだい留学生交流委員の活動では、外国人**留学生**の委員が、外国人住民の（②　　　）の手助けや、地いき住民との交流を行っている。

国際理解プログラム（SenTIA）

留学生
学問や日本の文化を学ぶために、日本に来ている外国人の学生のこと。

ワンポイント　共にくらす
- おたがいの文化的な（③　　　）をみとめ合い、地いき社会の中で（④　　　）な立場でくらすこと。

SenTIAの活動

- 外国人住民の生活のサポートだけでなく、外国の（⑤　　　）を日本に伝える活動を行う。
- 国際理解プログラム（学校）…外国人住民や留学生が学校をおとずれ、出身地のくらしや文化、人々の（⑥　　　）などについて話す。
- 国際理解プログラム（SenTIA）…外国の人たちがくらしやすい（⑦　　　）のための課題について学習する。

2 だれもが安心してくらせるまちを目指して 4コマCMをつくる

教科書 146～147ページ

共にくらすための取り組み

- 東日本大震災のひなん所では、外国人住民の中に日本語に不なれな人や、習かんや（⑧　　　）がことなる人もおり、おたがいにこまることがあった。
- 日本人と外国人をつなぐ「せんだい外国人防災リーダー」をつくり、ひなん所の運えいなどをいっしょに話し合っている。
- **防災リーダー**…地いきでそっせんして、防災活動をじっせんする人のこと。

選んだ言葉に ✓				
	□考え方	□ちがい	□宗教	□対等
	□外国人住民	□生活	□文化	□まちづくり

ぴったり2

練習

学習日　　月　　日

ぴたトリビア

せんだい留学生交流委員は、外国人住民に正かくなじょうほうを伝えるため、各国(かっこく)の言葉でラジオ放送を行う活動にも取り組んでいます。

教科書 144～147ページ　答え 37ページ

1 次の問いに、答えましょう。

(1) 学問や日本の文化などを学ぶために、外国から日本に来ている外国人の学生を何といいますか。（　　　　）

(2) 右の写真のように、外国人住民が学校で外国の文化を伝える活動を行っている理由について、正しいものには○を、まちがっているものには×をつけましょう。

①（　　）文化的なちがいをみとめ合って、理解し合うことが必要(ひつよう)だから。

②（　　）どこの国も同じ文化になる必要があるから。

③（　　）世界はちがう人たちで成(な)り立っていることを知ることが大切だから。

④（　　）それぞれの国の文化がいちばんすぐれていることを知らせるため。

2 次の①～④の仙台市の４コマCMの資料(しりょう)に合う説明(せつめい)を、㋐～㋓から選んで線で結(むす)びましょう。

① 

㋐国際大会の参加(さんか)者が、市内の学校でコンサートをしているよ。

② 

㋑７か国にある９都市と交流して、おたがいの文化を知る活動をしているよ。

③ 

㋒災害(さいがい)時に協力できるよう、外国の人と防災ワークショップを行っているよ。

④ 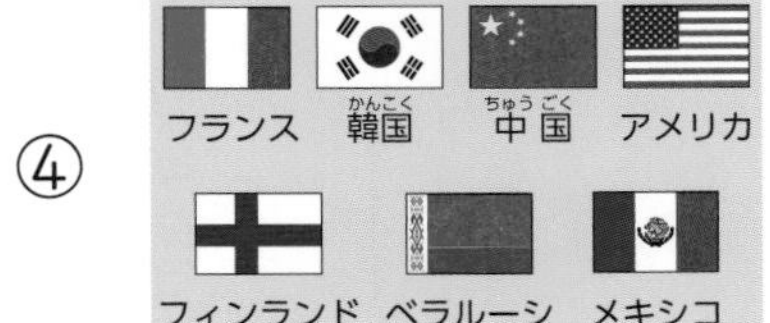

㋓外国の人が生活にこまらないよう、22の言語で相談を受けつけているよ。

1 (2) おたがいにとってくらしやすいまちをつくるには、どうしたらよいかを考えてみましょう。

5．特色ある地いきと人々のくらし

1 こけしをつくるまち・蔵王町
2 国際交流に取り組むまち・仙台市

時間 30 分

／100

ごうかく 80 点

教科書 130〜147ページ　答え 38ページ

1 次の問いに、答えましょう。

1つ5点（25点）

(1) 次の文の①〜④にあてはまる言葉を、㋐〜㋗から選びましょう。

こけしづくりがさかんな蔵王町は、原料の木がとれる（①　　　）に囲まれている。このような、地いきの自然や昔からのぎじゅつを生かし受けつがれてきた産業を（②　　　）な産業という。（②）な産業は（③　　　）行われることが多く、ぎじゅつを（④　　　）人に伝えていくことが必要である。

㋐ 伝統的　㋑ 高れいの　㋒ 山　㋓ 近代的　㋔ 手づくりで
㋕ わかい　㋖ 海　㋗ 機械で

記述 (2) できたらスゴイ！ こけしづくりを未来へつなげるために、どのような取り組みが行われていますか。かん単に書きましょう。

思考・判断・表現

（　　　　　　　　　　　　　　　　）

2 次の地図と年表を見て、正しいものには○を、まちがっているものには×をつけましょう。

1つ5点（25点）

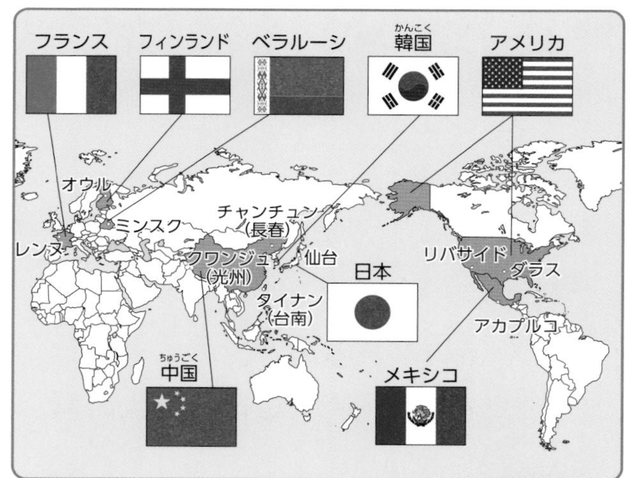

仙台市と交流している都市と、その国・国旗

年	主なできごと
1957	リバサイド市と国際姉妹都市になる。
1967	レンヌ市と国際姉妹都市になる。
1973	ミンスク市、アカプルコ市と国際姉妹都市になる。
1989	市に国際交流のたんとう課ができる。
1990	仙台国際交流協会（SIRA）ができる。
1991	仙台国際ハーフマラソン大会が始まる。
2002	光州広域市と国際姉妹都市になる。
2015	SIRAが仙台観光国際協会（SenTIA）に変わる。

仙台市の国際交流に関する年表

①（　　　）仙台市は、５つの都市と交流をしている。
②（　　　）スポーツを通した国際交流も行っている。
③（　　　）仙台市と交流をしている都市は、アメリカに２つある。
④（　　　）仙台市と光州広域市は、国際友好都市である。
⑤（　　　）仙台市と交流をしている都市は、韓国がいちばん多い。

3 次のグラフを見て、答えましょう。

1つ5点（25点）

(1) 仙台市に住む外国人住民数の変化にあてはまるものを、㋐～㋒から選びましょう。

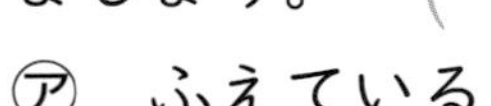

㋐ ふえている

㋑ へっている

㋒ 変わらない

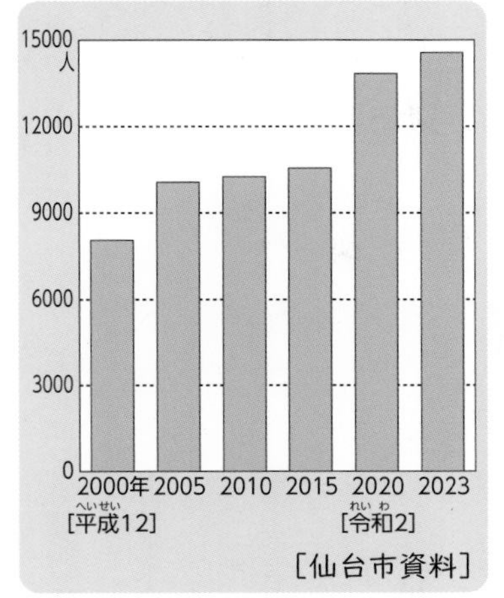

市の外国人住民数の変化

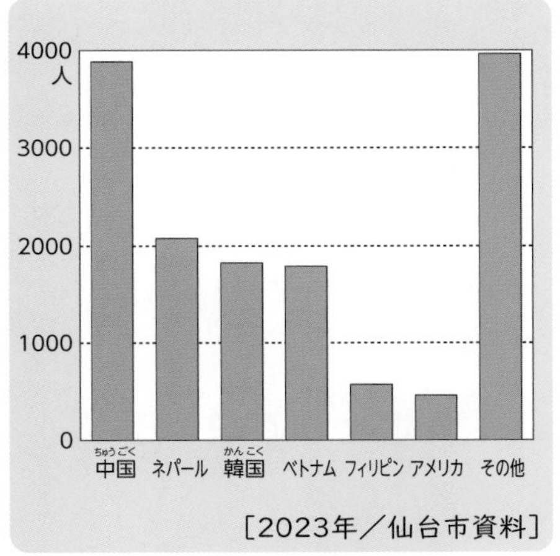

市の外国人住民の国別人数

(2) よく出る 外国人住民の国別人数が2000人をこえている国を、２つ書きましょう。（　　　）（　　　）

(3) 外国人住民の数が最もふえたのはいつですか。㋐～㋒から選びましょう。技能

㋐ 2000～2005年の間　　㋑ 2010～2015年の間

㋒ 2015～2020年の間　　（　　　）

記述 (4) よく出る 昔から外国の人が多く住む仙台市には、どのような特ちょうがありますか。「大学」「会社」という言葉を使って書きましょう。　思考・判断・表現

（　　　　　　　　　　　　　　　　）

4 次の①～⑤を調べるには、どのような資料を使うといいですか。㋐～㋒から選びましょう。

1つ5点（25点）

①（　　　）こけしづくりは、いつごろから始まったのか。

②（　　　）こけし工人になるには、どのくらいしゅぎょうが必要なのか。

③（　　　）こけしづくりは、どのような人が始めたのか。

④（　　　）後けい者をかくほするために、どのような取り組みをしているのか。

⑤（　　　）宮城伝統こけしには、どのような系統があるのか。

㋐宮城伝統こけしの産地

鳴子系
作並系
仙台市
遠刈田系
弥治郎系
0　20km

㋑こけしづくりに関する年表

年	主なできごと
約400年前	木地師がおわんやおぼんをつくり始める。
江戸時代末期	木地師が、子どものおもちゃとしてこけしをつくり始める。
約100年前	温泉地のおみやげとして有名になる。

㋒こけし工人の話

一人前の工人になるには、10年はかかります。最近は工人の数もへってきているので、ほかの地いきからこけしに関心のある人をよび、工人を育てる取り組みを行っています。

ふりかえり　1(2)がわからないときは、68ページの2にもどってかくにんしてみよう。

3 美しい景観を生かすまち・松島町①

めあて
美しい景観を生かしたまちづくりや、景観を守る取り組みについて理解しよう。

教科書 148～151ページ　答え 39ページ

次の(　　)に入る言葉を、下から選びましょう。

1 日本三景・松島

教科書 148～149ページ

観光地として栄える松島

- 松島にはたくさんの(①　　　　)があり、美しい景観で有名である。
- 松島は「**日本三景**」に選ばれており、国内や外国から多くの(②　　　　)がおとずれる。
- 自然の景観のほか、古い建物やまちなみが今も残っている。

松島湾の景観

ワンポイント　景観

- その土地のどくじの自然や(③　　　　)などがつくってきた風景のこと。
- 景観を大切にする取り組みは、まちへのほこりや愛情を育て、観光客をよぶまちづくりの土台となる。

日本三景

美しい景観で有名な3つの地いきのこと。
- 宮城県の松島
- 京都府の天橋立
- 広島県の厳島

2 昔からのまちなみを守る

教科書 150～151ページ

松島の景観のれきし

- 松島の美しい景観は、(④　　　　)に有名になった。
- 伊達政宗が再建した瑞巌寺があったり、松尾芭蕉がおとずれて(⑤　　　　)をよんだりと、れきしのあるまちとしても知られる。

瑞巌寺

景観を守るための取り組み

- 松島町は(⑥　　　　)というきまりで、新しい建物を建てるときは、景観に合う(⑦　　　　)や形にするように決めている。
- **名勝**…すぐれたどくじの(⑧　　　　)をもち、学問的にも高い価値があるとされる土地のこと。

選んだ言葉に✓				
	□自然風景	□景観条例	□はいく	□島
	□江戸時代	□観光客	□れきし	□色

ぴったり2

練習

学習日　　月　　日

ぴたトリビア

松島のある三陸海岸のような、ふくざつに入り組んだ海岸をリアス海岸といい、三重県の志摩半島や福井県の若狭湾などでも見られます。

教科書　148～151ページ　　答え　39ページ

1 次の問いに、答えましょう。

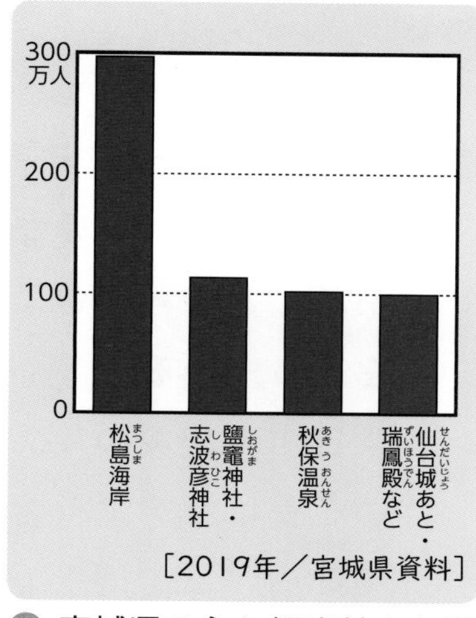

宮城県の主な観光地と年間観光客数

(1) 宮城県の主な観光地のうち、年間の観光客数がいちばん多いのはどこですか。

(　　　　　)

(2) (1)の2019年のおよその年間観光客数を、㋐～㋒から選びましょう。

(　　　　　)

㋐ 100万人　　㋑ 200万人　　㋒ 300万人

(3) 各地のどくじの自然やれきしなどがつくってきた風景のことを、何といいますか。

(　　　　　)

(4) 日本三景にふくまれるものを、㋐～㋔から3つ選びましょう。(　　)(　　)(　　)

㋐ 京都府の天橋立　　㋑ 鹿児島県の屋久島　　㋒ 北海道の知床

㋓ 宮城県の松島　　㋔ 広島県の厳島

2 次の問いに、答えましょう。

(1) 右の年表から読み取れることには○を、読み取れないことには×をつけましょう。

①(　　　)松島は、大正時代に日本三景として有名になった。

②(　　　)瑞巌寺と五大堂を再建したのは、伊達政宗である。

③(　　　)松尾芭蕉は、1689年に松島をおとずれている。

④(　　　)松島は、大正時代に特別名勝に指定された。

⑤(　　　)松島町は、2015年に都市景観大賞を受賞している。

年	主なできごと
1609	伊達政宗が瑞巌寺と五大堂を再建する。 江戸時代に日本三景として有名になる。
1689	松尾芭蕉が松島をおとずれる。
1952 (昭和27)	松島が特別名勝に指定される。
2014 (平成26)	(㋐)をつくる。
2015	都市景観大賞を受賞する。

松島町の景観に関する年表

(2) 年表中の㋐は、景観を守るためにつくられたきまりです。このきまりを何といいますか。

(　　　　　)

ヒント　2 (2) 新しい建物を建てるときに、景観に合う色や形にすることが決められています。

ぴったり1 じゅんび　せんたく

5．特色ある地いきと人々のくらし

3 美しい景観を生かすまち・松島町②

学習日　月　日

めあて
自然かんきょうを守り、景観を生かす観光の取り組みについて理解しよう。

教科書 152～155ページ　答え 40ページ

次の（　　）に入る言葉を、下から選びましょう。

1 美しい自然と景観を生かした観光　教科書 152～153ページ

✪ 自然かんきょうを守るための取り組み

- 景観にとって重要な松が、松くい虫によってかれてしまわないよう（①　　　　）を行っている。
- 東日本大震災の（②　　　　）のひがいを受けたアマモを再生する取り組みを行っている。
- 地いき住民と観光客が協力し、松島湾の（③　　　　）活動を行っている。

松くい虫から松を守る手入れ

✪ 景観を生かした観光

- 松島湾の景色を、（④　　　　）で観光することができる。
- 松島湾で養しょくされている（⑤　　　　）が名物である。

ワンポイント　観光

- 住んでいる場所からはなれて、ほかの地いきの景色や（⑥　　　　）、風物などを見物すること。

2 景観を未来に／4コマCMをつくる　教科書 154～155ページ

✪ 景観を生かす新しい取り組み

- 「松島こども英語ガイド」…小・中学生が、外国人観光客に（⑦　　　　）で観光案内を行う。
- 「観光科」…松島高校に観光科をつくり、未来の松島をささえる人を育てている。
- 観光科では、まちの観光しせつでの実習や、観光（⑧　　　　）などを行っている。
- 旅行会社と協力してオンラインツアーを行うなど、まちの（⑨　　　　）を伝える企画を考え、実現している。

こども英語ガイド

選んだ言葉に✓

□ボランティアガイド	□せいそう	□手入れ	□かき	□津波
□みりょく	□遊覧船	□英語	□名所	

ぴたトリビア
松島湾には260あまりの島があり、その美しい景色は、昔から歌によまれたり、絵にかかれたりしています。

教科書 152〜155ページ　答え 40ページ

1 次の問いに、答えましょう。

(1) 自分が住んでいる場所からはなれ、ほかの地いきの景色や名所、風物などを見物することを何といいますか。

（　　　　　）

(2) 次の①〜③の写真にあてはまる、松島町の自然かんきょうを守るための取り組みを、㋐〜㋒から選んで線で結びましょう。

・　・

㋐東日本大震災の津波でひがいを受けたアマモを再生する活動をしているよ。

・　・

㋑松島湾の景観にとって重要な松を、松くい虫から守る手入れをしているよ。

・　・

㋒地いきの住民と観光客が協力して、松島湾のせいそう活動をしているよ。

2 松島町の取り組みについて、正しいものには○を、まちがっているものには×をつけましょう。

①（　　　）松島高校に観光科をつくるなど、松島町の未来をささえる人を育てている。

②（　　　）地いきのお年よりが、外国人観光客に英語で観光案内を行っている。

③（　　　）松島高校の観光科と旅行会社が協力して、まちのみりょくを伝える企画を考え、実現している。

④（　　　）松島町の小・中学生が観光ボランティアガイドとなり、日本人観光客を案内している。

ヒント
1 (2) アマモは海そうの一種(いっしゅ)です。
2 新しい取り組みは、地いきのわかい世代の人たちが中心になって行っています。

5．特色ある地いきと人々のくらし

3 美しい景観を生かすまち・松島町

時間 30分 ／100 ごうかく 80点

教科書 148〜155ページ 答え 41ページ

1 次の写真を見て、答えましょう。

1つ5点（30点）

(1) よく出る 右の２つの写真は、松島町のまちなみの変化の様子を表しています。写真から読み取れることには○を、読み取れないことには×をつけましょう。

技能

整び前のまちなみ

整び後のまちなみ

①（　　）建物が、現代的な形に変わった。
②（　　）電柱の色が、まちなみに合った色に変わった。
③（　　）ブロックべいが、生けがきに変わった。
④（　　）道路の左はしにあった雨水を流すみぞのふたがなくなり、きれいに整びされた。
⑤（　　）左の大きな木がなくなり、周辺の緑の色合いなどが統一された。

記述 (2) できたらスゴイ！ (1)のように、まちなみがつくりかえられたのはなぜですか。その理由を、かん単に書きましょう。

思考・判断・表現

（　　　　　　　　　　　　　　　　）

2 次の①〜④は、松島町の特色を伝える４コマCMで使う文です。それぞれの文に合う資料を、㋐〜㋓から選びましょう。

1つ5点（20点）

①（　　）松島は、美しい景観で有名な観光地です。
②（　　）れきしのある古い建物が残されています。
③（　　）松島の景観にとって重要な、美しい自然かんきょうを守るための取り組みを行っています。
④（　　）未来の松島町をささえる人を育てています。

㋐

㋑

㋒

㋓

3 次の問いに、答えましょう。

1つ5点（20点）

(1) 美しい景観で昔から有名な、宮城県の松島、京都府の天橋立、広島県の厳島の３つの地いきのことを何といいますか。（　　）

(2) 右のグラフは、次の表の内容を表したものです。表の①～③があてはまる場所を、グラフの㋐～㋒から選びましょう。 技能

宮城県の主な観光地	年間観光客数
①秋保温泉	104万人
②鹽竈神社・志波彦神社	114万人
③松島海岸	298万人
④仙台城あと・瑞鳳殿など	101万人

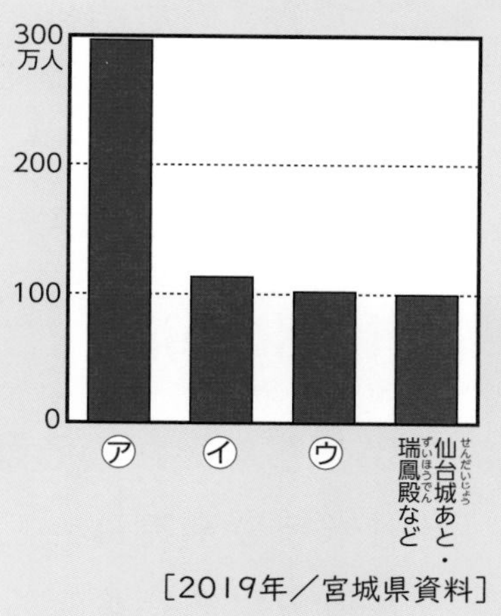

宮城県の主な観光地と年間観光客数

①（　　）②（　　）③（　　）

4 次の問いに、答えましょう。

1つ5点（30点）

(1) よく出る 松島町で2014年につくられた「景観条例」の説明として正しいものには○を、まちがっているものには×をつけましょう。

①（　　）古くからの景観を守るため、新しい建物をつくってはいけない。
②（　　）新しい建物を建てるときは、景観に合う色や形になるように気をつける。
③（　　）新しい建物を建てるときは、建物の色を赤色にしなければならない。
④（　　）新しい建物を建てるときは、必ず古い木材を使わなければならない。

(2) 松島町では「世界でもっとも美しい湾クラブ」に日本で初めて加めいするなど、「世界の松島湾」をめざし、外国人観光客をふやす取り組みをしています。写真の①・②の取り組みに関する説明を、㋐～㋒から選びましょう。

①（　　）　②（　　）

㋐ 小・中学生が英語を使って、外国人観光客に観光案内をしている。
㋑ 留学生が、レストランのメニューを外国語にほんやくしている。
㋒ 英語や韓国語など、数か国語のパンフレットを作成している。

4(1)がわからないときは、76ページの2にもどってかくにんしてみよう。

この本の終わりにある「春のチャレンジテスト」をやってみよう！

この本の終わりにある「学力しんだんテスト」をやってみよう！

3 古いまちなみを生かすまち・登米市登米町①

学習日 月 日

めあて
伝統的な文化ざいとまちの景観を生かしたまちづくりについて理解しよう。

教科書 156～159ページ　答え 42ページ

次の（　）に入る言葉を、下から選びましょう。

1 「まちのいたるところに、古い建物が」　教科書 156～157ページ

古いまちなみが残る登米町

- 登米市登米町は、（①　　　）などの古い建物がたくさん残されていることから、「みやぎの明治村」とよばれている。
- 武家屋敷のまちなみなど、古い**景観**を大切にしている。
- 伝統的な（②　　　）やまちの景観を、まちづくりに生かしている。

教育資料館（旧登米高等尋常小学校）

2 文化ざいとれきしある景観を守り伝える　教科書 158～159ページ

登米町のれきしと文化ざい

- 江戸時代から仙台藩の（③　　　）として栄えていた。
- まちの東を流れる（④　　　）の**水運**を生かし、商業が発達した。
- （⑤　　　）まで続く水運は、登米町にとってとても大切だった。
- 明治時代には水沢県の（⑥　　　）が置かれていた。
- まちには江戸時代の（⑦　　　）の家や明治時代の建物がたくさん残されている。

登米町の東を流れる北上川

水運
川や海などの水路を使い、船やいかだでものを運ぶこと。

景観を守る取り組み

ワンポイント　守り伝える

- 登米町は、まちのたからである文化ざいやまちなみを大切に**守り伝えたい**という人々の願いと協力で、「みやぎの明治村」としてまちづくりを進めている。

- 地いきの人たちは、古い建物を残したり、景観を整えたりしようと努めている。
- 登米町には、住民による（⑧　　　）がある。

選んだ言葉に ✓

□景観ほご団体	□文化ざい	□北上川	□武士
□明治時代	□岩手県	□城下町	□県庁

学習日　月　日

ぴたトリビア

岩手県南部と宮城県北部の一部にまたがる地いきは、かつて何度も県の範囲が変わったことで、県の名前も変わりました。

教科書 156〜159ページ　答え 42ページ

1 次の①〜④の説明にあてはまる建物を、右の絵地図のㇵ〜ㇴからそれぞれ選びましょう。

① 武家屋敷のまちなみの西側に位置する、昔この地いきにあった県に関係する建物。（　　）

② 武家屋敷のまちなみの東側に位置する、江戸時代の武士の家。（　　）

③ 教育資料館から見て、北側に位置する建物。（　　）

④ 絵地図内でいちばん南に位置する建物。（　　）

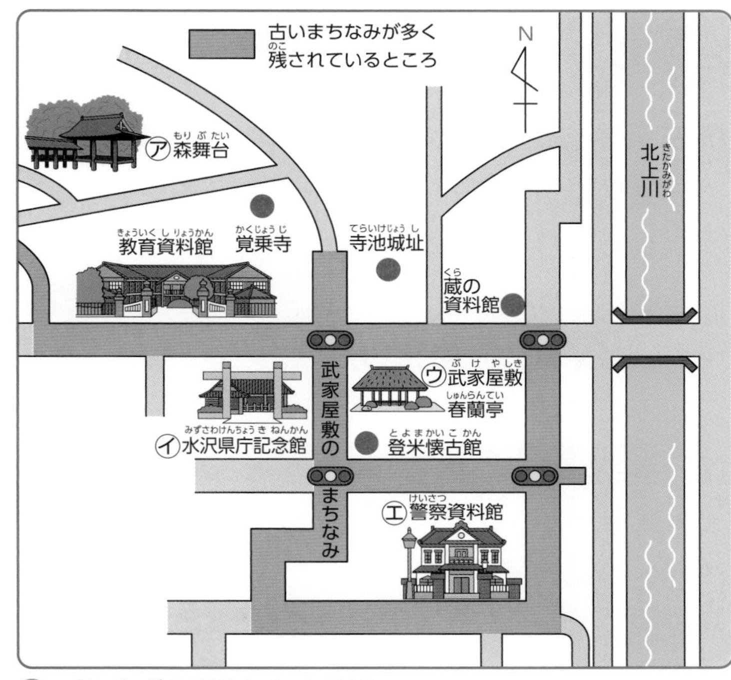

「みやぎの明治村」の地図

2 次の問いに、答えましょう。

(1) 川や海などの水路を使い、船やいかだでものを運ぶことを何といいますか。（　　　）

(2) 右の年表から読み取れることには○を、読み取れないことには×をつけましょう。

①（　　）明治時代の初め、登米町には、水沢県の県庁が置かれていた。

②（　　）文化ざいは、国が指定するものと県が指定するものの２種類のみである。

③（　　）登米町には、建物の文化ざいだけでなく、無形民俗文化ざいもある。

年	主なできごと
1871（明治4）	登米町に水沢県庁舎ができる。
1876	宮城県になる。
1953（昭和28）	覚乗寺が県指定の文化ざいになる。
1976	武家屋敷が町指定の文化ざいになる。 旧水沢県庁舎が町の文化ざいになる。
1981	旧登米高等尋常小学校校舎が国指定の重要文化ざいになる。
1988	旧登米警察しょ庁舎が県指定の文化ざいになる。
2009（平成21）	とよま秋祭りが県指定の無形民俗文化ざいになる。
2012	登米市景観条例をつくる。

登米市の主なできごとや文化ざいに関する年表

ヒント ❶ 建物の名前と方位をしっかりと見て、答えましょう。

3 古いまちなみを生かすまち・登米市登米町②

学習日　月　日

めあて
れきしある景観を生かしたまちづくりや、未来へつなぐ取り組みを理解しよう。

教科書 160～165ページ　答え 43ページ

次の（　　）に入る言葉を、下から選びましょう。

1 景観を生かしたまちづくり

教科書 160～161ページ

まちづくりのくふう

- 教育資料館では、昔の校舎を見学するだけではなく、観光客が着物を着て（①　　　　　）をとることができる。
- 春蘭亭は江戸時代の建物を（②　　　　　）として活用している。

春蘭亭

ワンポイント　地いきの人たちの取り組み

- 登米市は2012年に（③　　　　　）をつくり、地いきの人にも景観ほごへの協力を求めてきた。
- （④　　　　　）に合う建物になるよう、地いきの人も協力している。
- れきしある店の建物や蔵などを生かして、（⑤　　　　　）やギャラリーをつくるなどしている。
- 市と地いきの人が、力を合わせて（⑥　　　　　）を守っている。

2 古くから伝わる景観や文化を未来へつなぐ／4コマCMをつくる 県内の特色ある地いきのよさを伝えよう

教科書 162～165ページ

未来へつなぐための取り組み

- 地いきのまちなみや（⑦　　　　　）を、これからも大切にする気持ちを育てるため、登米町の小学生が教育資料館のせいそう活動を行っている。
- 江戸時代から登米に伝わる（⑧　　　　　）を、ほかの地いきの人にも伝える活動を行っている。
- 外国人観光客のため、さまざまな国の言葉でガイドをする（⑨　　　　　）をつくっている。

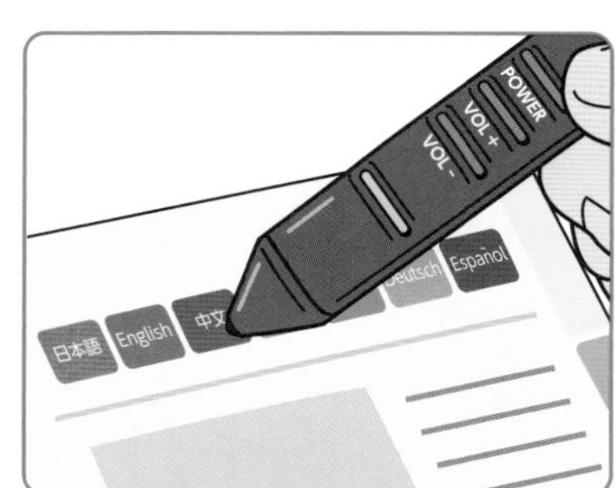

多言語ガイドペン

自分たちのまちとのひかく

- 伝統的な産業、国際交流、美しい景観、古いまちなみなどの特色について、自分たちのまちとにているところや、ちがうところを話し合ってみる。

選んだ言葉に✓					
	□多言語ガイドペン	□文化ざい	□まちなみ	□写真	□能
	□休けい所	□景観条例	□資料館	□景観	

学習日　　月　　日

ぴたトリビア

春蘭亭は、江戸中期から後期ごろの武士の家で、200年以上前のものと考えられています。

教科書 160〜165ページ　答え 43ページ

1 景観を生かしたまちづくりについて、次の①〜③の写真にあてはまる説明を、㋐〜㋒から選んで線で結びましょう。

①  ・　・ 

㋐れきしあるお店の建物を残すため、建物を生かして資料館やギャラリーをつくったよ。

②  ・　・ 

㋑江戸時代の建物を、まち歩きの際の休けい所として活用しているよ。

③  ・　・ 

㋒昔からの景観をほごするために、まちなみに合わせて整びされているよ。

2 古くから伝わる景観や文化を未来へつなぐために、登米市や登米町で行われている取り組みについて、正しいものには○を、まちがっているものには×をつけましょう。

①（　　）登米町では、地いきのまちなみや文化ざいを、これからも大切にしていく気持ちを育てるため、小学生が教育資料館のせいそう活動を行っている。

②（　　）登米市では、江戸時代から登米に伝わる祭りに観光客をよぶため、ほかの地いきでせんでん活動を行っている。

③（　　）外国人観光客をふやすため、小学生が英語で地いきの観光ガイドを行っている。

④（　　）外国人観光客がこまらないよう、さまざまな国の言葉でガイドをするペンをつくっている。

ヒント　1 それぞれの写真から、特ちょうを読み取ってみましょう。

せんたく

5．特色ある地いきと人々のくらし

3 古いまちなみを生かすまち・登米市登米町

教科書 156～165ページ　答え 44ページ

1 次の地図を見て、答えましょう。

1つ5点、(3)10点（40点）

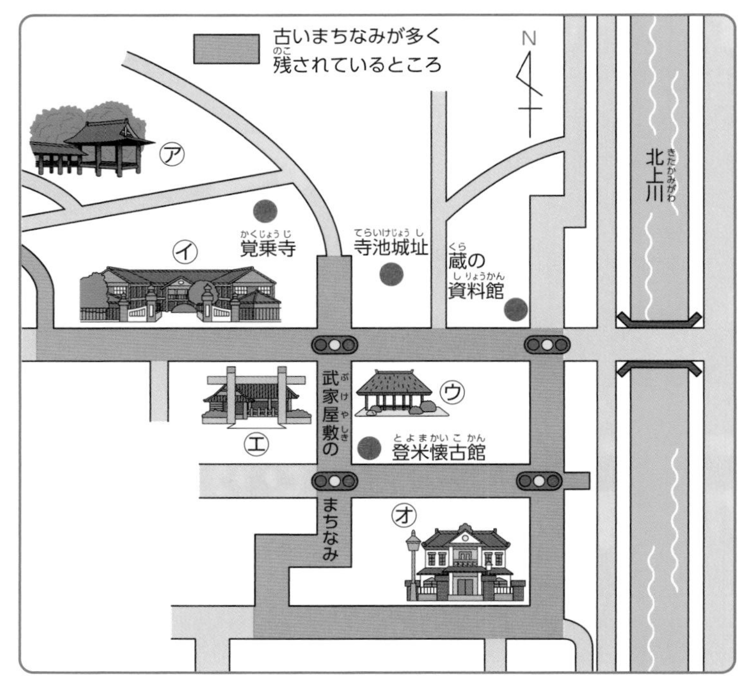

(1) 次の①～⑤の文は、地図中の㋐～㋔の建物について説明したものです。それぞれの説明にあてはまる建物を、㋐～㋔から選びましょう。

①（　　　　）旧登米高等尋常小学校は、今は教育資料館となっており、覚乗寺の南にある。

②（　　　　）1889年につくられた登米警察しょ庁舎で、絵地図の中で最も南にある。

③（　　　　）1876年に宮城県に変わる前に使われていた県庁の庁舎で、武家屋敷のまちなみの西側にある。

④（　　　　）まち歩きの際の休けい所として活用されており、登米懐古館のすぐそばにある。

⑤（　　　　）1996年につくられた「登米能」の舞台で、覚乗寺の北西にある。

(2) 登米町の古いまちなみのように、その土地どくじの自然やれきしがつくってきた風景のことを何といいますか。（　　　　）

記述 (3) 登米町が江戸時代から仙台藩の城下町として栄えてきた理由を、「水運」という言葉を使って書きましょう。

思考・判断・表現

（　　　　　　　　　　　　　　　　　　　　）

2 次の問いに、答えましょう。

1つ5点、(2)10点（35点）

(1) 登米市登米町が行っている取り組みについて説明した次の文中の①～⑤にあてはまる言葉を、あとの［　］から選びましょう。

> 登米市登米町は、古い建物が多く残されていることから「みやぎの（①）村」とよばれており、（②）やまちなみを守り伝えるため、景観の（③）に力を入れている。まちの景観や文化を未来へつなぐため、（④）時代から伝わる能をほかの地いきにも伝えたり、（⑤）をふやす取り組みを行ったりしている。

江戸　明治　観光客　ほご　文化ざい　移住者

①（　　）　②（　　）　③（　　）
④（　　）　⑤（　　）

記述 (2) できたらスゴイ！ 右のゆうびん局の写真を見て、登米市登米町で新しい建物をつくるときに気をつけなければいけないことを、「景観」という言葉を使って書きましょう。

思考・判断・表現

（　　　　　　　　　　　　　　　　）

この本の終わりにある「春のチャレンジテスト」をやってみよう！

3 次の年表を見て、答えましょう。

1つ5点（25点）

(1) よく出る 年表中の①にあてはまる言葉を書きましょう。（　　　　）

(2) 登米市のまちづくりや年表について正しいものには○を、まちがっているものには×をつけましょう。

①（　　）古い建物やまちなみのほぞんに力を入れている。

②（　　）水沢県庁舎は、大正時代にできた建物である。

③（　　）覚乗寺は国指定の重要文化ざいである。

④（　　）旧水沢県庁舎が文化ざいになったのは昭和に入ってからである。

年	主なできごと
1871（明治4）	水沢県庁舎ができる。
1876	宮城県になる。
1953（昭和28）	覚乗寺が県指定の文化ざいになる。
1976	武家屋敷が町指定の文化ざいになる。 旧水沢県庁舎が町の文化ざいになる。
1981	旧登米高等尋常小学校校舎が国指定の重要文化ざいになる。
1988	旧登米警察しょ庁舎が県指定の文化ざいになる。
2009（平成21）	とよま秋祭りが県指定の無形民俗文化ざいになる。
2012	登米市（①）をつくる。

⬆ 登米市の主なできごとや文化ざいに関する年表

この本の終わりにある「学力しんだんテスト」をやってみよう！

1(3)がわからないときは、82ページの2にもどってかくにんしてみよう。

学習日　　月　　日

4年のふく習

都道府県名や地方区分名をさがそう！

下の100マスの漢字を、たて、または横に読んで、次の地名をさがしましょう。

① 47都道府県名

② 8地方名のうちの7つ(都道府県名とちがう地方名)。

③ 日本の4つの大きな島のうち、いちばん大きな島。

④ 残った漢字を組み合わせると、ある県の県庁所在地名になります。何県ですか。

沖	縄	北	九	州	富	徳	島	福	井
群	鳥	海	中	国	山	梨	大	分	青
馬	取	道	岩	手	屋	広	阪	神	森
静	岡	栃	木	山	形	島	根	奈	良
和	山	口	福	岡	高	熊	石	川	名
歌	近	畿	岐	愛	知	本	州	茨	新
山	香	川	阜	媛	四	国	宮	城	潟
東	中	部	滋	東	埼	長	崎	秋	鹿
京	都	佐	賀	北	玉	野	古	田	児
千	葉	関	東	三	重	兵	庫	福	島

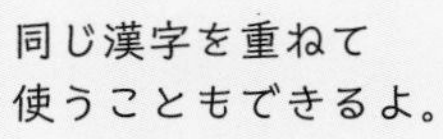

都道府県名を見つけたら、下の地図のその都道府県に色をぬっていこう。

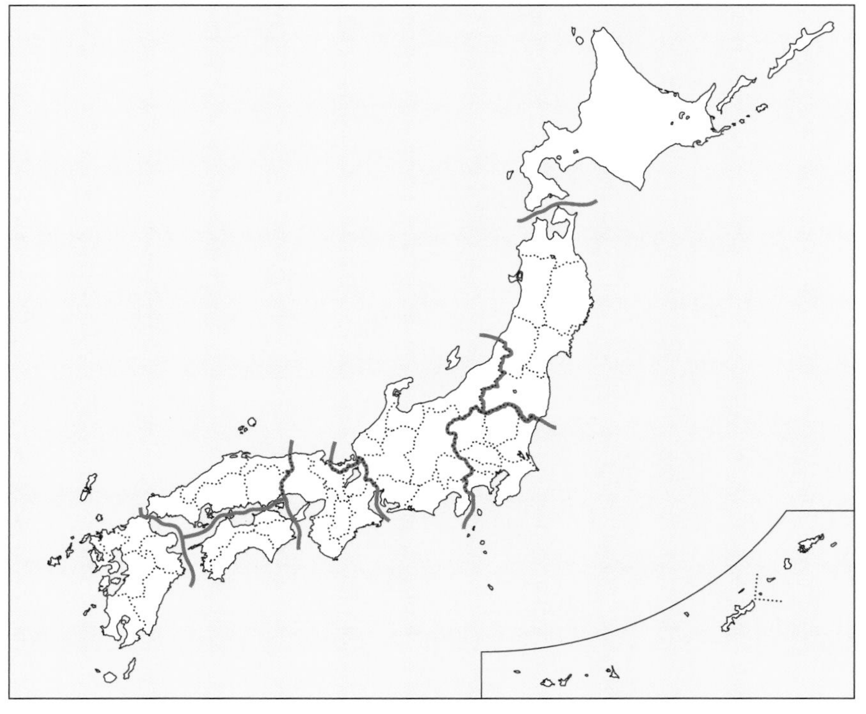

答え

沖	縄	北	九	州	富	徳	島	福	井
群	鳥	海	中	国	山	梨	大	分	青
馬	取	道	岩	手	屋	広	阪	神	森
静	岡	栃	木	山	形	島	根	奈	良
和	山	口	福	岡	高	熊	石	川	名
歌	近	畿	岐	愛	知	本	州	茨	新
山	香	川	阜	媛	四	国	宮	城	潟
東	中	部	滋	東	埼	長	崎	秋	鹿
京	都	佐	賀	北	玉	野	古	田	児
千	葉	関	東	三	重	兵	庫	福	島

①赤線

②青線

③緑線

④愛知県

(残った漢字は名古屋)

(切り取り線)

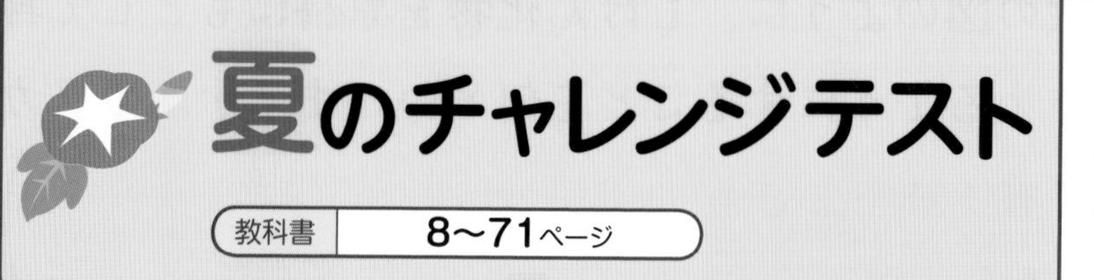

夏のチャレンジテスト

教科書 8～71ページ

月　日

名前

時間 40分

知識・技能	思考・判断・表現	ごうかく80点
／70	／30	／100

答え45ページ

知識・技能　70点

1 次の地図を見て、答えましょう。

1つ3点(18点)

(1) ㋐～㋔の都道府県の名前を、下の説明を参考にして書きましょう。

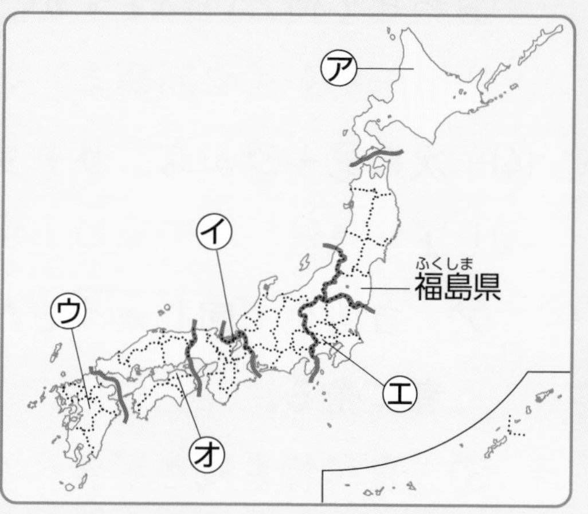

㋐ 都道府県の中で最も広い。

㋑ 琵琶湖がある。

㋒ 都道府県名に動物の名前が入っている。

㋓ 首都があり、名前に方位がふくまれている。

㋔ 讃岐うどんや瀬戸大橋が有名。

㋐ ＿＿＿　㋑ ＿＿＿

(1) 地図①の仙台市のように、県の中心として政治を行い、人々や会社などが多く集まる都市を何といいますか。

(2) 地図①は、何を表していますか。㋐～㋒から選びましょう。

㋐ 地形の様子

㋑ 産業の様子

㋒

㋓

㋔

(2)　日本を７つの地方に分けたとき、地図中の福島県は何地方にぞくしますか。

（　　　　）地方

2　**次の宮城県の地図①、②を見て、答えましょう。**

1つ3点(21点)

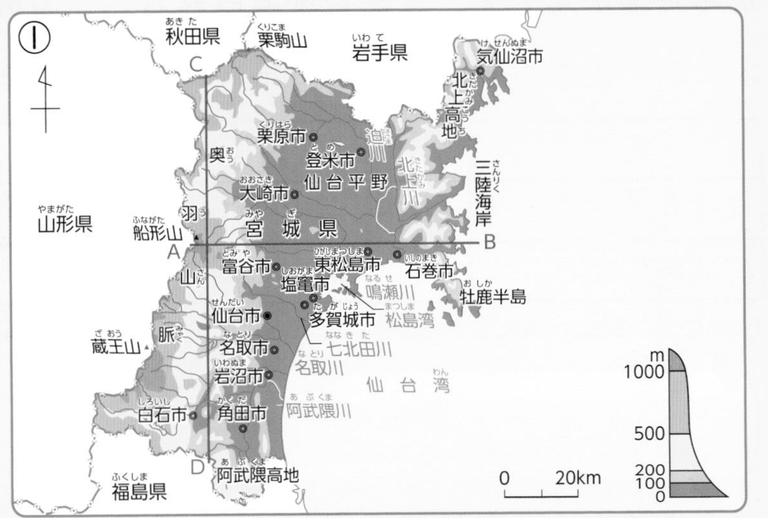

㋒　交通の様子

(3)　次の㋐、㋑にあう言葉を、㋐は四方位で、㋑は地図①中からぬき出して書きましょう。

・県の(　㋐　)のほうは山が多く見られる。県の北東には(　㋑　)海岸がある。

㋐（　　　　）　㋑（　　　　）

(4)　次の断面図は、地図①の㋐A-B、㋑C-Dのどちらですか。

m
2000
1500
1000
500
0

(5)　東西の移動ができる自動車道を答えましょう。

（　　　　）

(6)　空港や港は、仙台市、栗原市のうち、どちらの近くにありますか。

（　　　　）市

うらにも問題があります。

(切り取り線)